KB169396

장자에서 현대를 넘어설 지혜를 찾다

장자와 탈현대

장자와 탈현대

초판 1쇄 인쇄 2021년 1월 12일
초판 1쇄 발행 2021년 1월 22일

지은이 이승연·정재걸·홍승표·이현지·백진호
펴낸이 김승희
펴낸곳 도서출판 살림터

기획 정광일
편집 조현주
디자인 김경수

인쇄·제본 (주)신화프린팅
종이 (주)명동지류

주소 서울시 양천구 목동동로 293, 22층 2215-1호
전화 02-3141-6553
팩스 02-3141-6555

출판등록 2008년 3월 18일 제313-1990-12호
이메일 gwang80@hanmail.net
블로그 http://blog.naver.com/dkffk1020

ISBN 979-11-5930-175-9(93140)

* 책값은 뒤표지에 있습니다.
* 잘못된 책은 바꾸어 드립니다.
* 이 책은 저작권법에 따라 보호를 받는 저작물이므로 무단 전재와 복제를 금합니다.

장자와 탈현대

장자에서 현대를 넘어설 지혜를 찾다

이승연·정재걸·홍승표·이현지·백진호 지음

살림터

들어가는 글

천하가 크게 어지러워지자 현인(賢人)과 성인(聖人)이 모습을 감추었고, 도덕(道德)이 하나로 통일되지 못해서 천하 사람들이 일부만 알고 스스로 만족하는 경우가 많아졌다. 비유하자면 귀·눈·코·입이 각자 밝게 아는 부분은 있지만, 서로 소통하지 못하는 것이 마치 제자백가의 여러 학술이 서로 소통하지 못하는 것과 같다. 그들은 본래 하나인 천지의 미덕을 멋대로 가르고, 본래 하나인 만물의 이법(理法)을 쪼개며, 고인(古人)들이 체득했던 도술(道術)의 전체를 산산조각 내서, 천지의 아름다움을 갖추고 천지의 신묘하고 밝은 모습에 꼭 맞출 수 있는 이가 적다. 이 때문에 내면으로는 성인이면서 밖으로는 제왕이 되는 내성외왕(內聖外王)의 도(道)가 어두워서 밝게 드러나지 못하며 막혀서 나타나지 못하여 천하의 모든 사람들이 각각 자기가 하고 싶은 대로 해서 그것을 스스로 방술(方術)이라고 여기니 슬프다.

「천지편」

장자(莊子, BC369?~289?), 이름은 주(周), 전국시대 송나라 사람이다. 몽(蒙) 지방의 칠원(漆園)에서 관리생활을 했다는 이야기도 있지만, 『장자』로 추측컨대 관직생활을 즐긴 것 같지는 않다. 제물(濟物)의 세계나 좌망(坐忘), 심재(心齋)와 같은 철학적 담론은 차치하더라도, 꿈에 나비가 되었다는 호접몽(胡蝶夢), 소 잡는 백정 포정의 이야기, 쓸모없는 나무가 살아남아 마을을 지킨다는 무용(無用)의 용(用) 등 장자의 그 풍부한 상상력은 사대부들에게는 시문(詩文)의 소재가 되었고, 도덕지상주의에 사로잡힌 유학자들에게는 스스로의 앎을 경계하도록 하였으며, 과거시험에 낙방한 가난한 선비들에게는 자신의 좌절을 비웃을 수 있는 용기를 주었다.

그래서일까? 오늘날에 이르러서도 『장자』는 여전히 많은 사람들의 사랑을 받고 있다. 과거 조선의 선비들이 그러했듯이, 『장자』를 통해 삶이 주는 무게를 견디는 법을 배운 사람도 있을 것이고, 한 번쯤은 자신의 신념을 의심하게 된 사람도 있을 것이다. 다양한 사람들이 다양한 이유로 『장자』를 읽고, 때로는 자신을 성찰했을 것이며, 때로는 자신이 찾고자 했던 해답을 발견하기도 했을 것이다.

이 책 또한 『장자』를 통해 세상을 바라보며, 스스로가 봉착한 문제에 해답을 찾고자 한 것이다. 단, 이 책은 개아(個我)의 차원을 넘어, 『장자』를 통해 '현대'라는 시대와 그 사회를 조명하고자 하였다. 한 시대가 끝나 가려는 즈음, 우리는 장자의 눈을 빌려 '현대'의 한계를 비

판하고, 장자로부터 이 '현대'를 벗어날 수 있는 출구를 모색하고자
한 것이다. 하지만 이 또한 어쩌면 장자의 눈에는 "본래 하나인 천지
의 미덕을 멋대로 가르고, 본래 하나인 만물의 이법(理法)을 쪼개며,
고인(古人)들이 체득했던 도술(道術)의 전체를 산산조각 내는 일"이 될
지도 모르겠다.

　그러나 그럼에도 불구하고 이러한 시도를 멈출 수 없었던 것은, 제
4차 산업혁명이라는 엄청난 기술혁신이 진행되고 있는 지금, "천하는
크게 어지럽기" 때문이며, 실로 수많은 사상가가 등장하여 '현대'를
진단하고 다가올 미래를 예측하고 있지만, 진정한 해답을 제시할 "현
인(賢人)이나 성인(聖人)은 모습을 감추었기" 때문이다. 과학기술의 급
격한 발달이 가져온 엄청난 변화 앞에서 인류는 여전히 길을 찾지 못
하고 있다.

　인간 이성에 대한 믿음과 과학기술의 발달이 만들어 낸 풍요로운
시대, 근대라고 불리던 시대가 정점에 다다르고, 제4차 산업혁명시대
라는 새로운 시대가 도래하고 있다. 첨단기술혁신이 가져올 무한한 물
질적 풍요와 노동 없는 삶, 유토피아로 그려지는 미래에 대한 기대가
한껏 부풀기도 전에 어두운 먹구름이 다가오고 있다. 인간의 지능을
뛰어넘는 인공지능 로봇의 등장과 더불어 인공지능에 의한 인류의 몰

락이 회자되는가 하면, 당장 우리 눈앞에는 기후변화나 대기오염 등의 자연재해와 극심한 양극화 현상이 수반한 사회갈등 등 세상은 혼란을 거듭하고 있다.

우리가 직면한 이 '현대'의 모순을 극복하고 이 혼란을 잠재울 수 있는 방법은 없을까? 인공지능 로봇과의 공존을 위해 인간의 '무기물화(無機物化)'가 유행처럼 번지고 있다. 근대가 고양시킨 인간의 자율성과 주체성을 부정하기만 하면 인공지능 로봇과의 평화로운 공존이 가능하고 인류에게 닥칠 재난을 방지할 수 있다는 것일까? 그렇다고 여전히 인간 이성을 신뢰하면서 결국은 보다 혁신적인 과학기술이 인류에게 더 나은 미래를 선사할 것이라 낙관하고 있어도 좋은 것일까? 유감스럽게도 그 어느 것도 우리가 고민 없이 선택할 수 있는 길은 아니다.

우리는 먼저 낙관론을 경계한다. '현대'가 파국으로 치닫고 있는 지금, 현대적인 방법으로 '현대'를 극복할 수는 없지 않겠는가? 그러나 그렇다고 하여 인간의 정신을 부정하고 이른바 '기계 되기'로 새로운 미래를 만들 수도 없지 않겠는가? 여전히 인간은 인간이며 기계는 기계인 채로 조화를 이룰 수 있는 새로운 세계가 있지 않겠는가?

그것이 우리가 『장자』에 주목하는 이유이다. 천지만물을 관통하는 근원, 즉 도(道)에 대한 통찰, 이 마음을 '다 타 버린 재처럼, 또 죽은 고목처럼' 다스려 '나'에 뿌리를 둔 저 욕망을 잠재우는 것, 선악을 분별하는 것이 아니라 그 피안을 넘은 절대 경지를 추구하는 것 등 『장자』에는 인간중심주의와 사회적 대립, 분열을 극복할 수 있는 방안이 무수히 많다.

어떤 독자는 이 책이 너무 자의적이라 비판할지도 모르겠다. 은일(隱逸)의 삶을 살았던 은둔의 사상가를 세속적인 삶 속으로 끌어들이고, 그 세속적인 삶이 펼쳐지는 '사회'의 문제를 해결하려고 했다는 점에서 더욱 그럴 것이다. 그러나 동아시아의 많은 은둔자가 그러하듯이, 그들의 은일은 세상에 대한 염려였고, 비판이며, 해법이었다. 우리는 『장자』가 더 좋은 세상을 위한 기록이라 이해하였고, 이 기록들에서 '현대'를 극복할 방법을 발견하였다고 자부한다.

이 책은 『주역과 탈현대』, 『노자와 탈현대』, 『논어와 탈현대』의 후속편이다. 체제는 『논어와 탈현대』를 따랐으며, 마찬가지로 『장자』를 통해 대안적 문명, 대안적 삶, 대안적 교육, 대안적 국가를 각각 모색하고자 하였다.

2021년 1월

저자들의 마음을 모아서

内篇

第一 逍遙遊

소요하는 사회

> 그리고 세상 모두가 칭찬한다고 더욱 애쓰는 일도 없고, 세상 모두가 헐
> 뜯는다고 기가 죽지도 않는다.
>
> 且擧世而譽之而不加勸 擧世而非之而不加沮

　현대인은 왜 자족하고, 소요하는 삶을 살 수 없는가? 현대인은 '아직 충분히 갖지 못해서'라고 대답할 것이다. 그러나 돌이켜 보면 현대만큼 많은 것을 누리는 시대도 없고 동시에 현대만큼 여전히 목말라 하는 시대도 없다. 이 역설을 어떻게 설명할 것인가?

　이 역설을 설명하는 답은 이것이다. '현대인은 무한한 욕망을 추구한다.' 만일 우리가 무한을 추구한다면, 아무리 많이 채워도 결코 채워질 수 없는 밑 빠진 독에 물 붓기를 하는 것이나 다름없다. 그러므로 현대인은 타는 목마름으로 끊임없이 욕망을 추구하지만 결국은

욕망 충족에 실패할 수밖에 없다.

　현대인은 왜 무한한 욕망을 추구하는 것일까? 그것은 현대인이 현대 인간관의 지배를 받고 있기 때문이다. 현대 인간관의 관점에서 보면 결핍감은 인간 실존의 기본 양태이다. 인간이란 하찮은 존재이다. 그는 자신을 둘러싸고 있는 세상으로부터 분리된 유한한 개체이며 그러하기에 무의미하고 무력한 존재이다. 이에서 비롯되는 존재론적인 무의미감, 무력감, 불안감을 해소하는 것이 현대적인 삶의 주제가 된다. 그래서 현대인은 강박적으로 자아확장투쟁으로서의 삶을 살아간다.

　이런 맥락에서 현대의 시작과 더불어 '(무한한) 욕망을 추구하는 존재로서의 인간관'이 봇물처럼 터져 나온다. 학문의 세계에서 보면 홉스(Thomas Hobbes)는 『리바이어던(Leviathan)』(1651)에서 '만인의 만인에 대한 투쟁(bellum omnium contra omnes)'을 말했는데, 이것은 '욕망을 추구하는 존재로서의 인간관'의 효시가 되었으며, 오늘날에 이르기까지 '권력을 추구하는 존재로서의 인간'이라고 하는 현대 정치학을 지배하는 인간관이 되었다. 스미스(Adam Smith)를 위시한 고전 경제학자들은 '이윤을 추구하는 존재로서의 인간관'을 경제학의 대전제로 삼았으며, 프로이트를 위시한 심리학자들은 '쾌락을 추구하는 존재로서의 인간관'을 심리학의 전제로 삼았다.

　현실의 세계에서는 결핍감에 사로잡혀 있는 현대인에 의한 자아확장투쟁으로서의 삶이 적나라하게 표출된다. 욕망의 대상은 다양한데 위에서 언급한 권력욕, 소유와 소비에 대한 욕망을 포괄하는 금전욕, 성적 쾌락의 추구는 물론이고 이 밖에도 인기, 외모, 명예, 젊음, 영생, 건강, 명품, 학력, 좋은 직업에 대한 추구 등 그 목록은 끝이 없다.

욕망 표출의 양상은 다양하지만 이것은 모두 동일한 구조를 갖고 있다. 현대인은 현대의 구조 속에서 욕망 달성을 통해 행복에 도달하고자 한다. 그러나 모든 강박적인 추구가 실패할 수밖에 없듯이 현대인도 지속적인 행복을 얻을 수 없다. 모든 욕망 추구의 밑바탕에는 근원적인 무의미감, 무력감, 불안감이 도사리고 있는데 이것은 해결될 수 없고 오직 해소될 수 있을 뿐이다.

　이것을 해소시킬 수 있는 방법은 무엇인가? '내가 그렇게 하찮은 존재가 아님'에 대한 자각이다. 나는 돈, 권력, 외모, 인기, 학력 등으로 채워져야만 가치가 있을 만큼 하찮은 존재가 아니라는 자각, 나는 온 우주를 내 안에 품고 있는 위대하고 아름다운 존재라는 자각이 생겨나면 모든 현대적인 추구가 사라지고 우린 삶의 기쁨, 평화, 지속적인 행복을 누릴 수 있게 된다.

　『장자』「소요유」에 등장하는 지인(至人), 신인(神人), 성인(聖人)이 바로 그들이다. 그들은 더 이상 욕망에 부대끼지 않는다. 자족하며 소요한다. 위의 인용구는 소요하는 인간의 모습을 담고 있다. 칭찬을 받고자 하는 욕망, 비난을 피하고자 하는 욕망으로부터 해방된 인간 …. 어떻게 그것이 가능할까? 그는 더 이상 타는 목마름 속에 한 모금의 물을 찾아 헤매는 거렁뱅이가 아니기 때문이다.

　자족하는 사람, 소요하는 사람, 그가 바로 탈현대인이다. 탈현대인으로 구성된 사회가 탈현대 사회이다. 우리가 꿈꾸는 문명은 바로 그런 것이다.

기본이 탄탄한 삶

 가령 물 괸 곳이 깊지 않으면 큰 배를 띄울 만한 힘이 없다.

且夫水之積也不厚 則其負大舟也無力

물이 깊어야만 큰 배를 띄울 수 있다. 물이 깊다는 말은 그 바탕이 탄탄하다는 것이다. 우리의 삶도 그러하다. 삶의 바탕이 탄탄하면 삶의 어떤 순간과 만나더라도 멋진 항해를 할 수 있다. 삶의 바탕, 즉 삶에서 기본이 되는 것이란 무엇일까? 바로 참나와 만나는 것이다. 자유롭게 삶을 항해하고 싶다면, 그러한 자유를 향유할 수 있는 큰 배를 띄울 수 있도록 삶을 사랑하고 내면으로 향하는 기본에 충실해야 한다.

현대 사회의 삶의 방식은 기본과 바탕을 탄탄하게 하기보다는 가시적인 외면을 꾸미고 키우는 일에 집중하는 경향이 있다. 사회적 지위, 부, 권력, 외모 등 보이는 것에 삶의 승부를 걸고 자신과 동일시하면서, 그것들의 노예가 되는 삶을 살기도 한다. 어느 순간 쌓아 오던 탑에 균열이 생기면, 모든 것을 잃은 것으로 착각하고 자포자기하기도 한다.

외면을 키우는 삶의 방식은 얕은 물과 같아서 큰 배를 띄울 수가 없다. 『장자』가 말하듯이 "한 잔의 물을 마루의 팬 곳에 엎지르면 작은 풀잎은 떠서 배가 되지만, 거기에 잔을 놓으면 바닥에 닿는다." 큰 배를 띄우기 위해서 물 괸 곳이 깊어야 하듯이, 우리의 삶이 진정한 빛을 발하기 위해서는 삶의 기본에 충실해야 한다.

2018년 아시안게임 남자 축구경기에 전 세계 축구 팬들의 관심이 쏠렸다. 축구 팬들의 관심은 한국이 우승을 하고 손흥민 선수가 병역 면제를 받을 수 있을 것인가에 집중되었다. 병역 혜택에 대해서 민감한 한국에서도 손흥민의 군복무 면제를 국민청원을 할 정도로 이슈였다. 손흥민이 혼자서 이룬 결과는 아니었지만, 주장으로서 멋진 성과를 이룬 덕분에 축구 인기가 후끈 달아올랐다. 아시안게임에서 우승하고 금메달을 손에 쥔 손흥민이 소속 구단으로 복귀한 경기에 중국 팬들은 "손흥민 오빠, 프리미어리그 통행증(병역 면제)을 딴 것을 축하해요. 파이팅"이라는 전광판 광고를 해서 또 한 번 이슈가 되었다.

손흥민은 2018년에 너무 많은 경기에 출전해서 팬들 사이에서는 국가대표 평가전에 그만 차출하라는 여론이 형성되기도 했다. 그럼에도 불구하고 정작 자신은 혹사라고 생각하기보다는 이렇게 축구를 할 수 있어서 기쁘다고 했다. 그는 '축구를 더 잘하고 싶은 생각'뿐이라고 그때의 심경을 말했다. 손흥민을 향한 팬들의 사랑에는 여러 가지 이유가 있겠지만, 축구선수인 그를 좋아하는 가장 큰 이유는 축구를 잘하고 최선을 다하는 모습 때문일 것이다.

특히 전 세계 축구 팬들은 축구선수로 기본에 충실한 손흥민을 응원하고 있다. 그가 기본기가 충실한 선수가 될 수 있었던 것은 그를 지도한 아버지의 특별한 축구 철학 덕분이다. 〈스포츠동아〉 2018년 9월 11일 자에 다음과 같은 이야기가 기사화되었다.

손흥민의 아버지가 가장 강조한 건 기본기다. 볼 트래핑과 드리블, 슛, 패스 등에 초점을 맞췄다. 아버지는 "어릴 때는 기본기와 개인기를 철저히 익혀야 한다. 전술 훈련은 나중에 다른 팀에 가서 해도 늦지 않다"라는 얘기를 자주 했다. 특히 슈팅 훈련에 많은 공을 들였다. 다양한 상황과 각도를 놓고 훈련을 반복했다. 2003년부터 6년 동안 하루도 빠짐없이 축구공 80개를 담은 대형 냉장고 박스를 끌고 운동장에 나가 직접 볼을 던져 주며 하루 3~4시간 개인기를 가다듬었다. 이는 유효 슈팅과 골 결정력을 높이기 위한 훈련이다.

손흥민은 살인적인 일정에도 불구하고 축구를 즐기고 있으며 경기를 뛸 수 있는 것에 감사하다고 말한다. 그가 이렇게 즐길 수 있는 이유는 무엇일까? 바로 기본에 충실했기 때문이다. 그는 어린 시절 축구의 재미에 빠져서 그라운드를 누비며 즐기기 전에 기본 훈련을 충실히 했다. 손흥민이 축구를 즐기기 시작한 것은 기본을 탄탄하게 다진 후의 일이었다. 그래서 다른 선수들보다 더욱 강렬하게 축구를 하고 싶은 열정이 있고 그 즐거움을 깊이 누리고 있는 것인지도 모른다.

축구와 우리의 삶은 다르지 않다. 진정한 삶의 즐거움은 삶을 사랑하고 자기 내면으로 관심을 기울이는 기본에 충실할 때 맛볼 수 있는 경지이다. 삶의 기본을 충실히 하는 것에는 관심이 없고 삶을 즐기겠다는 생각만 한다면, 인생이란 큰 배를 띄울 수 있는 깊은 물이 될 수 없다. 장자가 말하는 구속이 없는 절대 자유의 경지인 소요유(逍遙遊)란 참나를 만나는 삶의 기본을 탄탄히 할 때 누릴 수 있다.

지식의 장님과 귀머거리

장님에겐 빛깔의 아름다움이 안 보이고, 귀머거리에겐 음악의 황홀한 가락이 안 들리지만, 장님이나 귀머거리는 비단 육체에만 한하는 게 아닐세. 지식에도 장님과 귀머거리가 있네.

瞽者无以與文章之觀 聾者无以與乎鐘鼓之聲 豈唯形骸有聾盲哉 夫知亦有之

견오(肩吾)가 연숙(連叔)에게 막고야(藐姑射) 산의 신인에 대해 말한다. "그 피부는 얼음이나 눈처럼 희고, 몸매는 처녀같이 부드러우며, 곡식을 먹지 않고 바람과 이슬을 마시며 구름을 타고 용을 몰아 천지 밖에서 노닌다네. 정신이 한데 집중되면 그것으로 모든 것이 병들지 않고 곡식도 잘 익는다는 거야. 이야기가 허황되어서 믿어지지가 않네."

오늘날에도 막고야 산의 신인에 대해 말하면 누가 믿을 수 있을까? 그렇지만 연숙은 그것을 믿지 못하는 견오를 장님과 귀머거리라고 말한다. 오늘날의 전문가들이 바로 그런 장님과 귀머거리이다. 그들은 좁게 칸막이를 친 자신의 전문분야에 깊숙이 파고 들어가지만 칸막이 너머에 대해서는 전혀 아는 것이 없다. 이런 전문가들에 대해 장자는 다음과 같이 말한다.

그 지식이 불과 한 관직에 효과가 있고, 그 행위가 한 고을에 알맞으며, 그 덕은 한 임금의 신임을 얻을 만하고, 그 재능은 한 나라에 빛낼 정도인 그런 인물은 스스로를 보는 눈이 메추라기와 같이 비좁다.

지식과 행위와 덕행과 재능이 한 나라에 두루 영향을 미칠 만한 사람이면 그래도 괜찮은 사람이다. 그럼에도 송영자(宋榮子)는 그를 메추라기와 같다고 한다. 메추라기는 9만 리를 올라 남쪽 바다를 향해 날아가는 대붕을 보고 "저놈이 도대체 어딜 가겠다는 건가. 난 힘껏 날아올라도 불과 몇 길을 못 올라가고 내려와 쑥풀 사이를 날아다니거든. 이것도 대단히 날아오른 셈인데 저놈은 어딜 가려고 하는 걸까?"라고 말한다.

「욥기」에서 하나님은 욥에게 '네가 과연 무엇을 아는가?' 하고 따져 묻는다. 그제야 욥은 아무것도 알지 못하는 자신을 깨닫는다.

부질없는 말로 당신의 뜻을 가리운 자, 그것은 바로 저였습니다. 이 머리로는 헤아릴 수 없는 신비한 일들을 영문도 모르면서 지껄였습니다. … 당신께서 어떤 분이라는 것을 소문으로 겨우 들었는데 이제 저는 이 눈으로 당신을 뵈었습니다. 그리하여 제 말이 잘못되었음을 깨닫고 티끌과 잿더미에 앉아 뉘우칩니다.

하나님을 만나는 순간 이제까지 욥을 괴롭히던 모든 고통이 사라져 버린다. 왜냐하면 고통을 받을 내가 사라졌기 때문이다. 장자가 말하는 작은 지혜[小知]와 큰 지혜[大知]의 차이는 분별의 유무에 있다.

큰 지혜는 마음을 떠나서 존재한다. 마음은 분별을 주식으로 하기 때문이다. 부대사는 다음과 같이 말했다.

> 마음 없는 경계 없고
> 경계 없는 마음 없으니
> 경계가 무너지면 마음도 사라지고
> 마음이 없으면 경계가 침범하지 못한다.

마음이 곧 경계이기 때문에 큰 지혜는 마음과 경계, 그리고 그 사이에 균열이 생기기 시작할 때 비로소 드러나기 시작한다. 장자는 "지인에게는 사심이 없고[至人无己], 신인에게는 공적이 없으며[神人无功], 성인에게는 명예가 없다[聖人无名]"고 하였다. 큰 지혜는 몸과 마음을 떠나야 드러나기 시작한다. 큰 지혜는 몸과 마음의 바탕이 되는 것이기 때문이다. 어디에도 마음이 없을 때 문득 우리는 큰 지혜를 자각하기 시작한다.

큰 지혜는 우리의 노력을 통해서 얻을 수 있는 것이 아니다. 몸과 마음을 아무리 지켜보아도 큰 지혜는 드러나지 않는다. 우리가 할 수 있는 것은 몸과 마음의 바탕이 드러나도록 조건을 제공하는 것뿐이다.

탈현대 지식은 무아(無我)를 근본으로 한다. 내가 없기 때문에 모든 것은 전체로 존재한다. 그리고 전체로 존재하는 모든 것은 평등하다. 이를 불교에서는 무상정등각(無上正等覺)이라고 한다. 모두가 평등하다는 것에 대한 깨달음이다. 나와 너, 혹은 인간과 동물 혹은 식물이 평등할 뿐만 아니라, 나와 코를 푼 휴지, 똥, 오줌이 모두 평등하다. 심지어 나와 원자폭탄과 방사능이 평등하다. 이것을 깨닫는 것은 작은 지혜가 아니라 큰 지혜다.

　탈현대의 지식은 막고야 산의 신인과 같다. 현대인은 이런 탈현대 지식을 들으면 허황된 이야기로 여기며 크게 웃을지도 모른다. 노자의 말대로 어리석은 현대인이 크게 웃지 않으면 탈현대 지식이 아니다. 탈현대의 교육은 장님과 귀머거리인 현대의 작은 지혜가 아니라 무아와 무아를 통한 평등을 깨닫도록 하는 큰 지혜를 가르치는 데서 시작되어야 한다.

인재 아닌 인재

가령 물 괸 곳이 깊지 않으면 큰 배를 띄울 만한 힘이 없다. 한 잔의 물을 마루의 패인 곳에 엎지르면 작은 풀잎은 떠서 배가 되지만, 거기에 잔을 놓으면 바닥에 닿는다. 물은 얕은데 배가 크기 때문이다.

且夫水之積也不厚 則負大舟也無力 覆杯水於坳堂之上 則芥爲之舟 置杯焉則膠 水淺而舟大也

나라에 인재가 있었던가? 또 있었다면 그는 어떤 사람이었는가?

주나라 수장실(守藏室)의 사관이었던 노자는 『도덕경』 한 권으로 후세에 이름을 남겼지만 나라의 쇠망을 목도하고 주나라를 떠났다. 그는 주나라의 인재였는가? 노나라에서 대사구(大司寇)를 지내며 나라를 안정시켰던 공자는 제나라의 꾐에 넘어가 사치와 방탕을 일삼는 정공을 버리고 자신을 발탁해 줄 왕을 찾아 14년간 떠돌이 생활을 감내하였지만, 현실의 벽을 넘지 못하고 낙향하였다. 공자는 노나라의 인재였는가?

의상과 함께 당나라 유학길에 올랐던 원효(617~686)는 무덤에서 잠을 자다 해골에 고인 물을 마시고 깨달음을 얻어 발길을 돌렸다. 귀족 중심의 불교를 일반 백성에게 전하기 위해 노력했으며, 대립과 갈등의 원인이 되었던 서로 모순되는 불교 이론을 종합하기 위해 '화쟁'

이라는 독자적인 개념을 확립하였지만, 그는 당대에는 결코 높은 평가를 얻지 못했다. 그는 신라의 인재였는가?

구산선문(九山禪門) 중의 하나인 성주산문(聖住山門)을 개창한 신라시대 고승, 무주무염(無住無染, 801~888)은 입도(入道)의 뜻을 세워 부석사 석징대덕(釋澄大德)를 찾았지만, 석징은『장자』, '요배(拗杯)'의 비유를 들며 중국으로 떠날 것을 종용하였다.

동쪽으로 얼굴을 돌리고 바라보기만 하면 서쪽 담장을 보지 못하는 법이다. 저 언덕이 멀지 않은데 어찌 이 땅만을 생각할 것인가?

석징의 충고를 받아들여 유학길에 오른 무염은 30여 년간 정진한 끝에 동방의 대보살이라는 칭호를 얻었으며, 신라로 돌아와 최고의 존경을 받았다. 무염은 신라의 인재였는가?

수많은 인재들이 이 땅에서 나고 자랐을 것이다. 어떤 이는 이름을 얻었고, 어떤 이는 잊혔으며, 어떤 이는 후대에 이르러서야 추앙되었다. 그러나 아마도 어떤 이는 큰 뜻을 품고도 펼치지 못한 채 사라져 갔을 것이다.

석징은 무주무염에게 서쪽 담장을 넘어가라고 했다. 신라는 기껏해야 마루의 팬 곳으로 스며든 물, 무염과 같은 큰 배를 띄울 수는 없을 것이라고. 무염이 신라에 머물렀다면 석징의 말처럼 뜻을 펼칠 수 없었을까? 그렇다면 어떻게 신라에 머물기를 자처한 원효는 역사에 족적을 남긴 고승이 되었을까?

노자와 공자에게 그랬듯이, 원효에게도 신라는 마루의 팬 곳으로 스며든 물, 그랬기에 그는 물들이 모여서 더 큰 강을 이룰 때를 기다려야 했다. 얼마나 다행인가? 그래도 그들은 더 큰 강에서, 또 더 큰 바다에서 자신의 큰 배를 띄울 수 있었다. 그러나 얼마나 많은 사람들이 더 큰 강에 이르지 못한 채 사라져 갔을까?

지금 우리는 마루의 팬 곳으로 스며든 물인가? 아니면 강이고 바다인가? 우리가 강이고 바다가 아니라면 우리의 수많은 인재들은 강과 바다가 될 때까지 기다려야 할 것이며, 때로는 강과 바다에 이르지 못한 채 사라져 가야 할 것이다.

나라에 인재가 없다고 탓할 것인가? 나라에 인재가 없다고 탓하기 전에 우리가 강이고 바다인지를 먼저 근심하여 보라.

第二 齊物論

절대 평등의 세계

그러므로 그것을 명백하게 하기 위하여 작은 풀줄기와 큰 기둥, 문둥병 환자와 미인 서시를 대조해 보인다면, 매우 괴이하고 야릇한 대조이지만 참된 도의 입장에서는 다 같이 하나가 된다.

故爲是擧莛與楹 厲與西施 恢恑憰怪 道通爲一

논리학적으로 보면 현대 세계관과 현대 세계는 형식 논리학과 변증법적 논리학에 기초하고 있다. 형식 논리학은 시간의 한 점에서 정태적인 세계를 서술하는 방식이며, 변증법적 논리학은 시간에 따른 동태적인 세계를 서술하는 방식이다.

형식 논리학은 동일률, 모순율, 배중률, 세 가지로 구성되어 있다. 동일률이란 〈A = A〉, 모순율이란 〈A ≠ not A〉, 배중률이란 〈A = A & A ≠ not A〉를 가리킨다. 변증법적 논리학이란 〈A는 not A로 되어

간다.〉는 운동의 관점에서 세계를 인식하는 방식이다.

그러나 탈현대 세계관과 탈현대 세계의 논리학적인 기초는 상즉(相卽, mutual identity)과 상입(相入, mutual penetration)의 논리학이다. 상즉 논리학은 형식 논리학과 정반대이다. 상즉 논리학의 세 가지 구성 요소는 〈A ≠ A〉, 〈A = not A〉, 〈A ≠ A & A = not A〉이다. 상입 논리학은 변증법적 논리학과 다르다. 시간의 흐름에 따라서가 아니라 지금이 순간 〈A는 not A 안으로 들어간다.〉

현대 세계가 형식 논리학과 변증법적 논리학을 벗어날 수 없는 이유는 현대 세계관이 '모든 존재들 간의 근원적인 분리'를 가정하기 때문이다. 이것은 현대가 만들어 놓은 감옥이다. '너와 나'는 결코 하나가 될 수 없다. '세상 모든 존재가 하나'라고 하는 깨달음에 이를 수 없다. 경쟁과 갈등을 벗어날 수 없다. 결국 현대 사회는 '사랑이 메말라 버린 사회'가 될 수밖에 없는 운명을 선고받은 것이다.

탈현대의 눈으로 보면, 이 세상은 판연히 다른 모습을 하고 있다. '작은 풀줄기[莛]와 큰 기둥[楹]', '문둥병 환자[厲]와 미인 서시(西施)'는 지금 있는 그대로 하나이다[道通爲一]. 어떻게 그럴 수 있는가? 이 세상 모든 존재는 도(道)를 품고 있기 때문이다.

그러므로 탈현대의 눈으로 보면, 모든 존재는 절대적으로 평등하다. 제물(齊物)의 세계가 열리는 것이다. 제물 사상의 절대 평등론에 비춰 본다면, 현대 평등론은 저급한 것이다. 현대 평등론의 기초는 모든 존재들 간의 불평등론이다. 현대가 평등을 주창했을 때, 그것은 인간과 자연의 평등을 의미하는 것이 아니었다. 인간 평등의 경우에도 인간의 범주는 백인, 남성, 유산층, 기독교도에 국한된 경우가 많았다. 공산정권이 들어서고, 그들이 평등을 추구했을 때, 그것은 쉽게 프로크루스테스의 침대가 되었다. 중국의 문화혁명은 좋은 역사적인 사례이다.

현대의 불구적인 평등론은 기껏해야 서로 간의 차이를 폭력적으로 제거하는 것에 지나지 않았다. 역사적으로 보면, 그것조차도 제대로 이루어진 적이 없지만, 만일 피비린내 나는 과정을 통해 혹 거기에 도달했다고 하더라도 그것이 실제로 좋은 사회일 가능성은 전무하다.

장자의 절대 평등론은 현대의 저급한 평등론과는 차원이 다르다. 제물론의 기초는 모든 존재는 도(道)를 자신 안에 품고 있는 존귀한 존재라는 것이다. 그러므로 절대 평등론을 받아들이면서, 상대편을 함부로 대하는 것은 불가능하다. 아무리 하찮아 보이는 외양을 하고 있더라도 그들을 깊이 존중하고 존경해야만 한다.

절대 평등론의 관점에서 보면, 에고의 차원에서 나의 위치가 어디이든, '나는 내[나의 에고]가 아니며, 내가 아닌 모든 것이다.' '나는 곧 너'인 멋진 세계가 열리는 것이다. 그러므로 탈현대 사회는 '너와 나가 하나임'에 대한 자각 속에서, 너와 나가 사랑으로 결합하는 사회가 될 것이다. 탈현대 가족은 사랑의 가족이 될 것이다. 탈현대 다문화사회는 사랑의 다문화사회가 될 것이다. 탈현대 정치는 사랑의 정치가 될 것이다. 탈현대 교육은 사랑의 교육이 될 것이다. 탈현대는 인간과 인간 간에만이 아니라, 인간과 자연, 인간과 인공지능 간에도 사랑으로 결합하는 사회가 될 것이다.

삶에 대한 최고의 지식

대체로 참된 도는 명칭으로 나타낼 수가 없고, 참된 변론은 말로 하지
못한다. 참된 인(仁)은 몰인정하고, 참된 청렴은 겸양하지 않으며, 참된
용기는 남을 해치지 않는다. (즉) 도는 뚜렷이 나타나면 참된 도가 아니
고, 말은 겉으로 표현되면 불완전해지며, 인(仁)은 고정되면 이루어지지
않고, 청렴은 결벽만으로는 거짓이 되고, 용기가 남을 해치면 그 진가를
잃는다.

夫大道不稱 大辯不言 大仁不仁 大廉不嗛 大勇不忮 道昭而不道 言辯
而不及 仁常而不成 廉淸而不信勇忮而不成

「제물론」이란 '만물을 고르게 하는 논리'라는 뜻이다. 사람들은 상
대적이고 유한한 인식으로 옳고 그름, 선하고 악함, 아름답고 추함, 복
과 재앙 등을 판단하려고 한다. 이런 사람들에게 장자는 절대적인 도
(道)의 관점에서 만물을 인식해야 한다고 주장한다. 제물론의 관점으
로 우리의 삶을 바라보면, 어떤 지혜를 얻을 수 있을까? 장자는 참된
도(道), 참된 말, 참된 인(仁), 참된 청렴, 참된 용기를 통해서 그 지혜를
들려주고 있다.

사람들은 누구나 삶의 도(道)를 알고 배워서 잘 살고 싶어 한다. 그
러나 참된 도(道)는 명칭으로 나타낼 수 없는 것이다. 그렇다. 삶의 도

란 '○○한 삶'이라고 표현할 수 없다. 그렇게 명칭으로 규정하려고 하는 순간 삶의 진리로부터 더욱 멀어지게 된다. 그럼에도 불구하고 삶의 도(道)를 좀 안다고 여기는 사람은 다른 사람에게 '이렇게 살아라', '이것이 삶의 진리다'라고 힘주어 말한다. 또 삶의 도(道)를 배워서 잘 살고 싶어 하는 사람들은 그런 분명한 명칭을 듣기를 원한다. 그렇게 하는 것이 얼마나 어리석은 일인지를 장자는 말하고 싶었던 것이다.

말 또한 그렇다. 우리는 매일매일 헤아릴 수도 없이 많은 말로 자기가 알고 있는 것을 드러내고 자기가 옳다는 것을 주장하는 데 온 힘을 쏟는다. 마치 말로 표현하지 못하면 자기 존재를 인정받지 못하는 것처럼, 설명하고 겉으로 표현하려고 한다. 현대 사회에서는 자기를 드러내고 표현하기 위해서 특별히 교육하기도 하고 자기를 잘 주장하는 것을 중요한 삶의 능력으로 인정하기도 한다. 말로 따지고 표현하는 것을 능력이자 미덕인 것처럼 부추긴다. 그러나 말이 얼마나 무기력한 것인지, 말에 기대어 판단하고 선택하는 것이 얼마나 어리석은 일인지, 현대 정치인들의 말을 떠올려 보면 말의 기만에 놀라지 않을 수 없다.

장자는 참된 인(仁)은 몰인정하다고 한다. 참사랑은 사랑의 모습을 하지 않는다는 말이다. 바로 『노자』가 말하는 '천지불인(天地不仁)'과 일맥상통한다. 하늘과 땅은 인간이 상상할 수 없는 큰 사랑으로 이 세상을 자연 그대로 둔다. 어진 마음으로 억지로 어떻게 되게 하려고 하지 않는다. 하늘과 땅의 큰 사랑은 홍수, 가뭄, 태풍 등 무시무시한 고난으로 표현되기도 한다. 그러나 하늘과 땅은 이 세상을 사랑이라는 이유로 마음대로 좌지우지하지 않는다.

장자가 말하는 참된 인(仁)을 사람들이 온전히 이해할 수 있을까?

장자는 사랑이란 고정되면 이루어지지 않는다고 한다. 사람들이 사랑이라고 믿는 고정된 모습으로 참된 사랑을 이룰 수 없다는 말이다. 때로는 냉정하게, 때로는 무관심하게, 때로는 엄격하게 할 수 있는 것이 바로 큰 사랑이다.

장자는 청렴과 용기에 대해서도 요즘 사람들이 생각지 못한 지혜를 말한다. 참된 청렴은 겸양하지 않으며, 청렴은 결벽만으로는 믿음을 얻지 못한다고 한다. 청렴이라고 하면 보통 사람들이 가지고 있는 고정된 모습과 기대를 갖지만 장자는 그렇게 고정된 것이 아니라고 한다. 그리고 참된 용기는 남을 해치지 않으며, 용기가 남을 해치면 그 진가를 잃는다는 것이다. 사람들이 용기를 이유로 다른 사람에게 상처를 주기도 하고 힘들게 하는 경우가 허다하다. 그러나 다른 사람을 힘들게 하는 순간 이미 용기는 의미를 잃어버리게 된다는 것을 기억해야 한다.

장자가 참된 도(道), 참된 말, 참된 인(仁), 참된 청렴, 참된 용기를 통해서 말하고 싶었던 지혜는 무엇일까?

알지 못한다는 데에 머물러 있는 것이 최고의 지식이다.

장자는 사람들이 모르는 것을 억지로 알려 하거나 혹은 알았다고 생각하는 것은 참된 지식이 아니라고 한다. 장자가 말하는 최고의 지식은 알지 못한다는 것에 머물러 있는 것이다. 장자는 사람들이 억지로 알고자 하면서 또, 알았다고 착각하면서 삶의 진실로부터 멀어질 수 있다는 것을 경계하고 있다. 상대적이고 유한한 인식에 갇힌 우리에게 던진 장자의 메시지를 이해했다면, 스스로에게 질문해 보자.

도(道)를 안다는 착각으로 도(道)를 규정하려고 하지 않았는가? 자신은 모든 것을 알고 있고 자기가 옳다는 것을 말하기 위해서 수많은 말을 쏟아 내지 않았는가? 사랑한다는 이유로 언제나 달콤한 사랑만 주려 하지 않았는가? 자신의 청렴을 보여 주려고 결백만을 주장하지 않았는가? 용기 있는 삶을 살려다가 다른 사람을 힘들게 하지는 않았는가?

마음자리 찾기

모든 것이 스스로 소리를 낸다고 하지만 소리를 나게 하는 것은 누구겠느냐?

咸其自取 怒者 其誰也

장자는 세 종류의 소리가 있다고 말한다. 땅 소리, 인간 소리, 하늘 소리가 그것이다. 땅 소리는 바람이 불면 땅 위에 있는 각종 구멍에서 나는 소리이다. 사람 소리는 세상을 시끄럽게 하는 온갖 분별하는 소리를 말한다. 내가 옳고 너는 그르다는 분별 시비의 소리가 사람 소리이다. 그렇다면 하늘의 소리는 무엇인가? 땅 소리와 사람 소리는 모두 자기[己]로 말미암아[自] 내는 소리이다. 피리가 없으면 피리 소리가 날 수 없고, 나무가 없으면 나무 소리가 날 수 없다. 모두 자기로 말미암아 소리를 낸다고 하는데 저 혼자서는 소리를 낼 수 없다. 과연 그 소리를 나게끔 하는 그것이 바로 하늘 소리이다.

우리의 생각과 감정, 느낌이 일어나는 바탕을 마음자리라고 한다. 우리는 사물을 바라볼 때 내 두뇌 속에 누군가가 있어 그 대상을 바라보고 있다고 생각한다. 그러나 내 두뇌 속에는 그 대상을 바라보는 자가 없다. 그렇다면 생각은 어디서 일어날까? 생각이 일어나는 그 자리, 사물을 바라보는 그 자리가 바로 마음자리이다. 그렇지만 눈이 눈을 볼 수 없듯이 일어난 생각으로 생각이 일어난 그 자리를 볼 수는 없다.

눈앞에 어떤 대상을 그리고 그 대상을 지워 보라. 무엇이 남는가? 그 대상을 지운 자리가 바로 마음자리이다. 대상은 끊임없이 바뀌고, 흘러가고, 변화하지만 그 대상이 나타나는 그 자리는 변하지 않고 영원하다. 그러니 내가 눈으로 보는 대상이 존재하는 것이 아니라, 그 대상들이 일어났다 사라지는 그 바탕이 정말로 존재하는 것이다. 마음자리를 떠나 존재하는 것은 아무것도 없다. 마음자리는 어떤 변화가 와도 흔들리지 않는다. 그래서 불교에서는 마음자리를 열반적정(涅槃寂靜)이라고 부른다. 마음자리는 깨뜨릴 수 없는 고요함이기 때문이다.

땅 소리, 사람 소리에서 벗어나 하늘 소리를 듣는 것이 깨달음이다. 장자는 그것을 참된 깨어남[大覺]이라고 했다. 참된 깨어남이 있고 나면 우리는 땅 소리, 사람 소리로 가득 찬 이 인생이 커다란 한 바탕의 꿈이었음을 알게 된다. 땅 소리와 사람 소리 역시 하늘 소리가 있기 때문에 가능하다. 우리 마음이 번뇌에 시달리는 것은 땅 소리, 사람 소리에서 벗어나지 못하기 때문이다. 그렇다고 땅 소리, 사람 소리에서 벗어나려고 해서 벗어날 수 있는 것은 아니다. 혜능은 자신의 마음이 번뇌로 죽 끓듯 한다고 했다. 물론 번뇌에 시달리는 우리와 달리 혜능에게는 그 번뇌의 자성, 즉 실체가 없음을 알고 있는 지혜가 있다. 이처럼 우리를 시달리게 하는 바로 그 마음에서 벗어나야 마음의 쉴 자리가 드러난다. 마음을 편히 쉴 수 있는 그 자리를 장자는 참된 주인[眞宰]이라고 부른다.

참된 주재자가 있는 모양이지만 그 모습은 볼 수가 없다. 작용은 뚜렷한데 그 형태는 볼 수가 없다. 실체는 있으나 모습은 없다. (중략) 실은 참된 주인이 있다. 이 사실을 알건 모르건 참된 주인의 진가에는 아무런 변화가 없는 것이다.

그림자가 빛을 볼 수는 없다. 마음자리에 대해 생각이 할 수 있는 것은 '모른다'라는 고백뿐이다. 내가 할 수 있는 것이 아무것도 남아 있지 않을 때 마음자리는 저절로 드러난다. 분별이 힘을 쓰지 못하는 상황이 되면 어느 순간 마음자리가 드러난다.

내가 나를 알려고 하는 것이 병이다. 땅 소리, 사람 소리로 알려고 하기 때문이다. 나를 찾는 그곳, 바로 그 주인공이 마음자리이다. 이름이나 현상, 그리고 존재는 자성(自性)이 없지만 나를 찾는 그 주인공은 자성이 있다. 그 주인공이 있으므로 모든 분별이 일어난다. 모든 소리는 형상이다. 그 소리가 드러나는 곳이 바로 마음자리이다. 모든 냄새는 형상이다. 그 냄새가 드러나는 곳이 바로 마음자리이다. 바로 그 마음자리를 청정법신(淸淨法身)이라고 한다. 어느 누구도 그것을 물들일 수 없기 때문이다.

마음교육은 마음을 떠나야 한다. 마음자리는 마음을 떠나야 드러나기 때문이다. 마음공부를 한다고 주저앉아 몸과 마음을 관하는 공부는 아무 소용이 없다. 또한 마음공부에 대해 '어떻게?'라고 질문해서도 안 된다. '어떻게?'라는 질문은 이미 땅 소리, 사람 소리에 해당되기 때문이다. 마음자리는 어느 순간 조건이 갖춰지면 저절로 드러난다. '나'라고 주장하는 것을 버리고 삶에 모든 것을 내어 맡기면 드러난다. 삶의 운전석에서 내려 뒷좌석으로 갈아타면 저절로 보인다. 장자는 이를 '알지 못하는 바에 머무는 것[止其所不知]'이라고 했다. 우리가 할 수 있는 유일한 일은 그 조건을 갖춰 놓고 기다리는 것이다. 마치 선물처럼, 은혜처럼 그것이 주어지도록. 도연명은 음주(飮酒)라는 시에서 다음과 같이 읊었다.

山氣日夕佳　산의 기운 날 저무니 아름답고
飛鳥相與還　날던 새는 서로 더불어 돌아가네
此中有眞意　이 가운데 참뜻이 있건마는
欲辯已忘言　말로 나타내려 하지만 할 말을 이미 잊었노라

'나라'를 버린 통치자

언아. 너는 참 훌륭한 질문을 하는구나. 지금 나는 스스로를 잃어버렸다. 너는 그걸 알 수 있겠느냐? 너는 사람의 통소 소리는 들어도 땅의 통소 소리를 듣지 못했고, 또 땅의 통소 소리는 들어도 아직 하늘의 통소 소리는 듣지 못했겠지.

偃 不亦善乎 而問之也. 今者吾喪我 女知之乎 女聞人籟 而未聞地籟 女聞地籟 而未聞天籟夫

제자 안성자유(顏成子游)는 문득 스승 남곽자기(南郭子綦)가 예전과 확연히 달라졌음을 깨달았다. 스승에게 여쭈었다. "참으로 육신은 말라 죽은 나무와 같고, 마음은 꺼진 재와 같이 된 것입니까?" 그러자 스승은 자신의 변화를 알아챈 제자의 영특함을 기뻐하며 말했다. "그래, 마침내 나는 나를 버렸다." 즉, 나를 버림으로써 새로운 내가 되었다는 것이다.

그렇다면 버린 나는 누구이고, 새로운 나는 또 누구인가? 내가 나를 버렸다는 것은 내가 나라고 '생각했던 나'를 버렸다는 뜻이다. 내가 나라고 생각했던 내 몸, 내가 나라고 생각했던 내 생각, 내가 나라고 생각했던 내 지위, 내가 나라고 생각했던 내 명예… 내가 나라고 생각했던 모든 것을 버렸다는 것이다. 그리고 그 나라고 생각했던 나를 버리는 순간, 인간의 퉁소 소리가 아니라 땅과 하늘의 퉁소 소리를 들을 수 있는 새로운 내가 태어난 것이다.

「천도편」에서 장자는 말한다. "옛날 천하의 제왕은 천하를 정복할 지혜를 가져도 꾀하지 않았고, 만물을 꾸밀 수 있는 언변이 있어도 스스로 말하지 않았으며, 바닷물을 모두 퍼낼 수 있는 능력이 있어도 스스로 하려고 하지 않았다." 왜 천하의 제왕은 할 수 있는 일을 하지 않은 것일까? 장자는 다시 순임금의 이름을 빌려서 말한다. "하늘은 본래 이루어져 있고, 대지는 안정되어 있습니다. 해와 달은 빛나고 사철은 순조롭게 운행됩니다. 낮과 밤이 바뀌는 데는 일정한 규칙이 있고, 구름이 흘러 비가 내립니다." 세상은 이미 저절로 잘 다스려지고 있는데, 어리석은 인간만이 세상을 어지럽다고 하며 다스리려 한다는 것이다. 그러므로 "완고한 백성을 깔보지 않고, 가난한 백성을 버리지 않으며, 죽은 자를 애통해하고 고아를 사랑"했던 요임금은 순임금의 말을 듣고 스스로를 부끄러워하며 "그대는 하늘과 화합하였거늘, 나는 사람과 화합했던 것이군"이라며 한탄한다.

'내가 다스린다'라고 하는 그 생각, 그 생각이야말로 헛된 욕망이다. 육신의 감관(感官)과 마음의 심관(心觀)이 만들어 낸 망상, 몸과 마음의 욕망이 사라지지 않는 한, 그 욕망이 일으킨 모든 행위는 또 다른 어리석음을 만들어 낼 뿐이다. 몸이 고목처럼, 마음이 타버린 재처럼, 일체의 욕망이 사라졌을 때, 세상을 다스려도 내가 다스리는 것이 아니라 저절로 다스려지게 되는 것이다.

훌륭한 통치자란 어떤 사람인가? 나라를 지키기 위해 강성한 군대를 기르는 자인가? 세상을 어지럽히는 무리들을 없애기 위해 상과 벌을 엄정히 하는 자인가? 백성을 배불리 먹이기 위해 농사짓고 장사하는 법을 가르치는 자인가? 강성한 군대, 엄정한 제도, 풍요로운 삶은 그러나 인간이 내는 통소 소리일 뿐 하늘의 통소 소리도 아니다.

강성한 군대는 전쟁을 일으키고, 엄정한 상벌은 억울한 사람을 만들며, 윤택한 삶은 가난한 사람의 희생을 부른다. 그러므로 인간의 통소 소리는 들을 수 있지만 땅의 통소 소리를 듣지 못하는 자, 땅의 통소 소리를 들을 수 있지만 하늘의 통소 소리를 듣지 못하는 자를 훌륭한 통치자라 부르지 않는 것이다. 그렇다면 하늘의 통소 소리란 무엇인가? 그것은 귀로는 들을 수 없는 소리, 내가 죽어야만 비로소 들을 수 있는 소리, 소리가 없는 소리, 즉 도(道)이다. 그러므로 훌륭한 통치자란 도와 하나 된 자, 나를 버리고 도를 따르는 자인 것이다.

세상에는 훌륭한 통치자들이 넘치고 있다. '일대일로(一帶一路)'의 기치 아래, 세계의 패권을 장악하려는 중국, 욱일기가 펄럭이는 자위대를 자랑스러워하며, 군사력을 증강시키려는 일본, 자국우선주의를 정당화하며 패권을 지키려고 발버둥치는 미국. 그 나라 통치자들은 저마다 애국(愛國)을 강조하며, 자신이야말로 훌륭한 통치자라 자부한다.

전 세계는 내가 생각하는 나라를 나라라 생각하고, 그 나라가 생각하는 나라의 영토, 그 나라가 생각하는 나라의 이익, 그 나라가 생각하는 나라의 명예, … 그 나라가 생각하는 나라의 모든 것을 지키려 한다. 그러나 그 땅에 주인은 어디에 있을 것이며, 전쟁으로 얻은 땅이 어떻게 내 나라의 땅이 될 수 있겠는가? 세상의 부(富)란 세상의 것이거늘 그 세상의 부를 어떻게 내 나라의 것으로 삼을 것이며, 세상으로부터 빼앗은 부로 어떻게 영원히 풍요롭기를 기대할 수 있겠는가?

우리가 나라라고 생각하는 나라는 진정한 나라가 아니다. 우리가 나라의 영토라 생각하는 영토 또한 진정한 나라의 영토는 아니다. 우리가 생각하는 나라의 명예, 나라의 부, 나라의 영광, 그 어느 것도 진정한 나라의 것은 아니다. 우리가 생각하는 나라라는 것을 버렸을 때, 그때 비로소 우리는 진정한 나라를 만날 수 있는 것이다.

훌륭한 통치자란 어떤 사람인가? 우리가 나라라고 생각하는 그 나라를 버릴 수 있는 사람, 우리가 나라라고 생각하는 그 나라를 다스리려 하지 않는 사람, 우리가 생각하는 그 나라를 버리고, 그 나라를 잘 다스려야 한다는 생각을 버리고, 인간의 소리가 아니라 하늘의 소리를 들을 수 있는 사람이다.

第三 養生主

| 탈현대 문명 |

도를 따르는 사회

> 천리를 따라 [소가죽과 고기, 살과 뼈 사이의] 커다란 틈새와 빈 곳에
> 칼을 놀리고 움직여 소 몸이 생긴 그대로를 따라갑니다.
> 依乎天理批大卻 導大窾因其固然

　　포정(庖丁)이 소를 잡는 모습에 감탄한 문혜군(文惠君)이 "아! 훌륭하
구나. 기술도 어찌하면 이런 경지에까지 이를 수가 있느냐?"라고 질문
을 던진다. 윗글은 이 질문에 대한 대답의 일부이다.

　　현대 사회는 무도(無道)한 사회이다. 왜냐하면 현대 사회는 에고에
기초한 사회이기 때문이다. 이 세상에서 도(道)와 어긋난 것은 에고밖
에 없다. 그러므로 문명 이전에는 모든 것이 도와 합치했다. 또한 '참
나'가 회복된 탈현대 사회는 도를 따르는 사회이다.

　　자연에는 성장을 멈추지 않는 것이 없다. 자연은 도에 따르기 때문

이다. 그러나 현대 사회와 현대인은 무한을 추구한다. 이것은 도와 위배된다. 현대 사회와 현대인은 왜 그런 것일까? 현대인의 심리적인 특징인 결핍감이 강박적으로 욕망을 추구하게 만들기 때문이다. 추구의 원천이 실용적인 것이 아니고 강박적인 것이기에 현대 사회와 현대인의 삶에는 멈춤이 없는 것이다.

경제성장의 추구는 그 전형적인 사례이다. 재화나 용역을 생산하고 소비하는 것은 명백하게 인간다운 삶과 좋은 세상에 이르기 위한 수단의 영역이며, 목적이 될 수 없다. 그러나 현대 사회에서 경제성장은 목적의 자리를 차지하고 있다. 그래서 적절한 선에서의 멈춤[知止]과 만족[知足]이 없고, 오늘날에 이르러 경제성장은 바로 파괴가 되고 있다. 엄청난 쓰레기의 배출, 환경오염, 자원고갈, 생태계의 붕괴 등은 과도한 경제성장 추구의 직접적인 결과이다. 그러나 인류는 경제성장의 추구라고 하는 광기 어린 행진을 멈추지 못한다. 그것이 궁극적인 목적의 자리를 차지하고 있기 때문이다.

외모의 추구, 인기의 추구, 쾌락의 추구 등도 원리적으로 보면 경제성장의 추구와 동일하다. 현대인은 자신이 너무나 하잘것없는 존재라고 생각하기에, 의미 있는 존재가 되기 위해 발버둥치는 삶을 살아간다. 도와 많이 어긋난 삶을 살아가고 있는 것이다.

도와 어긋난 현대인의 삶과 현대 사회, 이런 지극한 소외를 벗어나기 위해서 우린 무엇을 해야 할 것인가? 인간이 '자신을 둘러싸고 있는 시공간으로부터 분리된 개체[에고]'라고 하는, 그래서 하찮은 존재라고 하는 현대 인간관을 벗어나야만 한다. 그리고 우리는 온 우주를 자신 안에 품고 있는, 위대하며 의미로 넘치는 존재라고 하는 탈현대 인간관을 받아들여야만 한다.

인간관의 대전환을 이룬 다음 우린 무엇을 해야 하는가? 탈현대 인간관의 바탕 위에서 수행을 통해 존재 변화를 이루어 내어야 한다. 그래서 우리는 겸손하고, 관용하며, 기쁨에 넘친 탈현대인으로 새롭게 태어나야 한다.

인류가 에고로부터 '참나'로의 존재혁명을 이룰 수 있다면 어떤 일이 벌어질 것인가? 이것은 탈현대 사회의 도래를 의미한다. 탈현대 사회는 도에 따르지 않는 것이 없는 새로운 사회이다.

우리는 포정이 소를 잡는 것과 같은 방식으로 삶을 영위할 것이다. 밥을 먹을 때도 식탐에 사로잡혀 허겁지겁 먹어 대지 않고, 도와 하나가 되어 식사할 것이다. 설거지를 할 때도 그릇을 탕탕거리며 짜증 속에서 하지 않고, 그릇과 하나가 되어 즐거운 설거지를 할 것이다. 우리의 걸음걸이는 다급하지 않고 평화로울 것이다. 우린 현대인이 진부하게 여겼던 것 속에서 보석을 발견하고 기쁨을 느낄 것이다. 우리는 꽃 이름을 외우는 데 소중한 삶을 허비하지 않고, 꽃의 기쁨과 슬픔을 함께할 것이다.

| 탈현대 삶 |

운명에 스스로를 맡기는 삶

공문헌은 우사(右師)를 보자 놀라서 말했다. "아니 이건 어찌 된 사람인가? 어째서 외발이 되었는가? 하늘 탓인가, 사람 탓인가?" 우사가 대답했다. "하늘 탓일세, 사람 탓이 아니야, 하늘이 나를 낳아 외발로 만들어 주었네. 사람의 형태는 두 발이 있기 마련이지. 이것으로도 내가 외발이 된 것은 하늘 탓이지, 사람 탓이 아님을 알 수 있단 말일세."

못가의 꿩은 열 걸음 걸어서 한 입 쪼아 먹고, 백 걸음 걸어서 한 모금 마시지만, 새장 속에서 길러지기를 바라지 않는다. 기력은 비록 왕성하겠지만 속이 편하지 못하기 때문이다.

公文軒見右師而驚曰 是何人也 惡乎介也 天與 其人與 曰 天也 非人也 天之生是 使獨也 人之貌有與也 以是知其天也 非人也 澤雉十步一啄 百步一飮 不蘄畜乎樊中 神雖王 不善也

　장자는 「양생주(養生主)」에서 참된 삶을 사는 방법을 말하고 있다. 그는 우사라고 하는 외발이의 이야기를 소개하고 있다. 우사는 벌을 받아서 외발이가 되었다. 그러나 우사는 자신이 외발이가 된 것은 하늘 탓이지, 사람의 탓이 아니라고 한다. 보통 사람들이 두 발을 가진 것이 운명이듯이 자신이 외발이가 된 것 또한 운명일 뿐이라고 말한다. 우사의 이야기를 통해서, 장자는 우리에게 바로 지금 자신의 운명에 스스로를 맡기는 삶을 살고 있는지를 묻는다.

우리는 살면서 사소한 일을 하나하나 만날 때마다 그것을 있는 그대로 받아들이지 않는다. 모든 일을 있는 그대로 받아들이기보다는 그 일을 따지고 다른 사람을 탓하고 화내면서 삶을 낭비하기 십상이다. 만약 외발이가 되는 것과 같이 나쁜 일을 겪게 되면 더 격렬하게 남을 탓하고 화를 내느라 삶을 완전히 망쳐 버릴지도 모른다. 반면 우사는 외발이라는 있는 그대로의 삶을 받아들이고 그 누구도 탓하지 않는다. 그가 있는 그대로 외발이라는 사실을 받아들임으로써 외발이라는 사실은 바뀌지 않았지만, 외발이가 되었다는 억울함에 압도되어 참된 삶을 잃어버리지도 않았다.

우사가 현대인들의 삶을 들여다본다면, 많이 놀라지 않을까? 세상 어떤 일도 그냥 지나치지 않고 남을 탓하고 불평을 늘어놓는 일관된 자세를 가지고 있다니, 놀라지 않을 수 없을 것이다. 뜨거운 여름날에는 날씨 탓을 하면서 짜증을 내고, 모난 자기 성질과 맘에 안 드는 외모는 부모와 유전을 탓하며, 일이 잘 안 풀리는 것은 모두 세상 탓으로 돌린다.

모든 것을 하늘의 뜻이라고 생각하고 운명에 스스로를 맡기면, 뜨거운 여름날은 그냥 더울 뿐이고, 모난 성격은 그냥 까칠한 것일 뿐이며, 외모는 생긴 그대로일 뿐이고, 인생이란 잘 안 풀리기도 하고 잘 풀리기도 하는 것일 뿐이다. 그것들을 탓하고 화를 내는 순간, 사람들은 그것들이 지배하는 불행 속에 허우적거리게 된다. 우사처럼 운명에 스스로를 맡겨 보자. 내 인생의 이런저런 상황에 사사건건 안달하지 않고 마음을 턱 놓고 운명에 순응하면, 아무런 문제가 없는 삶을 살게 될 것이다. 이것이 바로 장자가 말하는 참된 삶을 사는 방법이다.

장자는 또 하나의 양생의 지혜를 말하고 있다. 새장 속의 꿩이 잘 먹고 마실 수 있는 먹이가 충분하기는 하지만, 새장에 갇히기를 원하지 않고 자연 속에서 자유롭게 날기를 원한다는 점이다. 먹이가 아무리 풍족해도 새의 본성은 자유롭게 훨훨 나는 것이기 때문에 그러한 자유로움을 즐기는 것이 참된 삶을 사는 방식이라는 것이다.

현대인들은 부, 권력, 명예, 지위 등을 얻기 위해서, 자신을 현대라는 삶의 새장에 가둔다. 새장 안에서 누릴 수 있는 것의 노예가 되어서 삶의 자유를 스스로 반납하고 그것들의 지배를 받는 삶을 선택한다. 그러나 현대라는 삶의 새장에 안주하는 순간 삶은 소외되고 빛을 잃게 된다. 참된 삶이란 부, 권력, 명예, 지위 등으로부터 완전히 자유로운 순간 주어는 선물이다.

운명에 스스로를 맡기는 삶과 참된 삶의 자유로움을 즐기는 것은 장자식의 양생(養生)의 지혜이다. 장자가 말하는 양생의 방법은 매우 진취적이고 도전적이다. 운명에 스스로를 용기 내어 믿고 맡기는 것처럼 진취적으로 삶을 맞이하는 방법은 없을 것이다. 스스로의 삶에게 말하자. '무엇이든 와라! 나는 운명에 나를 맡길 것이다. 무엇이든 환영한다.' 이렇게 말할 수 있다면, 아무것도 두려워할 것이 없을 것이다.

또한 풍요롭고 안정되지만 그것들의 지배를 받는 삶을 살 수밖에 없는 현대적인 삶의 새장에서 훨훨 날아서 대자연의 자유로움을 즐기는 도전적인 삶을 살아 보자. 이러한 도전을 통해서만이 부, 권력, 명예, 지위 등이 줄 수 없는 자유를 즐길 수 있을 것이다. 그것이 바로 참된 삶을 사는 방법이다. 자신을 현대적인 삶의 새장에 가두지 말고 새장 밖으로 날아 보자. 그 자유를 즐겨 보자.

하늘의 묶임[帝之縣]에서 풀려나기

공문헌은 우사를 보자 놀라서 말했다. 아니 이건 어찌 된 사람인가? 어째서 외발이 되었는가? 하늘 탓인가, 사람 탓인가? 우사가 대답했다. 하늘 탓일세. 사람 탓이 아니야. 하늘이 나를 낳아 외발로 만들어 주었네. 公文軒見右師而驚曰 是何人也 惡乎介也 天與 其人與 曰 天也 非人也 天之生是使獨也

공문헌의 질문에 우사는 사람이 아니라 하늘이 나를 낳아 외발이 되게 한 것이라고 답한다. 이때 우사가 답한 하늘은 공문헌이 질문한 하늘과 그 의미가 다르다. 공문헌이 하늘이 그렇게 했느냐는 것은 우사 자신의 잘못으로 어쩔 수 없이 빚어진 운명인지 묻는 것이다. 하지만 우사가 말한 하늘은 문자 그대로 하늘의 뜻이라는 것이다. 자신의 잘못도 아니고 다른 사람의 잘못도 아니라는 것이다. 그래서 우사는 하늘도 사람도 원망하지 않는다[不怨天 不尤人].

성경에도 비슷한 이야기가 나온다. 예수가 길을 가다가 태어나면서부터 눈이 먼 소경을 만났다. 제자들이 예수에게 묻는다. "선생님, 저 사람이 소경으로 태어난 것은 누구의 죄입니까? 자기 죄입니까? 그 부모의 죄입니까?" 무지한 제자들의 어리석은 질문에 예수는 이렇게 대답한다.

자기 죄도 아니고 부모의 죄도 아니다. 다만 저 사람에게서 하나님의 놀라운 일을 드러내기 위한 것이다(요한복음 9:1-3).

이것이 바로 깨달은 자의 대답이다. 실제로 이 소경은 예수가 땅에 침을 뱉어 진흙을 이겨 눈에 바른 뒤 실로암 못에 가서 씻고 나니 눈을 뜨게 된다. 이처럼 깨달은 자는 이 세상의 모든 불행을 하나님의 놀라운 역사를 드러낼 씨앗으로 본다. 하나님의 놀라운 역사란 곧 궁극적 진리에 대한 깨달음이다. 우리에게 닥친 불행을 피부밑 자아를 버리고 우주적 자아를 깨닫는 계기로 삼는 것이다. 우리가 자신에게 닥친 모든 불행을 이런 눈으로 바라볼 수 있으면 세상은 정말 아름답고 놀라운 곳으로 변하게 될 것이다. 이런 눈으로 세상을 보는 사람이 있다면 누가 그를 절망시킬 수 있으며 누가 그에게 눈곱만큼의 상처라도 줄 수 있을 것인가?

어떤 불행이 닥쳤을 때 하늘을 원망하고 사람을 원망하는 까닭은 사람들이 하늘 길을 피하고 자연스러운 감정을 등지며 하늘로부터 받은 본성에서 도피하였기 때문이다. 장자는 이를 "하늘을 피한 데 대한 벌[遁天之刑]"이라고 불렀다. 그러나 이는 사람들이 스스로 자기 자신에게 내린 벌이다. 어리석어 분별의 고통에 스스로 빠져 헤어나지 못하기 때문이다. 하늘이 내린 벌을 장자는 "하늘에 묶여 매달림[帝之縣]"이라고도 불렀다. 그리고 벌에서 벗어남을 "하늘의 묶임에서 풀려남[帝之縣解]"이라고 하였다.

『중용』 14장에는 하늘의 묶임에서 풀려난 사람을 군자(君子)라고 하고 군자는 어떤 상황에 처해도 자득(自得)하게 된다고 하였다.

군자는 현재의 처지에 따라 행하고 그 밖의 것은 바라지 않는다. 군자는 부귀한 자리에 있으면 부귀한 사람으로서의 도리를 행하고 빈천한 자리에 있으면 빈천한 사람으로서의 도리를 행하며 이적(夷狄)의 땅에 있으면 이적의 도리를 행하고 환난을 당하였으면 환난을 당한 사람으로서의 도리를 행하나니 군자는 어디를 가더라도 자득하지 않음이 없다.

자득이란 충실함과 평화로움으로 말미암아 가지게 되는 정신의 자기 만족감을 말한다. 그렇다면 우리는 어떻게 자득을 배울 수 있을까? 장자는 자득이란 본성의 덕에 따르고[藏於其德], 본래 그대로의 정에 맡기는 것[任其性命之情]이라고 하였다.

자득을 배우기 위해서는 스스로 듣고[自聞], 스스로 보고[自見], 스스로의 길을 가야 한다[自適]. 자문이란 무엇인가? 자문이란 밖의 소리에 빼앗겨 남에게 얽매여 듣지 않고 스스로 자기 안에서 듣는 것이다. 또 자견은 외부의 색깔에 정신을 빼앗겨 남이 보는 대로 보지 않고 스스로 자신의 내부를 보는 것이다. 그리고 자적이란 남이 가는 길을 따라가지 않고 스스로의 길을 걸어가는 것이다. 이것이 자득을 얻는 방법이다. 그러나 대부분의 사람들은 스스로 자연스럽게 보지 않고 남에게 얽매여 보고, 남에게 얽매여 듣는다. 그렇게 되면 결국 남의 만족으로 흡족해하고 스스로에게는 참된 즐거움이 없게 된다.

장자는 스스로 보고 스스로 듣기 위해서는 정신을 고요히 하여 안에 간직해야 한다[抱神以靜]고 하였다. 정신을 고요히 하여 간직하면 보려는 것을 잊게 되고, 들으려는 것을 잊게 된다. 보려는 것을 잊으면 저절로 보이게 되고, 들으려는 것을 잊으면 저절로 들리게 된다[忘視而

自見 忘聽而自聞]. 결국 본다는 의식 없이 보는 것이 자견이고 듣는다는 의식 없이 듣는 것이 자문인 것이다.

생명을 기르는[養生] 근본

우리 삶에는 끝이 있지만 욕망에는 끝이 없다. 끝이 있는 것으로써 끝이 없는 것을 추구하면 위태로울 뿐이다. 그런데도 욕망을 그치지 않으면 더욱 위태로울 뿐이다.

吾生也有涯 而知也無涯 以有涯隨無涯 殆已 已而爲知者 殆而已矣

『장자』「각의편」에는 '들이쉬고 내쉬어 호흡하며, 오래된 공기를 내쉬고 신선한 공기를 들이쉰다. 곰이 나무에 매달리고 새가 날아가는 것처럼 몸을 움직여 보는 것은, 오직 오래 살기 위함이다…'라는 구절이 보인다. 전국시대, 이미 독특한 기법으로 신체를 단련하여 불로장생을 꿈꾸는 무리들이 있었던 것이다. 그러나 장자는 그들을 "몸만 보양하려는 사람[養形之人]'이라 폄훼했고, 그 대신에 '마음이 순수하여 섞이지 않고, 고요하고 한결같아 변하지 않으며, 담백하고 무위하며, 움직일 때에는 자연의 운행에 따르라…"라고 하였다. 몸보다 마음을 보양하라 한 것이다.

몸이란 유한한 것이다. 그런데 이 유한한 몸으로 불로장생을 꿈꾼들 어떻게 그 꿈이 이루어질 수 있겠는가? 그런데도 인간은 이 유한한 몸을 가지고 무한한 것을 추구해 왔다. 그것은 위태롭고도 위태로운 일이다. 그러므로 장자는 말한다.

선을 행함에 명예를 가까이하지 말고, 악을 행함에 형벌을 가까이하지 말며, 중도를 따르는 것을 법도로 삼으면, 몸을 보존할 수 있고, 삶을 온전히 할 수 있으며, 몸을 보양할 수 있고, 수명을 다할 수 있다.

「양생주편」에서 '양생'이라는 말이 등장하는 곳은 저 유명한 「포정해우(庖丁解牛)」의 우화에서이다. 문혜왕을 앞에 두고 능숙하게 소를 잡아 보인 포정은 소는 기술로 잡는 것이 아니라 도리로 잡는 것이라 하였다. 포정에게서 소 잡는 방법을 들은 문혜왕은 "포정의 말을 듣고 나는 양생의 도리를 알게 되었다[吾聞庖丁之言, 得養生焉]"라고 하였다.

문혜왕이 깨달은 양생의 도리는 무엇인가? 그것은 들숨과 날숨이나 도인(導引)에 있는 것이 아니었다. '담백하고 무위하며, 움직일 때에는 자연의 운행을 따르는 것', 즉, 포정이 말해 준 대로 자연의 결에 따라 사는 것이다. 그래야만 일신을 보존하고 삶을 온전히 할 수 있으며, 수명을 다할 수 있다.

전국시대, 수많은 영웅열사가 나타났다 사라졌던 그 시대는 무수한 욕망이 폭주하는 시대였다. 더 넓은 영토, 더 많은 부, 그리고 불로장생까지. 그러나 그것으로는 결코 양생할 수 없었다. 아니, 그렇게 해서는 제 한 몸조차 보존하기 어려웠다. 양생이 훗날 양형과 양심(養心)으로 이분되고, 도교도를 제외하면 양심을 양생의 근본으로 인식하였던 것은 유한한 몸으로 무한한 삶을 추구하는 것이 처음부터 불가능한 일임을 자각했기 때문일 것이다.

문혜왕은 포정의 이야기를 듣고 마침내 양생의 도리를 깨달았다. 그것은 도저히 실현할 수 없는 것, 무한한 것에 대한 욕망을 버리는 것이다. 그러나 그 오랜 역사 속에서 문혜왕처럼 양생의 도리를 깨달은 통치자는 몇이나 될까? 백정인 포정조차 깨달았던 저 양생의 도리를 왜 통치자들은 깨닫지 못하는 것일까?

21세기, 과학기술의 혁신으로 인류가 역사상 유례없는 물질적 풍요와 장수를 누리게 된 이 새로운 시대, 이 풍요로운 시대에도 사람들은 굶주리고 가난에 시달리며 궁지에 몰려 스스로의 목숨을 끊고 있다. 무엇이 문제인가? 노화를 방지하고 수명을 연장하는 기술이 날로 새로워지는 이 시대에 자살이 증가하는 것은 아이러니가 아닌가? 다이어트가 일상이 되고, 음식물 쓰레기가 삶을 위협하는 시대에 굶주림에 시달리는 인간이 있다는 것 또한 아이러니가 아닌가?

전국시대가 그랬듯이, 오직 양형만을 양생이라 생각하는 어리석음이 전국시대의 인간이 결코 누리지 못했던 엄청난 물질적 풍요와 기술력을 무력하게 하며, 인간을 그때와 마찬가지로 병과 가난 속으로 내몰고 있다.

누가 훌륭한 통치자인가? 양생의 도리를 깨달은 사람, 양생이란 양형에 있지 않음을, 양생이란 양형하려는 욕망을 버리고 자연의 도리에 따르는 것임을, 그리고 그러기 위해서는 먼저 자신의 마음을 다스려야 함을 깨달은 사람이다.

第四 人間世

| 탈현대 문명 |

쓸모없는 존재가
존재하지 않는 사회

"그만, 그런 소리 말게. [그건] 쓸모없는 나무야. [그것으로] 배를 만들면 가라앉고, 널을 짜면 곧 썩으며, 기물을 만들면 곧 망가지고 문을 만들면 진이 흐르며, 기둥을 만들면 좀이 생긴다. [그러니] 저건 제목이 못되는 나무야. 아무 소용도 없으니까 저처럼 오래 살 수 있었지."

曰 已矣 勿言之矣 散木也 以爲舟則沈 以爲棺槨則速腐 以爲器則速毀
以爲門戶則液樠 以爲柱則蠹是不材之木也 無所可用 故能若是之壽

윗글은 제자가 토지신을 모신 사당에 서 있는 거목을 보고 감탄하는 말에 대한 장석(匠石)의 대답이다.

현대인이 자신과 세계를 바라보는 눈은 장석을 닮아 있다. 현대인은 쓸모 있는 존재가 되기 위해 노력한다. 또한 쓸모없는 존재가 될 것을 두려워한다. 현대 노인의 한탄과 불행은 자신이 이젠 쓸모없는 존재가 되어 버렸다는 인식에 근거한다. 얼마 전 내가 사는 아파트에 교감 출신의 경비원이 있었다. '연금도 나올 텐데 왜 아파트 경비원을 하나?' 하고 의아한 생각이 들었다.

20년쯤 전에 신문에 이런 제목의 기사가 실렸다. '쓸모없는 비곗덩이를 제거해야 한다.' 공기업이 활력을 되찾기 위해서는 무위도식하는 상급직원들에 대한 구조조정을 해야 한다는 기사였다. 그 기사를 보고, 누나가 아주 심하게 화를 냈다. '아니, 수십 년을 회사에 헌신한 사람을 비곗덩이에 비유하다니!' 자형은 공기업의 상급직원이었다.

요즘 청년들이 대학을 졸업하고도 취업에 실패하는 경우가 많다. 그들은 사회로부터 따가운 눈총을 받는다. 스스로도 자신을 하찮게 여긴다. 집 안에서나 집 밖에서나 천덕꾸러기 신세다. 청년실업 상태에 있는 사람도, 비곗덩이에 비유되는 상급직원도, 노인들도, 이젠 자신이 쓸모없는 존재가 되었다는 생각에 고통받는다. 세상이 그들을 바라보는 눈초리도 차갑다. 그러나 지금 맹렬한 속도로 제4차 산업혁명이 일어나고 있다. 사무원도 공장 노동자도 교사도 작곡가도 농부도 검사나 판사도 모두가 인공지능 로봇으로 대체되어 갈 것이다. 현대의 눈으로 보면, 인류 전체가 쓸모없는 존재가 될 것이다. 그렇다면 인류 모두가 비탄에 빠져 한숨을 내쉬어야 할까?

우린 이 문제를 곰곰이 생각해 보아야 한다. 현대 문명이 쓸모 있는 사람의 노동에 의해 건설된 것은 사실이다. 개신교의 금욕적인 윤리는 삶의 향락을 죄악시하고, 거기에 사용될 에너지를 문명 건설에 전용했다. 무위도식하는 사람을 벌레 취급하면서 지탄했다. 사람들은 쓸모 있는 존재가 되기 위해 노력했고, 그 결과 현대 문명을 건설할 수 있었다.

과연 탈현대 문명도 이런 방식으로 건설될 수 있을까? 어림없는 소리다. 틱낫한 스님은 '조용하게 앉을 수 있는 사람'에 의해 탈현대 문명이 건설될 수 있다고 했다. 현대의 눈으로 보면, 참 쓸모없는 사람들이 탈현대 문명 건설의 주역이 될 것이다. '아름답게 미소지을 수 있는 사람', '누군가로부터 해코지를 당해도 허허 하고 웃어넘길 수 있는 사람', '벌렁 드러누워서 뒹굴뒹굴하며 즐길 수 있는 사람'. 그러고 보니 디오게네스야말로 원조 탈현대인이 아닐까 싶다.

쓸모 있음을 추구하는 현대는 병적이다. 쓸모 있음을 향한 부지런한 움직임은 '자신이 쓸모없는 존재가 되면 어쩌나' 하는 불안에 근거하고 있다. 불안을 없애기 위한 강박적인 노력이 바로 쓸모 있음을 향한 움직임의 근원이다. 칼뱅과 같은 종교개혁가들은 인간이 하찮은 존재임을 역설했다. 거기서 벗어나기 위해서는 부지런히 일해야 함을 설교했다. 강박은 정신병이며, 그러므로 현대인의 쓸모 있음에 대한 추구는 병이다.

곰곰 생각해 보면, '인간이 하찮은 존재'라는 현대의 대전제는 참이상하다. 현대인은 자신이 하찮은 존재가 될 것에 대한 두려움을 품고 살아가는데, 인간이 어떻게 하찮아질 수 있단 말인가? 청년실업자가 되면, 조기퇴직자가 되면, 노인이 되면, 나는 과연 하찮아질 수 있는가? 그것은 불가능한 일이다.

길가에 굴러다니는 작은 돌멩이 하나도 결코 하찮지 않고 하찮아질 수 없다. 장자는 말한다. '이 세상에 하찮은 존재, 하찮아질 수 있는 존재는 존재하지 않는다고 …' 하물며 인간이 어찌 하찮고 하찮아질 수 있겠는가?

우린 현대 문명의 주춧돌을 뽑아 내던져 버려야 한다. 그리고 허무

맹랑한 생각의 바탕 위에 세워진 현대 문명이 무너져 내린 그 자리에 탈현대 문명을 건설해야 한다. 그 건설자는 불안증에 시달리는 현대의 환자가 아니라 의미로 충만한 사당 곁에 서 있는 상수리나무가 될 것이다.

순응하는 삶

귀나 눈을 안으로 통하게 하고 마음의 작용을 밖으로 향하게 하면 귀
신도 찾아와 머문다. 하물며 사람이 찾아옴은 더 말할 나위 있겠느냐.
夫徇耳目內通 而外於心知 鬼神將來舍 而況人乎

　　장자는 「인간세」에서 사람이 사는 세상에서의 지혜를 말하고 있다.
장자는 우리에게 어떻게 살아야 한다고 말하는 것일까? 장자는 먼저,
"귀나 눈을 안으로 통하게 하라"고 한다. 귀나 눈은 원래 밖의 것을
받아들이는 통로이다. 밖으로만 향하던 귀와 눈을 안으로 통하게 한
다는 말은 외부와의 교섭을 끊는 것을 뜻한다. 또 장자는 "마음의 작
용을 밖으로 향하게 하라"고 말한다. 마음의 작용은 끊임없이 분별하
여 판단하려고 한다. 이러한 마음의 작용을 밖으로 향하게 한다는 뜻
은 분별을 없애 버리는 것이다.

　　귀와 눈에 의존해서 밖에서 답을 찾으려고 했던 것을 멈추고 분별
하는 마음을 없애면, 귀신도 찾아와서 머물 것이므로 사람은 더욱 그
럴 것이라고 한다. 이와 같은 삶의 지혜는 현대인들의 삶의 방식과는
정반대이다. 현대인들은 흔히 귀를 쫑긋이 세워 많이 듣고 눈을 크게
떠서 많이 보며 밖으로 관심을 기울여야 한다고 생각한다. 그렇게 하
지 않으면, 사람들에게 뒤처질 수 있다고 불안해한다.

그래서 현대인의 삶은 귀나 눈, 즉 밖의 기준에 지나치게 의존하는 경향이 있다. 사람들이 좋다고 하는 것, 사람들이 가지고 싶어 하는 것, 사람들이 즐기는 것이 무엇인지 끊임없이 관심을 가진다. 자기 삶의 모든 선택을 밖의 기준에 의존하려고 한다. 심지어 자신이 어떤 사람인지, 어떤 삶을 살고 싶은지에 대해서도 밖의 기준에 따르려고 한다. 밖에서부터 주어지는 기준과 잣대에 자신을 맞추려고 애쓰고, 좋은 평판을 듣지 못하면 좌절한다.

장자가 극단적인 처방으로 외부와의 교섭을 끊으라고 말한 이유는 삶의 답은 자기 안에 있기 때문이다. 밖의 기준에 맞추기 위해서 달리는 삶은 방향을 잃은 채 길을 잃어버릴 것이 뻔하다. 사람들이 좋다고 하는 것은 그 사람들에게 좋은 것일 뿐, 나에게 어떤 의미가 있을지는 알 수 없다. 가지고 싶어 하는 것과 즐기는 것도 마찬가지다. 자기 안에서 답을 찾으려고 할 때, 우리는 마음을 비우고 순응하는 삶을 살 수 있다.

분별하는 마음도 순응하는 삶의 장애물이 되기 쉽다. 현대인은 분별하지 않으면 마치 생명을 잃어버릴 것처럼 삶의 모든 순간을 분별심으로 활활 불태운다. 상대의 작은 행동 하나, 자기 마음에 수없이 피어나는 생각, 길가에 무심코 서 있는 가로수, 가을 하늘에 흘러가는 구름 한 조각에 대해서도 좋고 싫고, 옳고 그르고, 예쁘고 추하고 등으로 분별한다. 장자가 분별하고 판단하는 마음의 작용을 버리라고 한 이유는 분별심이 삶에 순응하지 못하게 하는 걸림돌이기 때문이다.

그렇다. 사람들은 누구나 밖의 기준에 귀 기울이고 눈 뜨는 일과 끊임없는 분별심으로 삶을 소모하기 십상이다. 칭찬에 굶주려 있던 어린 시절의 나는 늘 밖으로 시선이 가 있었다. 사람들이 나를 좋은 사람으로 인정하고 있는지, 내가 한 일이 얼마나 완벽한지, 나의 친절이 상대에게 어떻게 느껴지는지 등 언제나 촉을 세우고 관찰했다. 사람들의 칭찬을 얻기 위해서, 나는 스스로를 힘들게 하기도 했다. 그러나 칭찬을 고대할수록 칭찬은 내 삶을 윤택하게 하기보다는 말라 가게 했다.

분별하는 마음으로 나 자신을 포함해서 세상을 재단하느라 고단한 삶을 살 수밖에 없었다. 겉으로 보기에 완벽하고 아무런 문제가 없는 삶이 힘들게 느껴지던 어느 날 나는 칭찬의 노예가 되어 있는 나를 만났다. 내가 그렇다는 것을 인정하면서, 나는 칭찬을 포기하고 나로 살게 되었다. 물론 아직도 나는 여전히 모든 일을 잘하려고 자신을 엄청 힘들게 하고, 비난받지 않으려고 애쓰는 옛날의 습(習)에서 완전히 벗어나지 못했다. 그래도 내가 칭찬을 얻기 위해서 나를 괴롭힌다는 것을 알고 난 후로 마음을 비우고 내 삶을 그대로 순응할 수 있는 힘을 얻었다.

심재의 방법

안회가 말했다. "부디 심재에 대해 가르쳐 주십시오." 공자가 대답했다. "너는 잡념을 없애고 뜻을 하나로 모아라. 귀로 듣지 말고 마음으로 듣도록 하고, 마음으로 듣지 말고 기로 듣도록 하라. 귀는 소리를 들을 뿐이고 마음은 밖에서 들어온 것으로 깨달을 뿐이지만 기란 공허하여 무엇이나 다 받아들인다. 참된 도는 오직 공허 속에 모인다. 이 공허가 곧 심재이다."

回曰 敢問心齋 仲尼曰 若一志 无聽之以耳而聽之以心 无聽之以心而聽之以氣 耳止於聽 心止於符 氣也者 虛而待物者也 唯道集虛 虛者 心齋也

안회가 위나라에 가 군주의 폭정을 간하려고 스승의 허락을 청하였다. 공자는 안회를 말리면서 심재를 이룬 뒤에 가라고 한다. 안회가 어떻게 심재를 할 수 있는지 묻자 공자는 다음과 같이 대답한다. 먼저 뜻을 한곳에 모아야 한다. 유학에서는 이를 주일무적(主一無適)이라고 한다. 주일무적을 처음 배우는 사람은 보통 호흡에 주의를 집중한다. 숨이 들어오고 나가는 것에 집중하되 잡념이 떠오르면 얼른 알아차리고 다시 호흡으로 돌아가는 것이다.

다음 단계는 귀로 듣지 말고 마음으로 듣는 것이다. 귀로 듣는 것은 단지 소리를 듣는 것이지만, 마음으로 듣는 것은 그 소리에 집중하여 마음과 소리가 하나로 부합하는 것이다. 마음으로 듣게 되었거든 이제 다음 단계로 마음으로 듣지 말고 기로 들어야 한다. 이것이 심재의 핵심이다. 그렇다면 기로 듣는다는 것은 어떻게 듣는 것일까?

기는 우주 삼라만상을 가득 채우고 있는 에너지이다. 우리 몸 역시 기로 가득 차 있고 기의 에너지에 의해 생명을 유지하고 활동하고 있다. 그래서 장자는 기의 변화 혹은 취산(聚散)으로 인간의 생사를 설명한다.

> 그 시초를 살펴보면 본래 삶이란 존재하지 않는다. 단지 삶이 없었을 뿐만 아니라 본래 형태도 없었다. 단지 형태가 없을 뿐만 아니라 본래 기도 없었다. 망홀(芒忽)한 사이에 섞여 있다가 변해서 기가 생겨나고 기가 변해서 형태를 이루고 형태가 변해서 삶이 있게 되었다. 이제 또 변해서 죽게 되었으니 이는 춘하추동을 위해 사시가 운행하는 것과 같다. 그는 또 지금 큰 방에 언연(偃然)히 자고 있다.

언연이란 말은 편안히 자는 모양이라는 뜻이다. 위의 말은 장자의 처가 죽었을 때 혜자가 문상을 가서 나눈 문답 중 일부이다. 진순도 『북계자의(北溪字義)』에서 삶은 기의 팽창이고 죽음은 기의 수축이라고 하였다. 또 사람이 처음으로 기를 받으면 태(胎) 속에서 형체를 이루게 되는데 그것을 백(魄)이라고 하고, 백이 이루어지면 곧 점차 운동할 수 있게 되는데 이를 혼(魂)이라고 하였다.

기로 듣는다는 것은 모든 감각을 떠나고 또 모든 생각에서 벗어나 다만 하나의 기로써 소리를 듣는 것이다. 기에는 '나'라고 하는 생각이 없다. 기는 모든 존재에 편만하여 분리 독립된 형태로 존재하지 않기 때문이다. 기는 눈에 보이지도 않고 손에 잡히지도 않는다. 기는 텅 비어 있다. 바로 이 텅 빈 자리에 도(道)가 모인다. '나'라는 생각에서 벗어나 자기 자신을 텅 비워 버리는 것, 그것이 바로 심재다.

깨달은 사람의 마음 씀은 거울과 같다. 거울은 배웅도 마중도 하지 않으며 사물에 응하면 있는 그대로 비출 뿐 그것을 간직하지 않는다. 이처럼 '나'라는 자성이 존재하지 않음을 깨닫는 것, 그것이 견성(見性)이다. 그리고 견성하면 곧 지인(至人)과 성인과 부처가 된다. 그런데 견성은 결코 스승이 대신해 줄 수 없다. 직지인심(直指人心), 곧바로 제자의 마음을 가리키는 것은 스승이 할 수 있지만, 자신의 마음을 텅 비워 하나의 기로 존재하는 것은 제자 스스로 혼자의 힘으로 도달해야 할 경지다. 분별지는 주고받을 수 있지만 도는 줄 수도 없고 받을 수도 없기 때문이다.

텅 빈 방에 밝은 빛이 가득하다. 밖으로 향하는 눈과 귀를 안으로 거두고 마음으로 헤아려 아는 지식[心知]의 울타리를 벗어나면 만물의 변화에 자유자재로 응할 수 있고, 만물과 하나가 될 수 있다. 마음속에 모든 분별을 다 버리고 텅 비워 버리면 머무름이 없이 물처럼 흘러갈 수 있다. 그리고 텅 비어 있는 바로 그곳에서 모든 것이 일어난다.

명예와 지식이라는 흉기

너는 덕이 어디로 흘러가고, 지식이 어디서 생겨나는지를 아는가? 덕은 명예심으로 흐르기 쉽고, 지식은 경쟁심에서 생겨난다. 명예란 서로 헐뜯는 것이며, 지식이란 다투기 위한 도구이다. 이 두 가지는 흉기이므로 두루 행해져서는 안 된다.

且若亦知夫德之所蕩 而知之所爲出乎哉 德蕩乎名 知出乎爭 名也者相軋也 知也者爭之器也 二者凶器 非所以盡行也

'나를 알아주지 않아도 노여워하지 않으면 또한 군자가 아닌가?', 배움의 기쁨을 노래한 『논어』 첫 편, 첫 장의 마지막 구절이다. 세상이 내 이름을, 내 삶을 인정해 주지 않아도 내가 선택한 삶에 만족할 수 있어야 군자라는 뜻이다. 이 구절을 두고 조선 후기 실학자 위백규(魏伯珪, 1727~1798)는 '명(命)을 알았기 때문'이라 하였다.

공자는 18년간 수많은 곡해와 수모를 감내하며 자신의 뜻을 실현시켜 줄 군주를 찾아 천하를 주유하였다. 그것은 결코 높은 자리를 탐해서도, 후세에 이름을 남기기 위해서도 아니었다. 어지러운 세상을 바로잡아야 한다는 명(命), 그것을 하늘이 자신에게 내린 '명'이라 생각했기에 차마 뿌리칠 수 없었던 것이다. 명(名)과 명(命), 그것은 하나의 다른 이름으로, 명(命)을 떠난 명(名)이란 허명에 불과한 것이다.

「인간세」는 '제멋대로 독재를 행하고, 경솔하게 국권을 남용하고도 잘못을 깨닫지 못하며, 마침내 백성을 사지로 몰아넣는' 어리석은 군주로부터 백성을 구하기 위해 위나라로 떠나려는 안회가 스승에게 작별인사를 하는 대목에서 시작된다. 나의 덕성과 지혜라면 위나라를 바로잡을 수 있지 않을까? 설령 바로잡지 못하더라도 가는 것이 정의로움이 아닐까? 그러나 스승 중니는 이 올곧고 순수한 제자에게 가지 말라고 만류한다. 올곧으면 올곧아서 적을 만들 것이며, 순수하면 순수해서 적에게 이용당할 것이다. 인간 세상이란 그처럼 헛된 욕망이 들끓는 곳으로, 선의가 선의로 보답받을 수 있는 곳이 아니다. 「인간세」는 선의가 선의로 보답받지 못하는 세상을 고발하고 있다.

그러나 헛된 욕망으로 가득 찬 것이 어디 세상뿐이겠는가? 스스로의 덕으로 세상을 구하겠다는 안회는 그 덕이 기껏해야 공명심으로 전락하게 될 것임을 알고 있을까? 스스로의 지혜로 세상을 구하겠다는 그 지혜 또한 기껏해야 남과 다투기 위한 도구로 전락할 것임을 알고 있을까? 세상을 구하겠다는 나의 올곧음과 순수함 또한 욕망에서 벗어나지 못했으니, 그 또한 세상의 욕망 앞에서 그처럼 무력한 것이다.

공자는 어지러운 세상을 바로잡고자 하였다. 그러나 자신의 덕이 세상을 바꿀 수 있을 것이라 과신하지도 않았으며, 세상이 자신을 알아줄 것이라 자부하지도 않았다. 피할 수 있다면 피하고 싶었지만, 하늘이 내게 내린 '명(命)'이라 여겼기에 그 명을 거역할 수 없었던 것이다. 거기에는 한 톨의 사사로움도 없었다. 장자는 말한다. 세상을 구하고 싶은가? 그렇다면 심재(心齋)하라고. 말라죽은 고목처럼, 타버린 재처럼 일체의 심관(心觀)과 감각이 사라졌을 때 비로소 세상을 구할 수 있을 것이라고. 그것은 구한다고 하는 생각조차 사라진 경지여야 한다고.

중니가 안회를 만류한 것은 세상을 구할 필요가 없다고 생각해서가 아니다. 스스로의 덕과 지혜로 세상을 구하겠다는 안회는 아직 그 덕과 지혜가 어리석은 욕망에 뿌리를 둔 것임을 깨닫지 못했다. 도(道)와 하나가 되지 못했다면 그는 결국 그 덕과 지혜로 말미암아 자멸하게 될 것이다. 마치 나라의 수많은 올곧던 젊은이들이 정치판에서 괴물이 되어 사라졌듯이, 안회 또한 자신을 해치고 남을 해치고 마침내는 나라를 망칠 것임을 중니는 알고 있었던 것이다.

말, 말, 말, 말이 범람하고 있다. 모두 자신은 옳고 상대방은 틀렸다고 한다. 수많은 지식과 가짜 뉴스가 판을 치고 있다. 사람들은 자신들이 믿고 싶은 것만 믿고, 듣고 싶은 것만 들으며, 자신은 옳고 상대방은 틀렸다고 한다. 누구도 옳지 않은 세상, 그러나 누구나 자신이 옳다고 하는 세상, 이 어지러운 세상을 바로잡을 수 있는 사람은 누구인가?

자신의 덕과 지혜가 세상을 바꿀 것이라 믿는 사람, 내가 순수하고 정의로우니 세상은 내게 화답할 것이라 믿는 사람, 세상을 바로잡을 수 있는 사람은 그런 사람이 아니다. 이 모든 것을 '명'이라 여기며 일체의 사사로운 욕망을 내려놓은 사람, 마치 말라죽은 고목처럼, 타버린 재처럼 일체의 감관이 사라져 세상이 구하는 대로 흘러갈 수 있는 사람, 오직 그런 사람만이 이 어지러운 세상을 바로잡을 수 있다. 그러나 과연 그런 사람이 세상에 존재할까? 얼마나 기다려야 그런 사람을 만날 수 있을까?

第五 德充符

| 탈현대 문명 |

탈현대로 가는 비밀의 문

무지가 노담에게 말했다. "공구는 지인에 이르려면 아직 멀더군요. [그런데] 그는 어째서 자꾸만 당신한테 배우려 할까요? 그는 매우 기괴한 명성을 바라고 있겠지만, 지인은 그것이 스스로를 묶는 수갑과 차꼬라고 여긴다는 점을 모릅니다."

無趾語老聃曰 孔丘之於之人 其未邪 彼何賓賓以學子爲 彼且蘄以諔詭幻怪之名聞 不知至人之以是爲己桎梏邪

드라마 〈나의 아저씨〉에서 동훈[이선균 분]은 아내가 바람을 피운다는 사실을 알게 되고, 직장에서는 쫓겨날 위기에 처한다. 동훈은 돌아가신 아버지를 그리워한다. 아버지는 동훈이 어려움에 처했을 때마다 '아무것도 아니야'라고 말하며 그를 위로해 주었기 때문이다. 아버지가 동훈에게 들려준 이 말은 탈현대적인 의미가 깊다.

현대인에게는 '아무것도 아닌 것이 없다'. 아내가 바람을 피우는 일도 심각하고, 직장에서 쫓겨날 위기에 처한 것도 심각하다. 좋은 일도 심각하고, 나쁜 일도 심각하다. 그래서 현대인은 좋은 일이 생기면 좋은 일의 노예가 되고, 나쁜 일이 생기면 나쁜 일의 노예가 된다.

방탄소년단이 뉴욕 메츠 홈구장 시티 필드에서 공연을 했다. 공항에서부터 마중 나온 팬들이 피켓을 치켜올리며 환호한다. 공연장에서 서양 관객들이 한글 노래를 따라 부른다. 으쓱한 마음이 든다. '난 참 대단해!'라는 생각이 든다.

나는 이 년 전 대학을 졸업한 청년실업자이다. 이젠 구직을 거의 포기해 버렸다. 세상이 나를 보는 눈길이 따갑다. '넌 한심한 놈이야!', 이렇게 세상이 나에게 말하는 것 같다. 스스로 생각해도 난 참 하찮은 놈인 것 같다. 과연 그럴까?

탈현대인은 다르다. 세상이 나를 대단한 사람이라고 칭송할 때, 난 이렇게 말한다. '난 대단한 사람이 아니에요. 사실은 난 참 대단한 사람인 것이 맞지만 그것은 당신들 모두가 대단한 사람이라는 전제하에서만 타당한 말이에요.' 세상이 나를 하찮은 존재라고 손가락질할 때, 난 이렇게 말한다. '난 당신들이 생각하는 그런 사람이 아니에요. 난 사랑을 느낄 수 있고, 아름다운 것들의 아름다움을 느낄 수 있는 참 멋진 사람이에요.'

탈현대인은 말한다. '아무것도 아니에요.' 내 마음속에 '난 참 대단해!'라는 생각이 떠오를 때도, 내 마음속에 '난 참 하찮은 놈이야!'라는 생각이 떠오를 때도 …. 뛸 듯이 기쁜 일이 생겼을 때도, 너무 나쁜 일이 생겼을 때도 …. 그래서 탈현대인은 난 대단하다는 생각으로부터도, 난 하찮다는 생각으로부터도, 좋은 일로부터도, 나쁜 일로부터도 자유롭다.

더군다나 부귀나 명성과 같은 하찮은 것을 얻기 위해서 삶을 낭비하지 않는다. 장자의 윗 구절은 공자에 대한 오해에서 비롯된 것이다. 그러나 공자의 자리에 현대인을 대입하면, 그것이 바로 현대인의 삶이다. 하찮은 존재를 벗어나 대단한 존재가 되는 것, 명성과 부를 얻는 것, 그것이 현대인이 갈구하는 것이고, 현대인의 낭비로서의 삶, 소외된 삶인 것이다.

세상이 자신을 바라보는 시선을 받아들이기를 거부할 때, 현대인은 탈현대인이 되기 시작한다. 그는 이제 더 이상 세상의 시선에 따라 춤추는 광대가 아니다. 그는 비로소 자신 안에 숨겨져 있던 비밀을 발견하기 시작한다. 아름답게 빛나는 자신과의 조우가 시작된다.

〈완벽한 타인〉이란 영화를 보았다. 영화의 마지막 내레이션은 이랬다. '누구나 세 개의 삶이 있다. 공적인 삶, 개인적인 삶, 비밀의 삶.' 이때 비밀은 들켜서는 안 될 추악한 나의 모습이다. 영화 속 주인공들은 상대편의 비밀을 알고 나서 실망하고 상처받고 공격하고 비난하고 싸우고 헤어진다. 이것이 현대의 비밀이다.

탈현대의 비밀은 다르다. 그것은 나의 숨겨진 아름다움 그리고 너의 숨겨진 아름다움이다. 비밀을 알게 되었을 때, 기쁨을 느끼고 사랑하고 행복해진다. '너는 정말 나쁜 아이야'라는 말만 들어온 지안[아이유 분]은 자신을 나쁜 아이라고 생각한다. 그런데 어느 날, 동훈이 지안에게 진심에서 우러난 감탄사를 내뱉는다. '착하다!' 지안은 비로소 자신이 아주 착한 아이임을 알게 된다. 비밀의 문이 열린 것이다. 너와 나의 비밀의 문이 열린 그곳, 그곳이 바로 탈현대의 영토다.

충만한 삶

세상 사람들 중에는 그 두 발이 온전하다고 해서 내 온전하지 못한 발을 비웃는 자가 많다. 나도 발끈 노하지만 선생님께 가면 깡그리 잊고 평상시로 돌아온다. 선생님이 훌륭한 덕으로 나를 씻어 주셨는지 모르겠다. 나는 선생님과 꽤 오랫동안 사귀어 왔지만 아직 선생님은 내가 발병신이란 걸 모르신다.

人以其全足笑吾不全足者多矣 我怫然而怒 而適先生之所 則廢然而反
不知先生之洗我以善邪 吾與夫子遊十九年 而未嘗知吾兀者也

장자는 「덕충부(德充符)」에서 덕이 마음에 충만한 사람들의 이야기를 들려주고 있다. 그들은 세속적인 삶에 연연하지 않고 외면을 꾸미는 일에도 무관심하지만, 내면이 덕으로 충만한 삶의 주인공이다. 장자는 겉모습으로 사람을 판단하고 자신의 보이는 모습에만 관심을 기울이는 사람들에게 진정으로 충만한 삶이란 무엇인지를 말하고 있다. 절름발이 신도가(申徒嘉)와 동학인 자산(子産)의 이야기를 통해서 우리의 삶을 생각해 보자.

신도가와 자산은 한 스승[백혼무인(伯昏無人)]을 모셨다. 자산은 절름발이인 신도가와 나란히 걷기 싫어서 "내가 먼저 나가면 자네가 남아 있고, 자네가 먼저 나가면 내가 남아 있겠네"라고 제안했다. 또 하루는 신도가가 집정자[정권을 잡고 있는 사람]를 보고도 피하지 않자 "자네가 집정자와 같은 신분인가?"라고 질책했다. 이 말을 듣고 신도가는 큰 도를 배우고자 선생님을 모시는 사람이 이런 말을 하는 것은 잘못이 아니냐고 묻는다.

도를 배우는 자세를 말하는 신도가를 깔보며, 자산은 "자네가 이미 이와 같이 되었는데도 여전히 요임금과 더불어 선을 다투려 드니, 자네의 덕을 헤아려 본다면 [그런 말을 해서 좋은지 나쁜지를 충분히] 스스로 반성할 수 있지 않은가"라고 한다. 이런 자산에게 신도가는 덕이 있는 사람만이 어찌할 수 없는 운명을 편안히 여길 수 있다고 하고, 또 "지금 자네와 나는 정신적으로 사귀고 있을 텐데, 내게서 외형적인 것을 찾다니 어찌 잘못이 아니겠나"라고 단호하게 말한다.

신도가의 말은 세속적이고 겉으로 보이는 것으로 판단하던 사람들을 부끄럽게 만든다. 또한 신도가와 오랫동안 사귀어 왔던 스승이 신도가가 절름발이라는 사실을 모른다는 말은 울림이 크다. 그래서 신도가는 많은 사람들이 자신을 비웃을 때 발끈하다가도 스승을 만나면 평상심으로 돌아올 수 있었을 것이다. 우리는 누구나 허물을 가지고 있다. 그리고 늘 허물이 있는 사람들과 만나서 함께한다.

어떤 사람을 만나면 나의 허물이 눈덩이처럼 커지고, 어떤 사람을 만나면 내가 참 좋은 사람이라는 것을 느끼게 된다. 또 나에게는 참 좋은 사람인데, 다른 사람에게는 눈엣가시처럼 미움을 받는 사람도 있다. 반대로 나에게는 너무 불편한 사람인데, 다른 사람과는 호흡이 척척 맞는 사람도 있다. 내가 허물을 다 없애고서야 충만한 삶을 살 수 있는 것이 아니며, 허물이 없는 사람을 골라서 만날 수만은 없다. 우리가 할 수 있는 것은 자산처럼 살 것인지, 신도가의 스승처럼 살 것인지를 선택하는 일이다.

　사람들은 누구나 덕이 있는 사람을 좋아한다. 그래서 많이 가지고서도 더 가지려고 애쓰는 사람이나, 겉모습만 보고 사람을 판단하는 사람, 그리고 자신의 삶을 불평하는 사람을 싫어한다. 세속적인 편견에 사로잡히면 삶의 진실에 닿을 수 없다. 장자는 세속적인 편견을 벗어나서 도와 하나가 되는 삶의 가치를 말하고 있다. 신도가가 말한 것처럼 세상 사람들은 두 발이 온전하다고 신도가의 온전하지 못한 발을 비웃기 십상이다. 그러나 신도가와 같이 자신의 잘못을 변명하지 않고 운명을 순순히 따르는 덕이 있는 자는 많지 않다.

　신도가와 자산의 이야기는 우리에게 '겉모습을 꾸미기 위해서 삶을 허비하지는 않는지', '사람들의 보이는 모습을 근거로 판단하지 않는지', '자기 삶에 불평만 늘어놓지 않는지' 등을 질문하도록 한다. 우리는 자신뿐만 아니라 다른 사람에게도 내가 자산처럼 된 적이 없는지, 솔직하게 질문해 봐야 할 것이다. 그리고 신도가처럼 큰 도를 배우려는 삶을 산다면, 지금 있는 그대로의 내 삶이 충만하다는 것을 공감할 것이다.

오직 이것뿐

중니가 대답했다. "죽음과 삶 역시 중대한 일이다만 그 변화와 함께하
는 일이 없고, 하늘이 뒤집히고 땅이 꺼져도 또한 함께 떨어지지 않는
다. 진리를 잘 깨닫고 있어 사물과 함께 변하는 일이 없으며, 사물의 변
화를 운명으로 알고 그대로 따르면서도 도의 근본을 지켜 나가고 있는
것이다."

仲尼曰 死生亦大矣 而不得與之變 雖天地覆墜 亦裝不與之遺 審乎無假
而不與物遷 命物之化而守其宗也

노나라는 공자의 모국이다. 그곳에 왕태라는 사람이 있는데 나라에
서 벌을 받아 한쪽 발이 잘려 나갔다. 그런데 그의 제자가 되려는 사
람들이 공자의 제자만큼 많아 노나라 인구의 절반을 차지할 정도가
되었다. 이때 상계라는 자가 공자에게 찾아가 그가 어떤 사람인지 묻
자 공자가 위와 같이 대답하였다.

왕태는 깨달은 사람이다. 무엇을 깨달았는가? 그는 오직 이것뿐임
을 깨달았다. 오직 이것뿐임을 깨닫게 되자 그는 하늘과 땅을 뜻대로
다루고, 만물을 품에 품고, 몸뚱이는 잠시 머물 곳으로 삼고, 보고 듣
는 것에 사로잡히지 않고, 알고 있는 바를 하나로 통일시키고, 마음으
로 일찍이 죽음을 넘어서게[官天地 府萬物 直寓六骸 象耳目 一知之

所知 而心未嘗死] 되었다. 알고 있는 바를 하나로 통일시킨다는 것은 길고 짧고, 높고 낮은 등의 분별심을 벗어나 모든 것을 하나로 인식한다는 뜻이다.

피부경계선을 중심으로 그 안쪽만을 '나'라고 여기는 사람들은 몸 안에 있는 간과 쓸개도 초나라와 월나라와 같이 멀리 떨어진 것으로 여겨 사물을 쫓아 이리저리 끌려다닌다. 그러나 왕태와 같은 사람은 모든 것이 자신의 마음에서 비롯된 것임을 알기에 초나라와 월나라의 구별이 없고, 나와 남의 구별이 없고, 삶과 죽음의 구별이 없다. 안소니 드 멜로 신부가 "사느냐 죽느냐, 그것이 문제가 되지 않는 경지에 들기까지는 아직 참으로 산 것이 아니다"라고 한 것처럼 왕태와 같은 사람만이 진정으로 살고 있는 것이다.

오직 이것뿐임을 깨달은 사람은 명경지수(明鏡止水)와 같다. 사람들은 흐르는 물에 자신을 비춰 보려고 하지 않는다. 오직 잔잔하고 고요한 물에 다가와 자신을 비춘다. 왕태 주변에 사람들이 몰리는 것은 이 때문이다. 고요한 물은 거울이 되고자 하지 않더라도 사람들이 스스로 다가와 거울로 삼는 것처럼 깨달은 사람 주변에 몰려온 많은 사람들은 자신의 마음을 잔잔하게 할 수 있다.

몰골이 흉한 애태타(哀駘它) 역시 깨달은 사람이다. '상화인이이의(常和人而已矣)', 즉 언제나 남에게 자기를 맞추어 줄 뿐인 것이 애태타가 하는 일의 전부이다. 그럼에도 사람들이 몰려드는 까닭은 무엇일까? 세상 사람들이 바라는 것은 저마다 자기를 알아 달라는 것이다. 이를 '관종' 즉 관심종자라고 폄하하면서도 사람들은 너도나도 자기를 편들어주고 '좋아요'를 눌러 주기를 바란다. 애태타와 사귀게 되면 사람들은 누구나 그가 자기의 말을 들어주고 자기편을 들어준다는 것을 알게 된다. 그러니 누가 그를 떠날 수 있겠는가?

모든 사람들에게 자기를 맞추어 주려면 한 가지 조건이 완벽하게 갖추어져야 한다. 완전한 아상소멸(我相消滅)이 그것이다. 완벽한 아상소멸이 없이는 모든 상대와 완전하게 조화를 이룰 수 없다. 어딘가에 '나'라고 주장하는 에고의 잔재가 남아 있으면 상대방의 어떤 측면과 거스르기 때문이다. 애태타가 유일하게 할 수 없는 일이 있으니 그것은 자기를 주장하는 일이다. 이미 '나'가 소멸되었는데 어떻게 자기를 주장할 수 있을 것인가?

공자는 노나라 마지막 군주인 애공(哀公)에게 애태타는 하늘이 내린 재(才)가 온전하고 덕이 밖으로 드러나지 않는[才全而德不形] 인물이라고 하였다. '재가 온전하다'는 말은 우리가 경험하는 모든 변화는 실체가 따로 있는 것이 아니라 오직 이 마음에서 비롯되는 것에 지나지 않는다는 것을 알고 있다는 것이다. 사람들은 살고 죽고, 가난하고 넉넉하고, 슬기롭고 어리석고, 헐뜯고 떠받들고, 굶주리고 목마르고, 춥고 덥고 하는 삶을 살면서 겪는 모든 것들을 마치 큰일이라도 만난 듯이 호들갑을 떨지만 애태타에게는 그저 작은 일의 변화일 뿐이다. 모두 자신의 마음에서 벌어지는 일임을 알고 있기 때문이다.

아이들에게 오직 이것뿐임을 경험하게 하려면 끊임없이 자신의 마음을 바라보도록 하는 수밖에 없다. 아이들이 어느 순간 모든 것이 마음 안에 있고 또 마음이 만든 것에 지나지 않음을 깨닫게 되면, 그제야 오직 이것뿐임을 알고 또 동시에 그것이 아무것도 아님을 알게 될 것이다.

물의 덕(德)

덕이 나타나지 않는다 함은 무엇을 이르는 것입니까? 수평이란 물이 잔잔하게 멈춘 상태입니다. 그것은 본보기가 될 수 있는 것이니, 안으로 고요함을 간직하여 겉이 출렁이지 않기 때문입니다. 덕이란 사물의 조화가 잘 이루어진 상태입니다. 덕이 겉으로 나타나지 않으면 사람들은 (거기에 이끌려) 떨어질 수가 없게 됩니다.

何謂德不形 曰 平者水停之盛也 其可以爲法也 內保之而外不蕩也 德者成和之修也 德不形者 物不能離也

노자는 말했다. "최상의 덕은 물과 같다. 언제나 낮은 곳으로 흐르며 만물을 이롭게 하지만 다투지 않고, 담는 그릇에 따라 모양이 달라지지만 그 본질은 변하지 않는다." 낮은 곳에 머무르기를 싫어하지 않으며, 담긴 그릇에 따라 모습이 달라지면서도 본성을 잃지 않는 것은 물에게 '고정된 자기'가 없기 때문이다. '고정된 자기'가 없으므로 자연의 도에 따라 흘러갈 수 있는 것이다.

장자는 「각의편」에서 말했다. "물의 성질도 (마찬가지여서) 잡된 것을 섞지 않으면 맑고, 흔들어서 움직이게 하지 않으면 평탄하지만, 가로막아서 흐르지 않게 하면 역시 맑을 수 없다. 이것이 자연스러운 덕의 모습이다." 또 「천도편」에서 말했다. "물이 고요하면 (사람의) 수염이

나 눈썹까지도 비추어 주고, 그 평평함은 수준기(水準器)에 딱 들어맞아 목수가 기준으로 삼는다." 그러므로 지인(至人)은 "순수함을 지켜 잡념을 섞지 않고, 고요히 한결같음을 지켜 변하지 아니하며, 고요하고 담백하여 무위하며, 움직일 때마다 자연의 운행을 따르는 것"이다. 물의 본성은 '맑고 평탄'하다. 물이 흐리고 요동치는 것은 더러운 것이 섞였거나 무엇인가에게 흔들렸기 때문이다. 무엇이 맑은 것을 흐리게 했는가? 무엇이 자연스럽게 흘러가던 것을 가로막았는가? 또 무엇이 고요함을 흔들어 놓았는가? '고정된 자기'에 대한 집착, '고정된 자기'가 일으킨 욕망이다.

노자는 가장 훌륭한 도(道)의 덕을 흐르는 물에서 찾았고, 장자는 고요하게 고인 물에서 도의 본모습을 보았다. 티끌만큼의 더러움도 없이 순수하고, 외물의 어떤 변화에도 한결같기 때문에 움직일 때마다 자연의 운행을 따를 수 있으며, 또 자연의 운행을 따르기 때문에 가장 낮은 곳에 임할 수 있고, 그릇에 맞추어 제 모습을 달리할 수 있었던 것이다.

「덕충부」에는 형벌로 발 하나를 잃은 왕태와 신도가, 그리고 숙산무지가 등장한다. 그들은 모두 추한 외모를 지녔음에도 스스로를 부끄러워하지 않았고, 또 많은 사람들로부터 존경과 사랑을 받았다. 어떻게 그들은 자신의 추한 모습을 부끄러워하지 않게 되었을까? '만물의 본성이 동일하다는 것'을 알았기 때문이다. 겉으로 드러나는 모습이란 그것을 담은 그릇의 모양일 뿐, 그 사람의 본모습은 아니다. 자신의 본모습이 맑고 깨끗하다는 것을 알았기에 그 모습을 부끄러워할 필요가 없었던 것이다.

어떻게 사람들은 추한 외모를 지닌 그들을 존경하고 사랑하게 되었을까? 그들의 본모습을 알아보았기 때문이다. '만물의 본성이 동일하다는 것'을 알았으니, 부자든 가난하든, 또는 지위가 높든 낮든 차별 없이 공경하였고, 사람을 차별 없이 공경하니 그들을 사랑하고 존경하지 않을 수 없었던 것이다.

모 신문사의 열 살짜리 손녀가 50대의 운전기사에게 막말을 하여 사회적 공분을 샀다. 아이는 운전기사의 가난을 비웃고 자신의 힘을 과시하였다. 그릇의 모양만 보고 그 그릇 속에 담긴 것을 보지 못한 것이다. 그러나 열 살짜리 아이가 무엇을 알았을까? 보고 들은 것을 그저 흉내 냈을 뿐, 자신이 무엇을 말하였는지도 몰랐을 것이다. 아파트 평수로 친구를 정하는 세상, 임대충, 대출거지, 부거, 빌거, 휴거, 주공거지까지 집으로 사람을 평가하고 서로의 가난을 비웃는 시대, 열 살짜리 아이가 가난을 비웃었다고 나무랄 수 있을까? 그 아이 또한 세상이 만들어 준 그릇에 스스로를 담은 것에 불과한 것이 아닌가?

한국의 외모지상주의는 단순히 그 얼굴이나 몸만을 말하는 것이 아니다. 그 사람의 지위, 그 사람이 타는 차, 그 사람이 사는 집, 그 사람이 입은 옷…. 사람들은 보이는 것만 보고, 보이는 것으로 서로를 나쁘다고 하고 좋다고 하니, 사람들은 보이는 모습만을 중요하게 여기는 것이다.

더러운 것에 오염된 물은 세상 만물을 비출 수 없다. 요동치는 물 또한 세상의 수준기가 되지 못한다. 오염된 것은 자신에 대한 집착, 요동치는 것은 욕망, 보이는 것만이 자기라 생각하고, 보이는 것에 집착하고 보이는 것을 욕망하는 한, 물은 거꾸로 흐르고 자연은 운행을 멈출 수밖에 없다. 누가 이 자연의 역행을 바로잡을 수 있을까? 누가 순수하고 한결같으며, '자기'를 버리고 낮은 데로 흐를 수 있을까?

第六 大宗師

자의식이 사라진 사회

 [도는] 만물을 이뤄 놓으면서도 의롭게 여기지 않고, 만세에 미치는 혜택을 베풀면서도 어질다 생각하지 않는다.

萬物而不爲義 澤及萬世而不爲仁

    탈현대인은 도와 하나가 된 사람이다. 도는 에고가 없다. 그래서 도는 만물을 이뤄 놓지만 의롭게 여기지 않고, 만세에 미치는 혜택을 베풀면서도 어질다 생각하지 않는다. 현대인은 도와 하나가 되지 못한 사람이다. 그래서 작은 것을 이루고도 '내가 이루었다!'는 생각에 사로잡히며, 작은 혜택을 베풀고도 '내가 베풀었다!'는 생각에 사로잡힌다.

    예수께서는 「마태복음」에서 이렇게 말씀하셨다. "너는 구제할 때에 오른손이 하는 것을 왼손이 모르게 하여 네 구제함을 은밀하게 하라." 오른손이 하는 것을 왼손이 모르게 하는 것은 어떻게 구제하는 것일까? 이것은 이웃에게 도움을 베푸는 것을 타인이 모르게 하라는 것을 의미할 뿐 아니라 자기 자신도 모르게 하라는 의미이다. '자기 자신도 모르게 하라'는 것은 무엇일까? 도움을 베푼다는 자의식이 없는 가운데 도움을 베풀라는 의미이다. 이렇게 도움을 베풀 때, 도움은 진정한 도움이 된다.

현대인도 깊이 사랑하는 관계에서는 도움을 베푼다는 자의식이 없이 도움을 베푼다. 엄마는 아기에게 수많은 도움을 베푼다. 밤에 깨어 젖을 주고, 기저귀를 갈아 주고, 위험을 피하도록 해 준다. 그러나 엄마에게는 도움을 베푼다는 의식이 없다. '내가 너[아기]에게 이렇게 많은 도움을 베풀었어!'라고 생각하는 엄마는 이 세상에 한 명도 없다. 아기에게 도움을 베풀 때, 모든 엄마는 탈현대인이다.

깊이 사랑하는 연인도 서로에게 큰 도움을 베푼다. 드라마 〈나의 아저씨〉에서 동훈[이선균 분]은 지안[아이유 분]에게 이렇게 말한다. "나를 살리려고 네가 이 동네로 왔나 보다. 다 죽어 가는 나를 살려 놓으려고 네가 왔나 보다." 지안은 이렇게 대꾸한다. "저는 아저씨를 만나 처음으로 살아봤어요." 이 두 사람은 서로에게 살아갈 수 있는 힘과 용기를 베풀었다. 그러나 두 사람 모두에게 '자신이 상대편에게 무엇을 베푼다'라는 의식은 없었다. 깊이 사랑하는 연인은 탈현대인이다.

현대인에게 사랑은 어렵다. 사랑은 하나임의 체험인데, 에고는 하나가 될 수 없기 때문이다. 그래서 작은 베풂조차도 '내가 베풀었다'라는 의식을 떠나기 어렵다. 탈현대인에겐 사랑하는 것이 쉽다. 엄마에게 아기를 사랑하는 것보다 쉬운 일이 없는 것처럼 말이다.

필자의 마음공부 스승이신 김기태 선생님께서는 이렇게 말씀하신 적이 있다. "저에게 사랑하는 일은 숨을 쉬는 것보다 쉽습니다." 김기태 선생님은 탈현대인이다. 탈현대 사회는 탈현대인으로 구성된 사회이다. 그래서 탈현대 사회는 사랑으로 충만한 사회이다. 거기서 사람들은 많은 것을 이루지만, '내가 이루었다'는 생각에 사로잡히지 않는다. 사람들은 많은 것을 베풀지만, '내가 베풀었다'는 생각에 사로잡히지 않는다.

도는 만물을 이루고도 '내가 이루었다'라고 생각하지 않는다. 그러나 현대인은 작은 성취에도 '내가 이루었다'는 생각에 사로잡힌다. '내가 서울대에 입학했다!' '내가 노벨상을 탔다!' '내가 깨달았다!' '내가 부자가 되었다!' 그래서 그들은 겸손함을 잃는다. 그들의 오만은 세상에 고통을 낳는다. 그래서 현대 사회는 고통으로 가득 차 있다.

도는 만세에 미치는 혜택을 베풀고도 '내가 베풀었다'고 생각하지 않는다. 그러나 현대인은 작은 베풂에도 '내가 베풀었다'는 생각에 사로잡힌다. 누구라고 꼭 집어 말하지는 않겠지만, 호화 외국여행에 수천만 원을 탕진하고, 유니세프에 고작 백만 원을 기부하고는 '내가 가난한 아이들에게 도움을 베풀었다'라고 자랑하는 현대인도 가까이에 있다.

탈현대 사회는 어떤 사회일까? '이루었다!', '베풀었다!'라는 생각이 존재하지 않는 사회이다. 그러나 탈현대 사회에는 만물을 이루는 커다란 이룸이 있고, 만세에 미칠 혜택을 베푸는 커다란 베풂이 있다.

도(道)와 하나가 되는 삶

샘물이 말라 물고기가 땅 위에 모여 서로 물기를 끼얹고, 서로 물거품으로 적셔 줌은 드넓은 강이나 호수에서 서로를 잊고 있는 것만 못하다. 요임금을 칭찬하고, 걸왕을 헐뜯기보다는 양쪽을 다 잊고 도와 하나가 되느니만 못하다.

泉涸 魚相與處於陸 相呴以濕 相濡以沫 不如相忘於江湖 與其譽堯而非 桀也 不如兩忘而化其道

「대종사(大宗師)」에서 장자는 '크게 종지로 삼을 스승'에 대해서 말한다. 장자가 말하는 스승은 대도(大道)를 터득한 지인(至人)이다. 큰 도를 아는 사람은 어떤 삶을 살까? 장자의 표현으로 설명한다면, 도라는 기준을 앞세우고 그것을 잣대로 사는 삶은 아니라는 점은 분명하다. 지인의 삶이란 도와 하나가 되는 경지이지만, 도에 얽매이는 삶은 아니다. 도로부터도 자유롭다는 사상이 인상적이다.

장자는 물고기라면 드넓은 강이나 호수에서 서로의 존재를 잊은 채로 사는 것이 도와 하나가 되는 삶이라고 한다. 사람들이 어울려서 누가 올바른 삶을 사는지 누가 잘못 사는지도 잊은 채로 함께 사는 것이 도와 하나가 되는 삶이다. 도와 하나가 되는 삶이 바로 가르침의 으뜸이다.

우리는 주변에서 요임금을 칭찬하고 걸왕을 헐뜯는 일에 삶의 에너지를 불태우는 사람을 자주 만나게 된다. 그런 사람은 누구든 낱낱이 해부하고 비평하기를 즐긴다. 그렇게 품평하고 판단하는 일이 마치 자신의 삶을 제대로 사는 것처럼 착각하기도 한다. 그런 착각은 자신의 눈이 옳다고 생각하고 상대에게 문제가 있다고 확신할 때 폭력적으로 분출되기도 한다.

현대인들은 걸왕을 보고도 헐뜯지 않고 분노하지 않는다면 잘못 사는 것이라고 비난할 것이다. 포악하고 사치스럽고 주변 나라를 정벌하면서 많은 사람을 죽인 걸왕을 어떻게 헐뜯지 않을 수 있을까? 그렇다. 인간이라면 걸왕같이 잘못된 삶을 사는 사람을 싫어하는 것이 인지상정이라고 할 수 있다. 그런데 장자는 걸왕을 헐뜯는 것보다는 그런 걸왕은 잊어버리는 것이 도와 하나가 되는 것이라고 한다.

장자는 왜 요임금처럼 잘 사는 사람을 칭찬하고 걸왕처럼 잘못 사는 사람을 헐뜯는 것보다 양쪽을 다 잊고 도와 하나가 되는 삶이 낫다고 했을까? 그 이유는 우리가 잘 사는 것을 칭찬하고 잘못 사는 것을 헐뜯는 순간, 우리의 삶이 도에서 벗어나기 때문이다. 잘 사느냐 잘못 사느냐를 기준으로 삼아서 상대를 칭찬하고 헐뜯는 순간 이미 도의 궤도를 이탈한 삶을 살게 되기 때문이다. 더구나 사람들은 다른 사람의 잘 사는 삶을 칭찬하는 것보다는 잘못을 헐뜯는 것에 집착하기 일쑤다. 그때 자기 자신이 완전히 파괴되기도 한다.

현대인들의 이런 심성이 가장 부정적이고 폭력적으로 표출되고 있는 현장이 바로 인터넷 댓글이다. 물론 사람들은 인터넷 댓글을 통해서 자신의 생각이나 감정을 솔직하게 표현하고 여론에 영향을 미치면서 존재감을 느끼기도 한다. 인터넷 댓글이 나름의 장점이 있음에도 불구하고 사회적인 문제가 되고 있다는 사실이 이미 폭력이 되고 있다는 것을 증명하고 있다. 사람들은 어떤 일에 댓글을 달고 '좋아요'와 '싫어요'를 클릭하면서 자신의 귀한 시간을 소모하고 삶을 잃어버리게 된다.

아무리 작은 일이라도 옳은지 그렇지 않은지, 잘된 것인지 잘못된 것인지를 따져야 하는 사람이 있다. 사람들은 그런 사람을 싫어하고 피곤해한다. 왜냐하면 그런 사람의 존재는 주변 사람을 불행하게 만들기 때문이다. 주변 사람을 불행하게 하는 강도는 그 사람이 파괴되어 있는 정도에 비례한다. 콤플렉스가 있고 상처가 있는 사람일수록 더 강렬하게 다른 사람을 힘들게 한다.

어떤 사람도 스스로 원해서 콤플렉스와 상처를 갖게 되지는 않는다. 어떤 사람도 콤플렉스와 상처로부터 완전히 자유로울 수 없다. 다만 자기 안에 있는 콤플렉스와 상처를 알고 인정한다면, 우리는 콤플렉스와 상처를 외면하는 것이 아니라 그것을 따뜻한 사랑으로 녹일 수 있다.

오늘 하루도 다양한 만남과 자잘한 일상이 나를 찾아왔다가 지나갔다. 오늘 나를 찾아온 다양한 일상의 순간을 요임금과 걸왕을 분별하듯이 칭찬하고 헐뜯느라, 삶에 대한 감사와 사랑을 잊은 채 하루를 보내지 않았는지? 그렇다. 아! 나의 오늘이 힘들었던 이유는 나에게 온 일상의 모든 순간을 칭찬할 것과 헐뜯을 것을 나누면서 도와 멀어졌기 때문이었던 것이다.

도는 배울 수 있는가?

 그 마음은 고요하여 아무 일이 없었다.
其心閑而無事

　깨달음을 얻은 네 명의 친구가 있었다. 그중 한 사람인 자여(子輿)에게 병이 생겨 자사(子祀)가 병문안을 갔다. 자여는 병이 심각하여 등은 굽어져 불쑥 튀어나오고, 내장은 위에 올라가 붙었으며, 턱은 배꼽에 묻혀 있고, 어깨는 정수리보다 높고, 상투는 하늘을 가리키고 있었다. 음과 양의 기운이 어지러워 죽음이 임박했음에도 자여의 마음은 고요하여 아무 일도 없었다. 이처럼 깨달은 성인은 삶과 죽음을 둘로 여기지 않는다. 우리의 삶이 이 육신 하나 간수하느라 고생만 실컷 하다가 멈추고 마는 것이라면 그 뒤에 남는 허탈감은 어찌 감당할 수 있을까? 틱낫한 스님은 『삶에서 깨어나기』에서 다음과 같이 말했다.

　　당신의 생명이 시작되는 그 순간에 집중하십시오. 그것은 또한 당신의 죽음이 시작되는 순간이기도 하다는 사실을 아십시오. 당신의 삶과 죽음은 동시에 생기는 것임을 깨닫습니다. 이것이 있기 때문에 저것이 있으며, 저것이 없었다면 이것도 있지 않았을 것입니다. 당신의 삶과 죽음은 서로 의지하여 존재한다는 것을 이해하십시오. 하나가 있기 때문에 다른 하나가 존재합니다. 당신이 삶과 죽음을 동시에 경험하고 있다는 것을 아십시오. 이 둘은 적이 아니라 한 가지 실체의 두 양상일 뿐임을 이해하십시오.

'아무 일이 없었다'는 것은 지금 내가 경험하는 모든 것이 텅 비었다는 뜻이다. 내가 생각에 끌려다니며 보고 듣고 말하고 느낄 때 그것들은 정말로 실재하는 것처럼 여겨진다. 그러나 깨닫고 보면 보아도 보이는 것이 없고, 들어도 들리는 것이 없으며, 말해도 말한 것이 없다. 부처가 45년간 8만 4천 법문을 설법했지만 한 마디도 설법한 것이 없다는 말과 같다. '아무 일이 없다'는 말은 생각해도 생각이 없고, 알아도 앎이 없는 것을 말하는 것이다. 찾으려는 마음을 놓아 버릴 때 본래 아무 일이 없음을 알게 된다.

불법이 뜰 앞의 잣나무라고 한 사람은 누구인가? 뜰 앞의 잣나무라고 들은 사람은 또 누구인가? 그 잣나무는 어디에 있는가? 모든 이야기가 바로 지금 이 자리에서 일어나고 있다. 모든 시간과 공간이 바로 이 자리에 있다. 지금 이 자리밖에는 아무것도 없다. 삶도 죽음도 다 이 자리에 있다.

남백자규(南伯子葵)가 여우(女偊)에게 물었다. "도는 배울 수 있습니까?" 여우는 뭐라고 대답했을까? 여우는 복량의(卜梁倚)라는 사람에게 도를 가르친 이야기를 한다. 도에 대해 이야기를 해 준 뒤 사흘 후에 복량의는 천하를 잊게 되고, 7일이 지나니 사물을 잊었으며, 9일이 지나자 삶을 잊고 확연히 깨달음을 얻어 죽지도 태어나지도 않는 경지에 들었다는 것이다. 확연한 깨달음을 장자는 '조철(朝徹)'이라고 불렀다. 마치 아침 해가 환히 비추듯이 알게 되었다는 뜻이다.

여우가 복량의를 가르친 방법을 장자는 "그것을 잘 지켜 말없이 일러 주었다[猶守而告之]"라고 하였다. 그것을 잘 지킨 자는 물론 여우이다. 도를 자기 몸에 지니고 잘 지키는 것, 그것이 가르침의 최상의 방법이다. 머리로 도를 인식하여 깨달음을 얻으려고 하는 사람은 결코 도를 깨달을 수 없다. 생각, 느낌, 문자에서 도를 구하는 자는 결코 도가 무엇인지 알 수 없다. 복량의는 성인의 자질을 갖춘 자라고 한다. 성인의 자질을 갖춘 자는 누구일까? 스승에 대한 믿음이 있는 자이다. 스승에게 전적으로 헌신할 수 있는 제자이다. 절벽에서 뛰어내리라고 하면 뛰어내리고, 불 속에 뛰어들라고 하면 뛰어들 수 있는 제자가 성인의 자질이 있는 자이다.

무언가를 얻으려는 마음을 가지고는 도에 들어갈 수 없다. 스승이 해야 할 일은 무엇을 하려는 욕구에서 제자를 건져 내는 일이다. 물론 이 일은 말을 통해 이루어질 수밖에 없다. 이심전심(以心傳心)이라고 하지만 결국 도의 문 입구까지 끌고 갈 수 있는 것은 스승의 말이다. 도의 문은 좁은 문이다. 사람들이 즐겨 다니지 않는 문이기 때문이다. 좁은 문은 제자가 직접 들어가야 한다. 누구도 대신할 수 없다. 이 문은 모든 것을 놓아 버리고 그 무엇에도 의존하지 않아야 들어갈 수 있다.

다 놓아 버리면 어디로 들어갈 수 있을까? 그때 제자는 깨닫게 된다. 들어갈 필요가 없다는 것을. 바로 이 자리가 그 자리라는 것을. 그래서 깨달음의 문은 문이 없다[無門]고 말한다. 무엇을 얻으려는 마음에서 보면 문으로 보이지만 깨닫고 보면 문이 없다. 모든 것을 놓아 버린 바로 이 자리가 도이기 때문이다. 그때 제자는 지금 내가 경험하는 모든 것이 텅 비었다는 것을 알게 된다. 그리고 자신이 '일 없는 사람[無事人]'의 대열에 들어 죽지도 태어나지도 않는 경지에 들어섰음을 알게 된다.

| 탈현대 국가 |

무심(無心)의 경지

그래서 성인이 군대를 동원하여 나라를 멸망시켜도 (그 나라) 사람의 마음을 잃지 않고, 은혜가 만대에 미쳐도 사람을 사랑하는 일은 없다. 그러므로 만물과 억지로 소통하기를 즐긴다면 성인이 아니고, 각별히 친한 사람이 있으면 어진 사람이 아니다. (억지로) 하늘의 운행에 스스로를 맞추려 하는 사람은 현명한 사람이 아니며, 이로움과 해로움을 구분하는 사람은 군자가 아니다. 명예를 좇다가 자기를 잃으면 선비가 아니고, 제 몸을 망치고 참된 본성을 저버리면 사람을 부릴 수 있는 사람이 아니다.

故聖人之用兵也 亡國而不失人心 利澤施乎萬世 不爲愛人 故樂通物 非聖人也 有親 非仁也 天時 非賢也 利害不通 非君子也 行名失己 非士也 亡身不眞 非役人也

나라를 다스릴 수 있는 사람은 어떤 사람인가? 「대종사편」에서 말한다. "자연이 하는 일을 알고, 사람이 하는 일을 아는 사람이어야 한다"라고. 자연이 하는 일을 아는 사람은 자연 그대로 살아가고, 사람이 하는 일을 아는 사람은 아는 것으로써 알지 못하는 것을 키워 그 천수를 다하니 세상은 저절로 다스려질 것이다. 또 말한다. "그러나 여기에는 결함이 있다. 대체로 지식이란 기준으로 삼는 것이 있어야 하거늘 내가 말하는 자연이 사람이 아닌지, 내가 말하는 사람이 자연이 아닌지를 알 수 없다"라고. 진인(眞人)이 아니면 참된 앎을 알 수 없으니, 나라를 다스릴 수 있는 사람은 오직 진인뿐이다.

어떤 통치자가 말했다. 나라를 위해서 군사를 움직여야겠다고. 그러나 만약 군사를 일으켜 적국을 멸망시켰는데 그 적국의 사람들이 기꺼워하지 않는다면 군사를 일으켜서는 안 된다. 더 큰 전란의 불씨가 될 뿐이기 때문이다. 어떤 통치자가 말했다. 나라를 부유하게 하여 그 혜택이 후대에까지 미치게 하겠노라고. 「천운편」에서 말했다. "은택이 만세에 미치어도 천하는 알지 못한다"라고. 만약 천하에 은혜를 베풀었는데 아무도 은혜를 입었다는 사람이 없다면, 그 혜택은 필경 후대에까지 이르게 될 것이다.

어떤 통치자가 말했다. 나는 만물과 고루 소통할 것이라고. 만약 그대가 사람과 소통함에 소통해야 한다는 생각 없이 소통할 수 있다면 고루 소통한 것이다. 그러나 억지로 소통하려 한다면 그것은 이미 소통이 아니다. 그것은 소통이 아니라 강요이기 때문이다. 어떤 통치자가 말했다. 나는 모든 사람을 사랑할 것이라고. 『노자』에 "천도(天道)는 친함이 없다"라고 하였고, 또 「천지편」에서 말하기를 "지극한 덕이 실현된 시대에는 서로 사랑하면서도 그것이 인(仁)이라 자랑할 줄 몰랐다"라고 하였다. 그러니 만약 사람을 사랑하였음에 누군가 각별히 사랑받았다는 사람이 있다면 그것은 사람을 제대로 사랑한 것이 아니다.

어떤 통치자가 말했다. 나는 때에 맞추어 나라를 다스린다고. 그러나 때라는 것은 자연스럽게 흘러가는 것, 억지로 때에 맞추려 한다고 때에 맞을 리가 있겠는가? 또 어떤 통치자가 말했다. 나는 이로움은 좇고 해로움을 피할 것이라고. 그러나 이로움을 좇다 보면 옳은 것도 그르다 하고 그른 것도 옳다고 해야 하니 어떻게 자신을 지킬 수 있겠는가? 명예를 좇다가 자신을 잃으면 군자가 아니며 제 몸을 버리고 자신의 본성을 잃어버리는 사람 또한 나라를 다스릴 수 있는 사람이 아니니 이런 사람들은 모두 나라를 다스리려 해서는 안 된다.

그러므로 요임금의 선양을 받지 않고 하수(河水)에 몸을 던져 죽은 호불해, 탕(湯)이 천하를 선양하려 하자 스스로 돌을 짊어지고 여수(廬水)에 빠져 죽은 무광, 무왕이 주왕을 정벌하자 수양산에서 굶어 죽은 백이와 숙제, 주왕의 무도함을 간하다가 노예가 되었던 기자, 부차(夫差)를 간하다가 학살된 서여, 무광이 탕왕의 선양을 거절하자 자신에게 차례가 돌아올까 두려워 관수(竅水)에 몸을 던진 기타, 기타의 소식을 전해 듣고 다시 하수에 몸을 던진 신도적 등을 사람들은 성인이라 하고 현인이라 하지만, 그들은 기껏해야 다른 사람이 할 일을 대신해서 하거나, 다른 사람의 즐거움을 자신의 즐거움으로 여겼을 뿐, 자기의 즐거움을 즐거워하지 못한 사람들이다. 모두 나라를 다스릴 수 있는 사람이 아니다.

어떻게 하여야 군사를 움직여서 적국을 망하게 하여도 적국 사람의 마음을 잃지 않고, 은택을 만세에 미치게 하면서도 각별히 사랑함이 없을 수 있겠는가? 내 마음을 내 마음으로 삼지 않고, 천지의 마음을 내 마음으로 삼으면 된다. 내 마음이 없기에 자연의 도리에 따르며, 자연의 도리에 따르기에 내가 이루려 함이 없이 이룰 수 있는 것이다.

나라를 부강하게 하려 하고, 백성을 사랑하고자 하며, 곤궁에 처한 백성을 돕고자 하거늘, 백성이 통치자를 원망하는 것은 무엇 때문인가? 나라를 부강하게 하기 위해서는 희생하는 자가 필요하고, 백성을 사랑하고자 하면 편애가 생기며, 곤궁에 처한 백성을 돕고자 하면 누군가는 자신의 것을 내놓아야 하기 때문이다. 그러므로 차라리 부강하게 하기를 멈추고, 특별히 사랑하지 않으며, 굳이 돕고자 하지 않는 것이 좋다. 그저 자연의 도리에 따르면 잃을 것은 잃고 얻을 것은 얻어서 고마움도 없고 원망도 없을 것이다. 그러나 누가 자신의 마음을 버리고 천지의 마음을 자신의 마음으로 삼을 수 있겠는가?

第七 應帝王

| 탈현대 문명 |

자아확장투쟁이 종식된 사회

> 명예의 표적이 되지 말라. 모략의 창고가 되지 말라. 일의 책임자가 되지
> 말라. 지혜의 주인공이 되지 말라.
>
> 無爲名尸 无爲謀府 无爲事任 无爲知主

    탈현대 사회는 자아확장투쟁이 종식된 사회이다. 탈현대인에게 명
예는 아무런 가치도 없다. 탈현대인은 원하는 것을 갖기 위해 머리를
짜지도 않는다. 높은 지위에 오르고자 하지도 않는다. 지혜를 추구하
지도 숭배하지도 않는다. 현대인이 고통의 바다를 벗어날 수 없는 것
은 자아확장투쟁으로서의 삶을 벗어날 수 없기 때문이다. 명예, 승리,
지위, 지식 등에 대한 추구는 강박적인 것이어서 결코 만족에 이를
수 없다.

    필자가 사는 집은 앞산 앞에 위치한 10층 아파트의 9층이다. 우리

동과 앞산 사이에 하나의 동이 있다. 필자가 안락의자에 누워 창밖을 바라보면, 아래쪽 반은 앞 동이 보이고, 위쪽 반은 하늘과 앞산이 보인다. 예전엔 앞산을 가로막고 있는 앞 동이 많이 보였는데, 언제부터인가 하늘이 더 많이 보인다. 언제부터일까 왜일까 생각해 보았다. 곰곰이 생각해 보니, 필자가 자아확장투쟁의 삶에서 조금씩 물러날수록, 하늘이 조금씩 더 많이 보인 것 같다.

필자가 재직하는 대학은 업적평가에 따른 연봉제를 실시하고 있다. 젊은 시절 필자는 높은 업적평가를 받기 위해 노력했다. 그래서 좋은 등급을 받고, 다른 교수들보다 월급도 더 많이 받았다. 그런데 어느 날 이런 생각이 들었다. '나는 세상으로부터 참 많은 것을 선물 받았구나.' '이제 남은 생은 세상으로부터 받은 것을 돌려주는 데 써야 하지 않을까.' '이젠 세상으로부터 조금 더 많은 것을 얻어 내려는 삶으로부터 세상을 위해 베푸는 삶을 살아가야 하지 않을까.'

그래서 나는 '이젠 나를 위한 글쓰기를 중지해야겠다', '나를 통해 세상에 유익이 될 수 있는 글만을 써야겠다' 이렇게 마음을 먹었다. 하지만 어느 틈에 내 삶은 '나를 높이는 삶'으로 되돌아가 있는 것을 발견하곤 했다. 그러나 그럴 때마다 다시 그날의 다짐을 되새기곤 했다. 그랬더니 조금씩 변화가 생기는 것이었다. 장모님이 많이 편찮으셔서 아내와 나는 2주에 한 번 꼴로 대구-창원 고속도로를 오간다. 아내는 피곤해 옆자리에서 잠들 때가 많은데, 혼자서 운전을 하다 보면 하늘이 예전보다 더 넓어 보이고 더 아름답게 느껴졌다. 장자가 위에서 인용해 놓은 구절에 이어 말한 '허심(虛心)이 바로 이런 것이로구나.' 싶었다.

내 마음에서 얻고자 하고 갖고자 하는 마음이 조금 비워지자, 그

빈자리에 하늘이 들어오는 것이었다. 대구-창원 고속도로변은 경치가 빼어난 구간은 아니지만, 해 질 무렵 운전을 하면서 아름다운 경관에 황홀해할 때가 많아졌다.

'행복은 결코 더 높은 곳에 올라가려는 노력을 통해 더 많은 것을 쟁취했을 때 얻어지는 것이 아니로구나.' 하는 자각이 생겼다. 내 마음에 빈자리가 조금 생기니, 하늘도 들어오고, 시름에 겨운 장모님의 마음도 내 마음에 들어오는구나. 우리 모두가 안고 살아가는 마음의 상처도 내 마음에 들어오고, 산책길 벤치에 다정히 앉아 있는 노부부의 아름다운 모습도 내 마음에 들어오는구나.

'조금 더 높은 곳에 오르고자 조금 더 많은 것을 차지하고자' 애를 태우며, 삶을 낭비해 왔던 나 자신을 떠올렸다. 그리고 아직도 그 속에서 신음하는 많은 현대인에게 안타까운 마음이 들었다. 행복은 쟁취하는 것이 아니라 내 마음속에서 그냥 흘러나오는 것임을 알고 있었던 장자는 안타까운 마음으로 응제왕(應帝王)을 써 내려갔을 것이다. 우리가 장자의 말씀에 귀 기울인다면 탈현대는 그리 멀지 않은 곳에 있을 것 같은 생각이 든다.

거울과 같은 삶

지인(至人)의 마음의 작용은 거울과 같다. [사물을] 보내지도 맞아들이지도 않는다. [사물에 따라] 응하[여 비쳐 주]되 감추지 않는다. 그러니까 사물에 대하여 [자기] 몸을 손상시키지 않을 수가 있다.

至人之用心若鏡 不將不迎 應而不藏 故能勝物而不傷

　장자는 「응제왕(應帝王)」에서 스스로를 잊고 자연을 따르면 만물의 제왕이 될 수 있다고 말한다. 스스로를 잊고 자연을 따른다는 말은 세상을 믿고 자신을 맡긴다는 말이며, 무엇인가를 인위적으로 하여 세상을 다스리고자 하지 않는 것이다. 즉, 자신에게 다가온 삶을 있는 그대로 사는 것이다. 우리는 삶에서 참으로 다양한 것들을 만나고 체험하게 된다. 우리의 마음에는 다양한 것들이 비쳐진다.

　　때로는 '왜 나만?'이라는 마음으로 끝없이 쓸쓸해지기도 한다.
　　우울한 마음처럼 흐린 날씨
　　찌뿌둥한 아침과 흰 머리카락
　　다른 사람보다 더 많은 일을 해야 하는 나
　　하는 일보다 대우를 받지 못하는 나
　　미래가 불투명한 나

깨닫지 못하는 나

때로는 '그렇지! 나야, 나!'라는 마음으로 끝없이 으쓱해지기도 한다.
귀신같이 딱딱 떨어지는 도로 신호등
딱 한 칸 비어 있는 주차 공간
오늘따라 잘생긴 것 같은 나
사람들이 인정하고 좋아하는 나
안정된 직업을 가진 나
깨달은 나

그리고 다양한 감정이 마음 거울에 비쳐진다. 우울, 불안, 두려움, 화, 슬픔 그리고 기쁨, 즐거움, 평온, 행복, 만족 등이 나타났다가 사라진다. 우리는 마음 거울에 비추어지는 것들을 어떻게 만나고 있는가? 무엇이든 비쳐지면 그것을 보내 버리려고 하거나 잡아 두려고 하지 않는가? 마음 거울에 비쳐진 것들은 보내 버리려고 해도 보낼 수 없는 것이며 잡아 두려고 해도 잡아 둘 수 없는 것이다. 그래서 보내 버리려고 하거나 잡아 두려고 하면 삶이 힘들어질 수밖에 없다.

장자는 만물의 제왕과 같은 경지의 삶을 사는 지인(至人)은 마음에 비쳐진 것들을 보내지도 맞이하지도 않는다고 한다. 지인은 무엇이든 마음 거울에 비치면 비쳐 주지만 그것을 감추려고 하지는 않는다. 마음 거울에 비쳐지는 것을 비출 뿐 그것을 소유하려고 하거나 없애려고 하지 않기 때문에 비쳐지는 것의 영향을 받지 않을 수 있다.

오늘 하루 마음 거울에 비쳤던 수많은 것들을 붙잡으려고 하거나 없애려고 하면서 힘들었다면, 거울과 같은 삶을 살지 못했기 때문이다. 거울에 비쳐진 것에 의해서, 거울의 본질이 상실될 수도 파괴될 수도 없다. 거울은 세상을 향해 말하고 있다. '무엇이든 와라! 환영. 모든 것을 있는 그대로 비쳐 주리라!' 그렇다. 우리의 삶도 마찬가지다. 세상을 향해 말해 보자. '무엇이든 와라! 환영.'

참된 공부

그런 일이 있은 뒤 열자는 비로소 자기가 아직 참된 공부를 제대로 하지 못했음을 깨닫고 집으로 돌아갔다. 3년 동안 밖에 나가지 않았으며, 아내를 위해 밥도 짓고 돼지 기르기를 사람 먹이듯이 하여, 세상일에 좋고 싫음이 없어졌다.

然後列子自以爲未始學而歸 三年不出 爲其妻爨 食豕如食人 於事无與親

그런 일이란 열자가 스승인 호자(壺子)에게 계함(季咸)이라는 무당을 소개한 일이다. 계함은 정나라 무당인데 마치 귀신처럼 관상을 보아 길흉을 알아맞히었다. 그러나 호자가 있는 그대로의 자신의 모습을 계함에게 보여 주자 계함은 얼이 빠져 도망쳐 버렸다. 있는 그대로의 자신의 모습이란 자신을 텅 비워 사물의 변화에 순응하는[虛而委蛇] 것이었다. 위이[委蛇]는 뱀처럼 구불구불 굽힌다는 뜻으로 변화에 따른다는 의미로 해석한다. 마치 풀이 바람에 눕듯[因以爲弟靡], 물결이 출렁이며 흐르듯[因以爲波流].

참된 공부는 지금까지 배운 것이 아무것도 아님을 깨닫는 곳에서 시작된다. 열자는 이제 스승을 떠나 집으로 돌아가 3년 동안 외출하지 않고 스스로 참된 공부를 시작한다. 열자의 참된 공부는 먼저 아내를 위해 밥을 짓는 일로부터 시작된다. 아내를 위해 밥을 짓는 공부는 다른 사람들의 이목을 의식하지 않고 전통적인 관습도 더 이상 맹목적으로 따르지 않는 공부를 말한다. 다음으로 열자는 돼지를 기르되 사람 기르듯이 하는 공부를 한다. 이는 돼지와 사람을 더 이상 분별하지 않는 공부를 뜻한다. 즉 만물이 한 몸이니 돼지와 인간이 따로 있지 않음을 공부하는 것이다. 그리고 마지막으로 열자는 세상 일에 좋고 싫음이 사라지는 공부를 한다. 이것이 열자의 참된 공부의 종착점이다. 우리는 이것은 좋고 저것은 싫다는 생각으로 평생을 살아간다. 이로 인해 취사와 선택이 있고, 애착과 혐오가 생기며 궁극적으로 온갖 괴로움이 나타나게 되는 것이다.

승찬선사는 「신심명(信心銘)」의 첫 구절에서 "지극한 도는 어렵지 않나니 오직 간택함을 꺼릴 뿐이니 다만 미워하고 사랑하지만 않으면 통연히 명백하리라[至道無難 唯嫌揀擇 但莫憎愛 洞然明白]"라고 말했다. 이 말은 바로 열자의 참된 공부의 종착점과 같다. 간택하고 미워하고 사랑하는 것은 오직 부분일 때만 가능하다. 모든 것이 하나인데 무엇을 간택하고 무엇을 사랑하고 미워할 것인가? 외로움과 두려움도 마찬가지다. 오직 자신이 분리되어 있고 부분이라고 느낄 때만 외로움과 두려움을 느낄 수 있다. 내가 전체이고 전체가 나인데 무엇이 외롭고 무엇이 두려울까.

수많은 선지자들이 진정한 공부는 지식의 습득이 아니라 내가 전체이고 전체가 나임을 아는 것이라고 하였다. 그렇지만 지금까지 학교는 오직 지식의 습득에만 매달려 왔다. 마침내 인공지능 시대가 도래하여 우리는 언제 어디에서든지 원하는 지식을 실시간으로 얻을 수 있게 되었다. 그럼에도 불구하고 학교는 여전히 지식을 가르치고 있다. 다만 지식을 역량이란 말로 포장하여 가르칠 뿐이다. 역량이고 뭣

이고 간에 이제 더 이상 지식을 가르치는 학교는 필요하지 않다. 이제 야말로 학교가 진정한 공부를 가르칠 때가 되었다. 지금 우리에게 필요한 것은 지금까지의 지식공부가 아무것도 아님을 통렬히 깨닫는 것이다. 이를 깨닫는 곳에서 참된 공부가 비로소 시작될 수 있기 때문이다.

간택함을 끊는 것은 곧 분별심을 버리는 것이다. 그리고 분별심을 버리기 위해서는 매 순간 '나'라고 하는 에고가 어떻게 작동하는지 살펴야 한다. 이를 '자각'이라고 한다. 물론 자각만으로는 충분하지 않다. 매 순간을 알아차림과 동시에 그 순간을 온전히 경험하는 것이 중요하다. 이를 '현존'이라고 한다. 현존이란 '오직 이것뿐'임을 체득하는 것이다. 머리로서가 아니라 온몸으로 경험하는 것이다.

자각과 현존은 모두 지금 이 자리로 돌아오기 위한 방법이다. 모든 것이 일어나는 지금 이 자리로 돌아오는 것을 또 다른 말로 회광반조(回光返照)라고 한다. 회광반조를 통해 우리는 삼계육도(三界六道)가 다 이 마음자리에서 일어나는 것임을 깨닫는다. 육도윤회(六道輪廻)는 내가 바로 이 자리에서 경험하는 것임을 안다. 욕계(欲界), 색계(色界), 무색계(無色界)도 바로 이 자리를 벗어나지 않음을 이해한다. 욕계는 욕망이 일어나는 바로 이 자리이고, 색계는 육체가 나라는 생각이 남아 있는 바로 이 자리이고, 무색계는 식과 공간이 남아 있는 바로 이 자리인 것이다. 바로 이 자리가 우주이고 우주가 바로 이 자리임을 깨닫는다. 지금 이 자리밖에는 아무것도 없다.

다스림이 없는 정치

훌륭한 왕의 정치란 그 공적이 온 세상에 미치면서도 자기 때문이 아닌 것처럼 하고, 교화가 만물에 베풀어져도 백성은 그것을 알지 못하도록 한다. 선정이란 베풀어지고 있지만 그 이름을 일컫지 않으며 만물로 하여금 스스로 만족하게 한다. (그러한 왕은) 짐작도 할 수 없는 경지에 서서 무의 세계에 노니는 자이다.

明王之治 功蓋天下 而似不自己 化貸萬物 而民弗恃 有莫擧名 使物自喜 立乎不測 而遊於無有者也

    '응제'라는 말을 두고 고주본의 주석가인 최선(崔譔)은 '마땅히 제왕이 되어야 할 사람[應爲帝王者]'이라는 뜻이라 풀이하였고, 『구의(口義)』를 쓴 송나라의 임희일(林希逸)은 "제왕의 도는 마땅히 이러하여야 함을 말한 것이다[言帝王之道 合應如此也]"라고 하였으며, 또 청대의 주석가, 선영(宣穎)은 '제왕에 어울리는 사람'이라는 의미라 하였다.

    왕이 곧 국가였던 시대, 제왕이 되어야 할 사람이 제왕이 되면, 그가 행하는 정치가 선정(善政)일 것이요, 그가 실현하는 것이 곧 제왕의 도(道)일 것이다. 「응제편」은 결국 제왕이 되어야 할 사람, 또는 제왕이 마땅히 따라야 할 도리, 그리고 그 제왕의 정치가 실현된 모습을 밝힌 글이라 할 수 있다.

그렇다면 「응제편」에서 말하는 훌륭한 왕이란 어떤 사람인가? 또 훌륭한 정치란 나라를 어떻게 다스리는 것인가? 장자는 전 장에서 말했다. "마음을 담담한 곳에 노닐게 하고, 기(氣)를 적막한 곳에 부합 시켜, 사물의 자연을 따라 사사로운 욕심을 용납하지 않으면 세상은 저절로 다스려진다"라고. 제왕은 마음이 담담하고, 기가 적막한 상태, 즉 무욕의 상태여야 하며, 제왕이 무욕의 상태가 되면 나라는 저절로 다스려진다는 것이다. 또 이어서 말한다. "훌륭한 왕은 공적이 온 세 상을 덮어도 자기 때문이 아닌 것처럼 하고, 교화가 만물에 미치어도 백성들이 그 이름을 알지 못하게 한다." 즉, 무공(無功), 무명(無名)이며 더 나아가 무기(無己)여야 한다고. '내'가 있는 한 내 욕망은 사라지지 않을 테니, 제왕은 무기여서 '짐작도 할 수 없는 절대적 무의 경지에 노니는 사람'일 수밖에 없다.

다스리지 않는 다스림, 그것은 비단 노자와 장자만의 이상은 아니 었다. 요순의 태평성대를 노래한 격양가는 "해가 뜨면 들에 나가 일하 고, 해가 지면 들어와 쉬네. 샘을 파서 물을 마시고, 농사를 지어 내 먹는데 임금의 힘이 어찌 미치리오"라고 하여, 그 공적이 세상을 뒤덮 어도 백성이 그 이름을 알지 못하는 무공, 무명의 상태를 예찬하였으 며, 공자 또한 『논어』 「위령공편」에서 "무위(無爲)하면서 다스린 분은 아마도 순임금뿐일 것이다. 대체 어떻게 하였던 것일까? 공손히 몸을 바르게 하여 남면(南面)하였을 뿐이다"라고 하며, 무위의 정치를 갈구 하였다. 욕망이 들끓던 시대, 공을 세우고 이름을 남기는 것이 최상의 삶으로 추구되고, 더 큰 공을 세우기 위해 더 많은 나라를 침략하고 약탈하던 시대, 무명과 무공, 무위의 정치는 사람들이 추구할 수밖에 없는 또 하나의 이상향이었을 것이다. 그러나 누가 무공, 무명, 무위의 정치를 펼칠 수 있을 것인가? 공자도 자문했다. "대체 어떻게 하였던 것일까?"

장자는 말한다. 그 사람은 '무(無)의 세계에 노니는 사람'이라고. '무'의 세계란 어떤 세계인가? 그것은 근원의 세계, 일체의 차별이 사라져 선악조차 존재하지 않는 세계이다. 훌륭한 왕이란 인간이 만들어 놓은 온갖 것을 오직 '인위적인 것'이라 치부하며, 그것을 넘어선 사람을 말한다는 것이다.

'다스린다'는 것은 무슨 뜻인가? 지배자가 피지배자를 다스린다는 것이다. 그러므로 그 말 속에는 이미 지배와 피지배의 차별이 존재한다. 지배와 피지배의 차별을 전제하면서 지배자의 덕을 말하는 것은 말 그대로 '베푸는 것'이며, 아량이며, 적선이다. 지배자가 아무리 아량을 베풀고 적선한다고 하여도 여전히 피지배자는 피지배자일 뿐이다. 차별이 존재하는 한 피지배자의 고통은 끊이지 않는다. 지배자의 아량과 적선을 기대하는 자가 어떻게 고통으로부터 완전히 벗어날 수 있겠는가?

훌륭한 왕은 인간이 만들어 놓은 모든 것을 거부한다. 지배와 피지배, 다스림과 혼란, 선과 악, 그리고 '자기'가 지배자라는 환상. 그 모든 것이 무화(無化)되지 않는 한, 지배자의 다스림은 영속되며, 피지배자의 고통 또한 사라지지 않는다.

근대가 이룩한 '민주주의'는 지배자와 피지배의 차별을 없앰으로써 피지배자들을 고통으로부터 해방시켰다, 아니 해방시키고자 하였다. 이제 지배자가 피지배자이며, 피지배자가 또한 지배자여야 한다. 그러나 과연 언제 피지배자가 지배자가 된 적이 있었던가? 개인의 욕망에 바탕을 둔 '민주주의'가 또 어떻게 지배자와 피지배자의 차별을 없앨 수 있겠는가? 그러므로 장자가 말한 것이다. 훌륭한 왕은 '무의 경지'에 노니는 자여야 하고, 훌륭한 정치란 '다스림'이 없는 정치라고. '다스림'이라는 행위가 존재하는 한, 그 '다스림'은 좋은 '다스림'이 될 수 없다.

外篇

第八 駢拇

프로크루스테스의 침대가
사라진 사회

> 그러니까 물오리는 비록 다리가 짧지만 그것을 [길게] 이어 주면 괴로워
> 하고, 두루미의 다리는 길지만 그것을 [짧게] 잘라 주면 슬퍼한다.
> 是故鳧脛雖短 續之則憂 鶴脛雖長 斷之則悲

　『장자』의 윗 구절은 프로크루스테스(Procrustes)의 침대를 떠올리게
한다. 프로크루스테스는 아테네 부근에 있는 케피소스 강가에 살았
다. 프로크루스테스는 이곳에 여인숙을 차려 놓고 손님이 들어오면
집 안에 있는 쇠 침대에 눕혔다. 키가 침대보다 커서 밖으로 튀어나
오면 침대의 크기에 알맞게 머리나 다리를 톱으로 잘라 내어 죽이고,
작으면 몸을 잡아 늘여서 죽였다.

　프로크루스테스의 침대 이야기는 그리스 신화의 하나인데, 이 이야
기 속에는 고대 그리스인들이 갖고 있었던 기하학적 사유방식이 함

축되어 있다. 고대 그리스의 기하학적 사유방식은 현대에 이르기까지 서구사회에서 지배적인 사유방식으로 자리 잡았다. 현대에 접어들어 '어떻게 좋은 세상을 건설할 것인가?' 하는 이상사회 건설 방안을 생각했을 때도 기하학적 사유방식이 적용되었다. 현대에 들어서서 이루어진 모든 사회개혁의 바탕에는 '좋은 요소의 극대화'와 '나쁜 요소의 극소화'를 통한 좋은 세상 건설이라는 기하학적 사유방식이 자리 잡고 있다.

프랑스 혁명기 자코뱅당의 대숙청, 볼셰비키 혁명기 스탈린의 대숙청, 중국 혁명기 모택동의 문화혁명, 캄보디아의 킬링필드 등은 모두 기하학적 사유 방식에 의거한 좋은 세상 만들기 전략이었다. 그리고 그것은 지옥을 만들었다. '좋은 세상 만들기'에 대한 불타오르는 이상과 이상을 실현하기 위해 쏟아부었던 수많은 헌신이 어떻게 이런 고통스러운 세계를 만들어 낼 수밖에 없었을까?

'내가 옳다'고 하는 옳을 수 없는 생각, 이것이 그 원인이 아니었을까? 현대에 되풀이된 이 실수를 탈현대 사회 건설에서 되풀이해서는 안 될 것이다. 우리는 '탈현대 사회 건설'에 대한 불타오르는 이상을 갖고 있다. 그리고 이상 실현을 위해 헌신하고자 한다. 그러나 에고의 차원에서 탈현대 사회를 건설하고자 했을 때, 우리는 현대의 실패를 되풀이할 가능성이 크다.

'내가 옳다'고 하는 생각이 근본적으로 옳을 수 없는 이유는 무엇일까? 그것은 '내가 옳다고 하는 생각'이 에고이고, 에고는 옳지 않기 때문이다. '오리의 다리가 짧다'는 생각, '두루미의 다리가 길다'는 생각, 왜 이 생각들이 틀린 것일까? 그것은 이 생각들이 에고의 판 위에서 이루어진 것이기 때문이다.

'참나'의 차원에서 보면, 오리의 다리는 짧지 않고, 두루미의 다리는 길지 않다. 오리와 두루미의 다리는 지금 있는 그대로 완전한 것이다. 그러므로 탈현대 사회는 프로크루스테스의 침대가 사라진 사회이다. 어떤 개인도, 어떤 민족도, 길지도 않고 짧지도 않다. 어떤 부유한 사람도 부유하지 않고, 어떤 가난한 사람도 가난하지 않다. 어떤 미녀도 예쁘지 않고, 어떤 추녀도 못생기지 않았다. 어떤 똑똑한 사람도 똑똑하지 않고, 어떤 똑똑하지 않은 사람도 똑똑하지 않은 것이 아니다.

그래서 탈현대 사회에서는 모든 사람들이 "태어난 그대로의 자연스러운 모습을 잃지 않는다[不失其性命之情]." 탈현대 사회는 현대인을 괴롭혔던 모든 콤플렉스가 사라진 사회인 것이다. 어떻게 그럴 수 있을까? 만일 우리들 각자가 하나의 이파리라고 한다면, 우리들 모두는 같은 뿌리에서 생겨난 이파리들인 것이다. 그래서 탈현대인에게는 작은 이파리 앞에서 으스댈 일도 큰 이파리 앞에서 움츠러들 일도 없다. 더군다나 자기가 옳다고 생각하는 잣대를 들이대며 상대편을 재단하는 일은 있을 수 없다.

귀 밝고 눈 밝은 삶

내가 말하는 귀 밝음이란 상대방의 음악에 정신을 빼앗기지 않고 스스로 자연스레 듣는다는 뜻이다. 내가 말하는 눈 밝음이란 상대방의 색깔에 정신을 빼앗기는 일 없이 스스로 자연스럽게 본다는 뜻이다.

吾所謂聽者 非謂其聞彼也 自聞而已矣 吾所謂明者 非謂其見彼也 自見而已矣

장자는 자유분방하고 자연스러운 삶에 의미를 부여한다. 「변무(駢拇)」에서 장자는 진정한 귀 밝고 눈 밝은 삶은 자연스럽게 듣고 보는 것이라고 한다. 자연스럽게 듣고 보는 것이란 있는 그대로 듣고 보는 것이라고 할 수 있다. 들리고 보이는 것을 왜곡하거나 어떤 의미를 부여하지 않고 그대로 듣고 볼 수 있는 것이 진정으로 잘 듣고 잘 보는 것이라는 말이다.

장자가 잘 듣고 잘 보는 것에 대해서 이렇게 말한 이유는 사람들이 자신이나 세상에 일어나는 일을 있는 그대로 듣고 보지 못하기 때문이다. 사람들은 저마다 귀 밝고 눈 밝은 삶을 살고자 한다. 그래서 잘 들으려고 귀를 쫑긋 세우고 잘 보려고 눈을 크게 뜬다. 심지어 자기가 들은 이야기와 본 것의 이면에 있는 의중까지 듣고 보려고 애를 쓴다. 자신이 들은 것이나 본 것이 전부는 아니라고 생각하고 뭔가를 찾아

내려고 한다.

들리고 보이는 것이 전부라고 생각하고 확신에 차서 자기가 듣고 본 것을 기준으로 삼는 것도 문제가 될 수 있지만, 그 이면의 의미를 찾기 위해서 애쓰는 삶도 문제가 되기는 마찬가지다. 그래서 장자는 진정으로 귀 밝고 눈 밝은 삶이란 자연스레 듣고 보는 것이라고 말했을 것이다. 자연스레 듣고 보는 것에는 어떤 인위적인 노력이나 가치 판단을 개입하지 않는 것이다.

장자는 자연스레 듣고 보게 되면, '상대방의 음악'이나 '상대방의 색깔'에 정신을 빼앗기지 않게 된다는 것을 말하고 있다. 그렇다. 진정으로 귀 밝은 사람과 눈 밝은 사람은 상대방의 것이 아니라 스스로 자연스레 듣고 볼 수 있어야 한다. 사실 듣고 보는 것은 스스로 자신이 하는 것이지만, 의외로 사람들은 상대방의 소리와 상대방의 색깔을 기준으로 듣고 보는 경향이 있다.

마음공부의 스승인 김기태 선생님은 우리가 '인생의 칼자루'를 다른 사람에게 주는 순간 자신의 삶을 있는 그대로 온전히 살 수 없다고 말한다. '사람들이 나를 좋아하는지', '나를 어떤 사람으로 보는지', '내가 하는 일이 인기 있는 일인지', '사람들의 마음을 얻으려면 어떻게 행동해야 하는지', '나는 사람들에게 능력을 인정받고 있는지'…. 다른 사람들의 기준으로 자신의 삶을 평가하고 그 기준에 자신의 삶을 맞추려고 하다 보면, 스스로 삶의 주인이 될 수 없다.

그럼에도 불구하고 우리는 귀 밝고 눈 밝은 삶이라고 착각하면서 사람들의 소리와 색깔에 맞추려고 애쓰는 어리석은 삶을 살아간다. 운동화를 하나 구입하더라도 내 발에 편한 것을 선택하는 것이 아니라, 유행하는 브랜드인지 모양인지를 먼저 살핀다. 심지어 어떤 삶을 살아야 할 것인지를 선택할 때도 사람들이 선호하고 부러워할 만한 트렌드인지를 기준으로 삼는다. 이렇게 '인생의 칼자루'를 다른 사람에게 넘겨주고, 기준에 맞추려고 애쓰거나 기준에 맞지 않는 자신에게 끊임없이 실망하고 좌절하면서 삶을 허비한다.

사람들의 격려와 칭찬이 삶의 활력소가 되는 것은 분명하다. 우리는 아무리 힘든 일이 닥치더라도 그 일의 힘듦을 인정해 주고 수고하고 있음을 알아주는 누군가가 있다면 주저앉지 않을 수 있다. 아주 작은 칭찬이라도 지친 삶의 힘과 용기가 되는 것이 사실이다. 그러나 만약 격려와 칭찬을 받기 위해서 자기 삶의 매 순간을 다른 사람의 기준에 맞추려고 한다면, 그런 삶에는 빛이 있을 수 없다.

격려와 칭찬에 집착하는 순간 내 삶의 칼자루를 내가 잡지 못하기 때문이다. 즉, 나는 나에게 다가오는 내 삶을 있는 그대로 살 수 없게 된다. 자기 내면의 소리에 귀 기울이고 자신을 진심으로 바라보는 순간, 우리는 진정한 삶의 주인공이 되는 경이로운 체험을 할 수 있을 것이다.

본성교육이란?

스스로 자연스럽게 보지 않고 남에게 얽매여 보고, 스스로 만족하지
못하고 남에게 사로잡혀 만족하는 자는 남의 만족으로 흡족해하고 스
스로의 참된 만족은 얻지 못한 자이며, 또 남의 즐거움으로 즐거워하고
스스로의 참된 즐거움이 없는 자이다.

夫不自見而見彼, 不自得而得彼者, 是得人之得而不自得其得者也, 適人
之適而不自適其適者也. 夫適人之適而不自適其適

현대인들은 피부경계선을 기준으로 그 안쪽을 '나'라고 생각한다.
이를 '피부밑 자아(skin-encapsuled ego)'라고 부른다. 피부경계선 안쪽
이 내 몸이고 내 몸 안에 내 몸을 작동시키는 주체가 있다고 여긴다.
마치 마징가Z 속에 쇠돌이라는 아이가 들어가 마징가Z를 움직이는
것과 같다.

피부경계선을 기준으로 나와 세계를 구분하는 것은 오래된 인류
의 관습이지만 이제 벗어날 때가 되었다. 먼저 내 몸은 내가 아닌 모
든 것으로 구성되어 있다. 어머니 배 속에 있을 때 어머니가 먹은 온
갖 음식과 태양과 공기가 내 몸을 만들었고, 태어난 후에도 역시 내
가 먹은 온갖 음식과 태양과 공기가 내 몸을 만들었다. 그리고 내 몸
안에는 나를 조종하는 주인공이 없다. 뇌 과학자들이 이야기하듯 뇌

속에는 자아가 존재하지 않는다.

내가 '나'라고 생각하는 것은 만들어진 것이다. 갓 태어난 아기는 자신이 분리 독립된 개체라고 느끼지 않는다. 아기가 처음으로 분리되었다는 느낌을 갖는 것은 배가 고플 때나 똥오줌을 싸서 불쾌함이 느껴질 때이다. 이처럼 결핍감이나 불쾌한 느낌이 처음으로 '나'를 느끼게 한다. 이후 아기는 '누구야'라고 부르는 이름과 자신을 동일시하고 부모와 형제들이 자신에 대해 말하는 것을 자기와 동일시하게 된다. 이처럼 자아는 부모와 학교와 매스컴과 인터넷과 SNS 등을 통해 형성된다.

장자는 이처럼 만들어진 '나'로 살아가는 사람은 참된 만족을 얻지 못한 자이며, 참된 즐거움이 없는 자라고 한다. 다른 사람들이 보는 대로 보고, 다른 사람들이 듣는 대로 들으며, 다른 사람들이 추구하는 것을 추구하고, 다른 사람들이 싫어하는 것을 싫어하는 삶을 살아가는 것은 본성을 잃은 삶을 사는 것이다.

그렇다면 장자가 말하는 본성이란 무엇인가? 장자는 백이와 도척을 비교하여 한 사람은 명예를 위해 수양산(首陽山) 아래에서 죽고, 또 한 사람은 이욕 때문에 동릉산(東陵山) 위에서 죽었지만 목숨을 해치고 본성을 상하게 한 점에서는 다를 것이 없다고 하였다. 본성이란 태어난 그대로의 자연스러운 모습[性命之情]이다. 물오리의 다리는 짧고 두루미는 다리가 긴 것이 곧 본성이다. 물오리의 다리가 짧다고 길게 이어 주면 괴로워하고, 두루미가 다리가 길다고 잘라 주면 슬퍼한다.

본성에 따라 사는 삶이란 태어난 그대로의 자연스러운 삶을 사는 것이다. 무엇을 의도하고 기필하고 고집하는 삶은 자연스러운 삶이 아니다. 모두 만들어진 '나'를 확장시키려는 유위(有爲)의 삶이기 때문이다. 우리의 삶은 생각대로 살아지지 않는다. 오히려 삶은 저절로 일어난다. 삶이 고통스러운 이유는 저절로 일어나는 삶을 어찌하려고 하기 때문이다.

삶은 머물지 않고 끊임없이 흘러가지만 우리의 생각은 머물러 있다. 나는 끊임없이 변하지만 '나'라는 생각은 변하지 않는다. 생각이 머물게 되면 생각과 삶 사이에 갈등이 생긴다. 갈등이 일어나면 그 갈등이 어디서 일어나는지 돌이켜 살펴보라. 그러면 홀연히 일어나는 생각일 뿐 그 일어난 자리에는 고통이라고 할 만한 것이 없음을 알게 된다. 바라는 마음이 없으면 홀가분해진다.

교육이란 사람들이 본성에 따라 자연스럽게 살아가도록 돕는 것이다. 어떻게 도울 수 있을까? 물론 본성에서 벗어나게 만드는 모든 분별에서 벗어나게 해야 한다. 무엇이 분별을 만드는가? 언어와 생각이 대표적이다. 그렇다고 언어를 사용하지 않고 살아갈 수도 없고, 생각을 하지 않고 살아갈 수도 없다. 중요한 것은 언어와 생각을 사용하면서 그것이 분별을 일으키고 있음을 끊임없이 자각하는 일이다.

본성교육은 곧 무아교육이다. 궁극적으로는 나는 '나'라고 하는 피부-밑-자아가 아니라 내가 아닌 모든 것으로 이루어져 있음을 깨닫도록 해야 한다.

세상을 어지럽히는 인의(仁義)는 인의가 아니다

지나치게 인의를 내세우는 사람은 (자연스러운) 덕을 뽑아 버리고 본래 (그대로의 인간의)의 천성을 막아 그것으로 명성을 얻으려 한다. 천하 사람들로 하여금 피리를 불고 북을 치게 하여 도저히 미치지 못할 법을 신봉하게 하려는 것은 옳지 않은 것이다. 증삼이나 사추가 그런 사람이다.
枝於仁者 擢德塞性 以收名聲 使天下簧鼓以奉不及之法 非乎 而曾史是已

증은 공자의 제자 증삼(曾參), 사는 춘추시대 위나라 대부 사추(史鰌)를 가리킨다.

효성이 지극했던 증삼은 어린 시절 아버지 증석과 오이밭에서 밭을 매다가 오이덩굴을 밟아 매를 맞고 기절한 적이 있었다. 이때 증삼은 당황한 아버지를 위로하기 위해 거문고를 타며 자신의 무사함을 알렸지만, 이 이야기를 전해 들은 공자는 화를 내며 그날 하루 증삼을 보려 하지 않았다. 매를 맞으면 잘못을 뉘우치고, 아버지의 노여움은 풀어 드리는 것이 옳지만, 때리는 매를 모두 맞아 몸을 상하게 하는 것 또한 아버지의 마음을 헤아리지 못한 불효인즉, 공자는 달아나지 않고 그 매를 다 맞은 증삼을 나무란 것이다.

위나라 영공(靈公)을 섬겼던 사추는 평소 불초한 미자하(彌子瑕)를 물리치고 거백옥(蘧伯玉)을 능용하려 하였다. 그러나 뜻을 이루지 못하고 죽음을 앞두게 되자 아들에게 유언하기를, 살아서 임금을 제대로 보필하지 못한 자신의 시체를 북당(北堂)에 두고 장례를 치르지 말라고 하였다. 조문을 온 영공이 그 이야기를 듣고 마침내 그의 뜻을 따르니 그 후 위나라가 잘 다스려졌다고 한다. 훗날 사람들은 이를 일러서 '시간(屍諫)'이라 하였고 죽은 사추가 위나라를 구하였다고 하며 그의 의로움을 칭송하였다.

미자하는 영공의 총신으로 수많은 전횡을 일삼다 결국 퇴출되었다. 자로와는 동서 사이로 공자가 위나라에 갔을 때 미자하는 공자가 자신의 집에 머물면 재상이 될 수 있을 것이라 청하였지만, 공자는 "명이 있느니라." 하며 이를 거절하였다. 사추에 대해서는 『논어』 「위령공편」에 "나라에 도가 있을 때에도 화살처럼 곧았고, 나라에 도가 없을 때에도 화살처럼 곧았다"라고 하며 공자가 칭찬하는 대목이 보인다.

효는 인(仁)의 발현이다. 인과 의는 모든 사람들이 칭송하는 것이지만, 증삼의 효는 아버지 증석의 마음을 아프게 하였고, 사추의 의로움은 훗날 '시간'이라는 이름으로 당쟁의 원흉이 되기도 했다. 인의 발현인 효가 부모의 마음을 아프게 한 것은 '효'에 집착하여 인으로부터 멀어졌기 때문이다. 어디든 집착하는 것은 그 본성으로부터 멀어질 수밖에 없다. 사추의 '시간'이 당쟁의 도구로 전락하였던 것은 '시간'이라는 행위 자체에 의미를 두었기 때문이다. 죽음으로 고하는 말이라 하여 어떻게 그것이 무조건 선(善)일 수 있겠는가?

도덕이 사람을 죽이던 시대가 있었다. '열녀는 불경이부(不更二夫)'라는 미명 아래 재혼이 법적으로 금지되었던 조선시대, 생계 수단이 없는 수많은 여성들은 홀로 굶어서 죽어야 했다. 예(禮)가 집안을 망치는 시대가 있었다. '제수(祭需)는 집안의 유무(有無)에 따르라'는 『주자가례』의 명문을 무시한 채, 『주자가례』의 제례로 자신들의 가문을 드높이려던 사람들이 마침내 그 제사 때문에 집안을 망쳤다.

효가 사람을 죽이고 나라를 망치는 시대가 있었다. 임진왜란 때 의주로 피난 갔던 선조는 한양으로 돌아오자마자 부모가 죽었는데 상복을 입지 않은 백성들을 나무랐고, 맨몸으로 왜군과 싸워 혁혁한 공을 세웠던 의병장들을 삼년상을 지내지 않았다는 죄를 물어 처형했다. 조선이 효를 근간으로 세워진 나라라고 하나 그 효로 무구한 백성을 치죄하고 나라의 충신을 처형했으니 어찌 효가 나라를 망친 것이라 하지 않을 수 있겠는가?

인의는 인간의 본성이다. 도덕도 인간의 본성이다. 인간의 마음속에 인의가 없을 수 없으며, 인간의 마음속에 도덕 또한 없을 수 없다. 예는 인정(人情)에서 나온 것이다. 『예기』는 인정을 강조하였고, 때(時)와 속(俗)을 강조하였으며, 변화하지 않는 예는 예가 아니라고 하였다. 인의가 사람들의 마음을 아프게 하고, 도덕이 무고한 사람을 죽이며, 예가 집안과 나라를 망쳤다면 그것은 인의도, 도덕도, 예도 아니다. 인의와 도덕과 예에 집착한 허상일 뿐이다.

「즉양편」에서 장자는 거백옥은 나이 육십에 육십 번 변하였다고 하였다. 또 그처럼 현명한 현인으로 추앙받던 거백옥도 어제 옳다고 한 것을 오늘 그르다고 하니, 오늘 옳다고 한 것을 내일 그르다고 하지 않을 리 있겠는가? 하고 반문하였다. 어찌 세상에 인의와 도덕과 예가 없겠는가? 사람들이 이것이 인의요 도덕이요 예라고 주장하기 때문에 문제인 것이다.

여전히 세상은 인의와 도덕이 판을 친다. 말, 말, 말이 범람하는 시대, 사람들은 저마다 제가 옳다고 하고 상대가 틀렸다고 한다. 어제 옳다고 했던 것이 오늘은 틀린 세상, 사람들은 그 세상을 보면서도 여전히 자신만이 옳다고 하니 그것이 문제인 것이다.

第九 馬蹄

| 탈현대 문명 |

그림쇠에 맞춰지지 않는 사회

도공(陶工)은 "나는 흙 만지는 솜씨가 뛰어나다. 둥근 것을 만들면 그림
쇠에 착 들어맞고, 네모진 것을 만들면 곱자에 꼭 들어맞는다"라고 한
다. 목수는 "나는 나무 다루는 솜씨가 뛰어나다. 굽은 것을 만들면 그
림쇠에 착 들어맞고, 곧은 것을 만들면 먹줄에 꼭 맞는다"라고 한다.
[그러나] 흙이나 나무의 본성이 어찌 그러한 척도(尺度)에 들어맞기를
바라겠는가!

陶者曰 我善治埴 圓者中規 方者中矩 匠人曰 我善治木 曲者中鉤 直者
應繩 夫埴木之性 豈欲中規矩鉤繩哉

장자는 사회학적 상상력이 뛰어난 사람이다. '윤리와 도덕, 사회규
범이 인간의 본성을 해칠 수 있다는 생각', 이것은 현대 사회학자들에
게도 무척 힘든 일인데, 어찌 2,500년 전의 사상가에게 이것이 가능

했을까? 감탄사가 나오는 대목이다.

톨레는 노자와 장자, 석가모니, 예수 등 오래전에 깨달음을 얻은 성인들을 '철 이르게 피어난 꽃'에 비유했다. 특히 도가사상은 이런 톨레의 평가가 잘 들어맞는 경우인 것 같다. 이런 이유로 동아시아 역사에서 도교가 아니라 도가사상은 오늘에 이르기까지 한 번도 주류 사상으로서의 위치를 차지해 본 적이 없다. 조선사회에서도 은퇴한 관리가 만년에 귀의하는 유가사상의 보완물 정도였다고 해야 할 것이다.

법가사상이 전국시대 군웅을 위한 사상이었다면, 유가사상은 한(漢) 유방(劉邦) 이후를 위한 사상이었다고 할 수 있겠고, 묵가사상은 오늘날에 이르러 빛을 조금 보는 것 같다. 그렇다면 도가사상은? 도가사상은 탈현대를 위한 사상이라고 평하는 바이다.

윤리와 도덕, 사회규범은 문명 건설을 위해 꼭 필요한 발명품이었고, 최고의 발명품이었다. 그러나 다른 한편으로 보면, 이것은 자연본성을 해치는 것이기도 하다. 도(道)의 관점에서 보면, 문명의 출현과 발달 자체가 도로부터의 이탈인 것이다.

그래서 사회학적 상상력이 충만했던 18세기 루소는 '자연으로 돌아가라'는 선언을 했고, 20세기 히피는 규격화된 삶에 반기를 들었다. 직접적인 연관성을 찾긴 어렵지만 본질적인 측면에서 보면, 루소도 히피도 도가사상의 후예라고 해도 마땅하겠다. 현대의 여명기에 루소는 이미 탈현대를 말했고, 현대가 최고조에 달한 현장에서 히피는 현대로부터의 탈피를 외쳤다. 그러나 그들의 대선배인 장자는 B.C. 4세기에 이미 탈현대의 꿈을 그리고 있었던 것이다. 이 어찌 놀랍지 아니한가!

문명이 시작되기 전, 도와 어긋난 것은 하나도 없었다. 문명이 시작되면서, 도와 어긋난 에고가 생겨났다. 현대기에 이르러 도로부터의 이탈은 극에 다다랐다. 우린 어디로 가야 하는가? '에고의 깊은 꿈'에서 깨어나 도를 회복해야 한다. '도가 회복된 그곳', 거기가 바로 탈현대이다.

　노자와 장자는 문명 자체가 하나의 질병임을 통찰한 최초의 사상가일 것이다. 그들의 사상은 오랫동안 왜곡되었고, 언제나 유가사상의 그림자에 머물러야 했지만, 이제 긴 잠에서 깨어날 때가 되었다. 문명에 의해 훼손된 인간 본성을 회복하는 인류적인 차원에서의 탈현대 문명 건설 프로젝트에서 그들은 행렬의 선두에 서게 될 것이다. 우리는 그림쇠가 더 이상 우리 삶을 재단하지 않는 사회를 희구하고 있고, 마침내 감격스럽게 노자와 장자의 인솔 아래 탈현대의 성안으로 들어서게 될 것이다!

다스리지 않는 삶

흙이나 나무의 본성이 어찌 그러한 척도에 들어맞기를 바라겠는가! 그런데도 세상에서는 대대로 이어 가며 "백락은 말을 잘 다룬다. 도공이나 목수는 흙과 나무를 잘 다룬다"라고 칭찬한다.

夫埴木之性 豈欲中規矩鉤繩哉 然且世世稱之曰 伯樂善治馬 而陶匠善治埴木

장자는 본성을 그대로 두지 않고 어떤 인위(人爲)를 가하는 것은 잘못이라고 한다. 장자의 주장에 따르면, 세상 모든 것에는 원래 타고난 본성이 있고 자연 그대로 두는 것이 가장 이상적이다. 그런데 세상 사람들은 무엇 하나 그대로 두려고 하지 않는다. 사람들은 어떤 것이든 세속의 기준을 만들어서 그것에 맞추고 다스리려고 한다. 본성을 존중하기보다는 인위로 다스리고 변화시키려고 하는 것이 삶을 제대로 사는 것이라고 생각한다.

장자는 흙은 흙 그대로, 나무는 나무 그 자체로 두지 않고 다스리려는 사람들을 나무란다. 세상의 모든 것을 자연에 온전히 그대로 맡겨 두라고 말한다. 장자가 주목한 것처럼 세상 사람들은 그 어떤 것도 자연 그대로 두지 않으려는 경향이 있다. 어떤 척도를 만들고 그것에 끼어 맞추려고 애쓴다. 말이나 흙 그리고 나무를 다스리려고 하는 것처럼 자기 자신을 포함해서 상대까지도 다스리려고 한다.

물론 장자가 말한 것처럼 세상 모든 것을 자연 그대로 두고 아무런 인위를 가하지 않아야 한다는 것도 또 다른 극단적인 삶의 방법이라고 할 수 있다. 이 세상은 함께하는 공동체이기 때문에 때로는 어떤 규칙과 척도를 만들고 그것에 맞추는 삶을 살아야 한다. 그럼에도 불구하고 장자가 무위(無爲)라는 삶의 방식을 주장하는 데에는 분명한 이유가 있다. 세상 모든 것을 인위적으로 다스리고자 함으로써 발생하는 문제가 이 세상과 삶을 파괴하고 있기 때문이다.

현대는 장자가 문제의식을 가졌던 시대와 매우 닮았다. 현대적인 삶을 들여다보면 그 어떤 것도 자연의 상태 그대로 두지 않는다. 현대 문명은 모든 것을 그대로 두기보다는 개발하고 개조하는 것에 익숙하다. 현대적인 세계관을 기준으로 보면, 우리의 삶 또한 개발하고 발전하도록 끊임없이 변화와 개혁을 추구해야 하는 대상이다. 그래서 현대인들은 자신의 삶을 더 나아지게 하려고 부단히 애쓰는 것을 당연하게 여긴다.

누군가 자신의 삶에 안주하려고 하거나 경쟁심을 늦추려고 하면 그런 현대인들은 무기력하다고 비난하기 일쑤다. 더 저돌적으로 자신의 삶을 개척하고 열정을 가지고 성과를 추구하지 않으면 적당주의에 물들었다고 패배자 취급을 한다. 고층 아파트, 고가 외제차, 높은 지위를 향해서 누구든 달려야 한다고 현대인들은 생각한다. 그렇게 잘 달리기 위해서 자신의 삶을 다스리고 현대적인 척도에 맞추려고 한다.

그러나 온 힘을 다해서 달리던 현대인들도 어느 순간 멈출 수밖에 없다. 누구나 계속 달리기만 할 수는 없기 때문이다. 그 순간 이렇게 삶을 다스리고 열심히 달리는 것으로는 삶을 제대로 살 수 없음을 알게 된다. 더 이상 삶을 다스리려고 하지 않고 있는 그대로의 삶을 경험하고 수용하면서 삶의 진정한 의미를 느낄 수 있게 된다. 내가 삶을 어떤 척도에 맞게 꽃피우려고 하지 않으면, 삶 안에서 자연스럽게 내가 활짝 피어나게 되는 것이다. 이것이 바로 탈현대적인 삶이다.

동덕(同德)과 천방(天放)의 탈현대 교육

저 백성에게는 공통된 성격이 있다. 직조해서 옷을 입고 땅을 갈아 식량을 얻는다. 이것을 누구나가 다 갖춘 것[同德]이라고 한다. 백성은 각기 동떨어져 있으며 무리를 짓지 않는다. 이것을 아무 구속도 없는 것[天放]이라고 한다.

彼民有常性 織而衣 耕而食 是謂同德 一而不黨 命曰天放.

　문명은 끊임없이 발전한다는 문명발전론은 현대 계몽주의로부터 시작되었다. 콩도르세를 위시한 계몽주의자들은 인류의 역사는 단순한 미개사회로부터 복잡한 문명사회로 진화하고 발전한다고 주장하였고, 이러한 진화론적 문명관은 이후 현대 문명을 지배하는 흐름으로 이어져 왔다. 현대 교육 역시 이러한 진화론적 문명관을 당연한 것으로 받아들였다. 후쿠자와 유키치는 다음과 같이 말했다.

　문명의 진보에 따라서 지와 덕은 함께 그 양이 커지고 사적인 것을 넓혀 공적인 것으로 전환시켜 사회 전체에 공지공덕이 미치는 곳이 넓어지며 평화를 향해 나간다. … 온 나라가 한집안 같고 한집안은 사원과 같으리라. 부모는 교주이며 자식은 교도와 같으리라. 세계의 국민은 마치 예양(禮讓)의 대기에 감싸이고 덕의의 바다에서 목욕하는 것처럼 되리라. 이것을 문명의 평화라고 부른다.

동덕(同德)과 천방(天放)을 주장하는 장자는 이러한 문명발전론을 비판하는 문명반대론자이다. 존 저잔이 엮은 『문명에 반대한다』는 책은 장자와 같이 구석기 시대가 인류 최초의 풍요사회였다고 주장한다. 이들은 인류는 자연 상태에 머물도록 만들어진 존재이며, 자연 상태는 세상의 진정한 청춘기이며, 그 후의 모든 진보는 종의 쇠퇴를 향한 여정이었다고 말한다. 따라서 문명반대론자들은 아이들에게 문명은 질병이라고 가르친다.

선진 산업사회에서 빈곤의 현대화란 텔레비전 기상캐스터건 교육자건 간에 전문가가 공인해 주지 않으면 사람들이 전혀 사실을 인식하지 못한다는 것, 의사에게 치료받지 않으면 신체의 불편은 견딜 수 없이 힘든 것이 된다는 것, 서로 떨어진 지역을 차량으로 연결하지 않으면 친구와 이웃은 사라진다는 것을 의미한다. 요컨대 우리는 대부분의 시간을 우리의 세계와 떨어져 살고 있으며, 누구를 위해 일하는지도 모르고 느끼는 대로 살고 있지도 못하다.

최근에 우리나라에서도 '구석기 식단'이라고 하여 현대의 패스트푸드뿐만 아니라 신석기 이후 인간이 먹게 된 곡물류까지도 거부하는 움직임이 나타나고 있다. 우리의 몸이 인류 형성의 95%를 차지하는 구석기 시대에 적합하게 만들어졌다는 것이 구석기 식단을 주장하는 사람들의 근거이다. 리프킨도 『제3차 산업혁명』에서 현대 인류가 겪는 여러 가지 질병의 원인을 자연에서 분리된 삶에서 찾고 우리 몸에 새겨진 인류의 역사를 가르칠 수 있어야 한다고 말하고 있다. 장자가 말하는 동덕과 천방의 교육 역시 우리 몸에 새겨진 자연스러움을 회복하는 교육일 것이다.

탈현대 교육이 현대 문명을 극복하여 이룩하는 것이라고 해서 문명 이전의 상태로 돌아가자고 주장하는 것은 아니다. 물론 탈현대 문명과 문명 이전의 구석기 시대는 많은 공통점이 있다. 아직 에고가 형성되지 않아 인간이 자연과 분리되어 있지 않은 점, 모든 것이 서로 연결되어 있는 물활론적 세계에 살고 있다는 점, 과거와 미래가 아니라 지금, 여기를 살고 있다는 점 등이 그것이다. 그러나 문명 이전의 세계와 탈현대 문명은 결코 동일하지 않다.

멀리 여행을 떠났다가 다시 집으로 돌아온 사람은 떠날 때의 그 사람이 아니다. 새로운 것을 보았고 고통을 느꼈고 새로운 아름다움을 알았기 때문이다. 두 개의 똑같은 점이 있다. 하나는 처음부터 그 자리에 있었던 점이고 또 하나는 멀리 돌아서 다시 제자리로 돌아온 점이다. 두 점은 같지만 그 안에 있는 내용은 전혀 다르다. 하나는 그냥 점이고 또 한 점은 설렘과 충만으로 가득 찬 점이다. 탈현대 교육은 현대 문명이라는 멀고 먼 길을 돌아 다시 제자리로 돌아온 설렘과 충만의 교육이다.

인재를 기르는 방법

백락에 이르면 "내가 좋은 말을 만들겠다"라고 하여 말의 털을 지지고 깎으며 발굽을 깎아 내고 낙인을 찍어 대고, 굴레와 다리 줄로 묶어 늘여 놓고 구유와 마판을 만들어 모아 둔다. 이래서 죽는 말이 열에 두세 마리에 이른다. 또 굶기고 물도 주지 않은 채 달음박질을 시키고 명령대로 잘 움직이게 만들며, 앞에는 재갈과 가슴받이가 달리고 뒤에는 채찍의 위협이 따른다. 이래서야 말의 반은 죽고 만다.

及至伯樂曰 我善治馬 燒之剔之 刻之雒之 連之以羈縶 編之以皁棧 馬之死者 十二三矣 饑之渴之 馳之驟之 整之齊之 前有橛飾之患 而後有鞭筴之威 而馬之死者 已過半矣

백락의 이름은 손양(孫陽), 진나라 목공(穆公) 때 사람으로 준마를 감별하는 능력이 뛰어났다고 한다. 『전국책(戰國策), 초책(楚策)』4편에는 한 늙은 천리마가 천리마로 쓰이지 못하고 소금 수레를 끌며 태항산(太行山)을 넘다가 지쳐서 쓰러졌는데, 백락이 이 말을 알아보고 통곡하며 옷을 덮어 주자, 천리마는 자신을 알아본 백락을 보며 슬프게 울었다는 이야기가 전해진다. 훗날 사람들은 이 고사를 들어 뛰어난 인재가 제대로 쓰이지 못하는 세상을 한탄하였다.

그러나 뛰어난 인재란 어떤 사람인가? 또 세상에 쓰인다는 것은 무슨 뜻인가? 천리마에게 소금 수레를 끄는 일과 전장에서 장수를 등에 태우고 달리는 일에는 무슨 차이가 있는가? 전장을 달리는 천리마 또한 잘 달리기 위해서는 목마르고 배고파야 하며, 재갈과 가슴받이를 달고 채찍을 맞아야 하지 않는가?

『노자』 29장에서 말한다. "성인은 사람을 잘 구하는 까닭에 사람을 버리지 않으며, 만물을 잘 구하는 까닭에 버려지는 물건이 없다." 성인은 사람이나 물건을 자신의 목적에 맞추어 구하는 것이 아니라, 그 사람과 사물의 본성에 맞추어 쓰려 하기 때문이다. 백락이 천리마를 알아보았다는 것은 말의 본성을 본 것이 아니라 자신의 쓰임에 적합한지를 본 것이니, 말은 무엇이 되었든 고통스러울 뿐이다. 또 『노자』 30장에서는 "군대가 머물던 곳에는 가시덤불이 무성하고, 큰 군대가 일어난 곳에는 반드시 흉년이 온다"라고 하였고, 46장에서는 "천하에 도가 있으면 잘 달리는 말이 농사를 짓는 데 쓰이고, 천하에 도가 없으면 군마가 훈련장에서 새끼를 낳는다"라고 하였다. 좋은 세상이란 천리마를 알아주는 세상이 아니라 천리마가 필요 없는 세상이 아닐까?

교육은 '백년지대계(百年之大計)'라 하고, 지금도 국가는 미래를 이끌어 갈 인재를 기르기 위해 노력하고 있다. 그러나 어떤 사람이 진정한 인재인가? 또 진정한 인재는 어떻게 길러 내야 하는가? 2019년, 한국의 교육 현실을 풍자한 〈스카이 캐슬〉이라는 드라마가 인기몰이를 했다. 드라마의 재미를 위해 과장과 억지가 삽입되었다 하더라도 '현실은 드라마보다 더 잔혹하다'는 고발과 고백이 연잇는 것을 보면 백락이 천리마를 기르던 방법을 떠올리게 된다. 목표를 설정한 인재 양성, 그 인재를 기르기 위해 국가가 규정한 엄격한 통제 시스템, 그것은 들판에서 뛰어놀아야 할 말을 데려다가 털을 자르고 발굽을 깎으며 낙인을 찍고 나란히 묶어서 말구유에 가두어 두는 것과 무엇이 다른가? 그렇게 하여 얻어지는 인재는 어떤 인재인가? 전장을 누비는 천리마처럼 내가 살기 위해 상대를 죽이려는 사람이다. 또 그렇게 하여 이루려는 나라는 어떤 나라인가? 강자만이 살아남을 수 있으며, 강자만이 모든 것을 누릴 수 있는 나라이니 그런 나라가 어떻게 좋은 나라가 될 수 있겠는가?

第十 胠篋

| 탈현대 문명 |

도와 합치하는 문명 건설

 때문에 성인을 근절하고 지혜를 내버리면 큰 도둑은 없어진다.

故絶聖棄知 大盜乃止

'성인을 근절하고 지혜를 내버림[絶聖棄知]', 이것은 장자에서 되풀이 되는 사회문제에 대한 해법이다. 물론 이때 성인과 지혜는 도(道)와 어긋난 성인이요 지혜이다. '절성기지(絶聖棄知)'의 바탕 위에서 장자는 거듭 노자가 주창하는 소국과민(小國寡民)의 사회를 대안으로 제시한다.

『장자』에서는 왜 이런 주장이 되풀이되는 것일까? 그것은 『장자』가 집필된 시대가 끝없는 전란의 시대였기 때문이다. 도덕, 법률, 다양한 기술적인 발명품들은 전란의 시대가 만들어 내는 고통을 없애 주는 것이 아니라 오히려 조장하고, 더욱 혹독한 상황으로 몰고 가는 원인으로 작용한다는 것이 『장자』 집필자들의 시대 진단이었을 것이다.

도와 어긋난 도덕, 법률, 기술은 욕망 추구의 가면이거나 도구로서의 도덕, 법률, 기술이어서, 이것은 사회 혼란을 부추기고 사회적인 고통을 양산하였던 것이 사실이다.

『장자』에서의 이런 주장은 현시대의 사회문제 인식에 어떤 도움을 줄 수 있을까? 문제가 더 증폭되어 있기는 하지만 『장자』에서의 시대 비판은 우리 시대에도 그대로 적용될 수 있다. 도덕과 법률이 자신이나 자신이 속한 집단의 이익을 달성하기 위한 도구로 사용되는 것을 수없이 목격할 수 있다. 베트남 전쟁과 같이 지극히 부정의한 전쟁에 참여하면서조차도 미국 정부는 정의를 주창했었고, 거대 로펌 소속 변호사가 돈 많은 사람의 시녀가 되어 그들의 부정을 은폐하고 변호하는 일은 너무나 흔한 일이다.

더 심각한 문제는 도와 어긋난 기술이다. 전국 시대와 이 시대 간에는 기술력의 엄청난 차이가 존재한다. 활이나 칼이 갖고 있는 살상력과 핵무기나 독가스가 갖고 있는 파괴력은 차원이 다르다. 현대는 기술을 갖고 있는 주체의 욕망 충족을 위해 [도와 어긋난 방식으로] 기술을 사용하고 있기 때문에 문명의 존속 자체를 위협하는 광범위한 문제가 발생하고 있다. 대기오염이나 수질오염을 포함한 환경문제, 생명체의 멸종으로 귀결되는 생태계 붕괴문제, 파국적인 세계대전의 위협 등은 그 전형적인 사례이다.

그렇다면 『장자』에서 제시하는 '자연으로 돌아가라'는 해법은 현 인류에게 의미를 가질 수 있는가? 그렇지 않다. 과거 사회에서도 기술과 인위적인 문명을 없애고 '자연으로 회귀'한 사례는 없었다. 이것은 불가능하기도 하지만 바람직하지도 않다. 과학기술문명을 살고 있는 현 인류의 경우는 더욱 그러하다.

'되를 쪼개고 저울을 분질러 버리라'는 『장자』에서의 주장의 오류는 무엇일까? 실질적인 문제는 '도와 어긋난' 문명인데, 『장자』에서는 문명 그 자체를 문제시하고 있다는 점이다. 변해야 할 것은 '도와 어긋난' 문명이다. 그러므로 문제의 해법은 '자연으로 돌아가는 것'이 아니라 '도와 합치하는 문명'을 건설하는 것이다. 그리고 이것이 우리가 향해 가야 할 미래 사회의 모습이다.

도를 좋아하는 삶

위에 있는 자가 진정 지혜를 좋아하고 도를 무시한다면 세상은 크게 혼란해질 것이다.

上誠好知而無道 則天下大亂矣

장자는 윗사람이 자신의 지혜만 좋아하고 도에 관심이 없다면 세상이 혼란해질 것이라고 경고한다. 장자의 경고는 지혜에 의존하지 말고 도에 따라 살아야 한다는 말이다. 『장자』 「거협(胠篋)편」에서는 사람들이 지혜를 좋아하는 삶을 살기 때문에 세상이 혼란스러워졌음을 설명하고 있다. 장자의 염려에도 불구하고 현대인들의 삶은 얄팍한 지혜에 의존하는 경향이 강하다. 어쩌면 현대 사회는 얄팍한 지혜를 쌓고 발휘하는 것을 부추기는 사회이며, 현대인들은 자신의 지혜를 뽐내고 자신과 동일시하는 삶을 당연한 것으로 여기고 있다. 조그마한 지혜라고 하더라도 더 자랑하고자, 더 얻고자 하는 삶을 살고 있다. 그러나 얄팍한 지혜는 쌓으면 쌓을수록 삶을 본질에서 멀어지게 할 수 있다.

장자의 말대로 도를 무시하면 아무리 지혜를 발휘한다고 하여도 세상은 혼란해질 수밖에 없다. 왜 그럴까? 삶이란 얄팍한 지혜로 어떻게 할 수 있는 것이 아니기 때문이다. 현대인들은 자신의 얄팍한 지혜를 발휘해서 논쟁하고, 상대를 속이기도 하며, 궤변을 늘어놓기도 한다. 사람들은 그런 얄팍한 지혜를 근거로 해서, '자기가 옳지 않다고 생각하는 것을 격렬하게 비난하고, 자기가 옳다고 생각하는 일에 대해서는 비난하지 않는다.' 따라서 얄팍한 지혜를 좋아하면 세상이 혼란스러워질 수밖에 없다.

최근 가짜 뉴스가 한국 사회를 혼란스럽게 만들고 있다. 사람들은 자기가 옳지 않다고 생각하는 뉴스를 원색적으로 비난하고, 자기가 옳다고 생각하는 뉴스에 대해서는 아무런 문제제기도 하지 않고 복사하기를 실행하고 있다. 가짜 뉴스를 유통하고 소비하는 과정에서 사람들은 삶의 도를 잃어버리고, '화', '분노', '좌절', '실망' 등으로 삶을 얼룩지게 만든다. 심지어 가짜 뉴스라는 의심이 들어도 자기가 믿고 싶은 대로 믿고, 자기가 전파하고 싶은 대로 사람들에게 전달해 버린다.

이런 가짜 뉴스를 만들고 퍼 나르기를 하는 사람들은 가짜 뉴스로 인한 피해자가 발생하고 사람들이 불행해지는 것에 대해서는 무감각해져 버린다. 이들이 가지고 있는 폭력성과 폐해에도 불구하고 사람들이 가짜 뉴스에 반응하고 경계심 없이 공유하기 때문에 나날이 양상은 심각해진다. 얄팍한 지혜로 무장하고 자기가 옳다고 생각하는 것만 믿는 것만큼 삶을 파괴하는 것도 없을 것이다. 장자가 경고한 것도 바로 이것이다.

우리는 모두 스스로에게 질문해 봐야 할 것이다. 나는 어떤 삶을 살고 있나? 얄팍한 지혜를 쌓는 일에 힘을 쏟고 있지는 않은가? 도를 좋아하는 삶을 살고 있는가?

절성기지(絶聖棄知)의 교육

 그러니 세상 사람들은 모두 스스로 알지 못하는 점을 추구하는 일은
알고 있지만, 이미 알고 있는 점을 더욱 추구하려고는 하지 않는다.
故天下皆知求其所 不知而莫知求其所已知者

장자가 말하는 세상 사람들이 '이미 알고 있는 점'은 무엇일까? 그
것은 이미 가지고 있는 밝은 귀[聰]요, 이미 가지고 있는 밝은 눈[明]
이다. 육률(六律)과 같은 가락을 버리고 피리나 거문고와 같은 악기를
태워 없애며, 진나라의 악사인 사광(師曠)의 귀를 막아 버리면 비로소
세상 사람들은 본래의 듣는 귀를 회복하게 된다. 화려한 무늬를 없애
고 천리안을 가졌다고 하는 이주(離朱)의 눈을 갖풀로 붙여 버리면 비
로소 세상 사람들은 본래의 보는 눈을 회복하게 된다. 컴퍼스와 곱자
를 버리며, 요나라 때의 명공으로 소문난 공수(工倕)의 손가락을 분지
르면 비로소 세상 사람들은 본래 자기의 재주를 되찾을 수 있다.

향엄지한(香嚴智閑)은 위산영우(潙山靈祐)의 법을 이은 제자이다. 하루
는 위산이 향엄에게 물었다. "그대는 백장화상의 처소에 살면서, 하나
를 물으면 열을 대답하고 열을 물으면 백을 대답했다고 하던데 이는
그대가 총명하고 영리하여 이해력이 뛰어났기 때문인 줄 안다. 그러나
바로 이것이 생사(生死)의 근본이다. 부모가 낳기 전 그대의 본래면목

은 무엇인가?"

천하의 대강백 출신인 향엄은 이 질문에 그만 말문이 탁 막혀 버렸다. 방으로 되돌아와 평소에 보았던 모든 책을 뒤져 가며 적절한 대답을 찾으려고 애를 써 보았으나 끝내는 찾지 못했다. 그런 뒤로 향엄은 여러 번 위산에게 그 답을 가르쳐 주기를 청하였으나 그럴 때마다 위산은 내가 말하는 것은 나의 견해일 뿐이니 그대의 안목에 도움이 되지 않는다고 말했다.

그 후 향엄은 평소에 보던 책들을 모두 태워 버리면서 다짐하였다. "금생에는 더 이상 불법을 배우지 않고 이제부터는 그저 멀리 떠돌아다니면서 얻어먹는 밥중 노릇이나 하면서 지내리라." 향엄은 눈물을 흘리며 위산을 하직하고 곧바로 남양혜충(南陽慧忠)의 탑을 참배하고 그곳에서 머무르게 되었다. 하루는 마당을 청소하다가 우연히 기왓장 한 조각이 빗자루에 날려 대나무에 '딱' 부딪치는 소리를 듣고는 활연대오(豁然大悟)하게 되었다. 향엄은 거처로 돌아와 목욕재계하고 위산을 향해 절을 올리며 말하였다. "화상의 큰 자비를 입은 은혜는 부모를 넘어서니, 그때 만약 저를 위해 말로 설명해 주셨더라면 어찌 오늘의 깨침이 있었겠습니까?"

우리는 누가 무엇을 물어보면 인터넷을 뒤지면 금방 알 수 있는 말만 한다. 네 생각을 말해 보라고 하면 주저하며 말하지 못한다. 견문각지(見聞覺知)만 있을 뿐 진정으로 스스로 아는 것이 없기 때문이다. 스스로 아는 것이 바로 장자가 말하는 이미 알고 있는 것이다. 엄밀하게 말하면 그것은 아는 것이 아니고 통하거나 체험해야 하는 것이다. 그것은 말로 알거나 전해질 수 있는 것이 아니기 때문이다. 그것은 모양이나 색깔을 보는 것, 소리로 듣는 것이 아니다. 모양이나 색깔을 보고 소리를 듣는 그 자리를 체험하는 것이다.

우리 마음은 그것을 알 수 없다. 마음이 알 수 있다고 하면 아는 마음과 알려지는 마음이라고 하는 두 가지의 마음이 생기기 때문이다. 늘 사용하고 오며 가며 보기는 했는데 우리는 그것을 알지 못한다. 그것을 알려고 하는 순간 생각이 끼어들기 때문이다. 생각이 끼어들면 곧 분별이 일어나고 그것과는 멀어진다. 알아야 하겠다는 생각이 있는 한 그것을 체험하기는 어렵다.

모양이 있는 것으로는 그것을 체험할 수 없다. 모양 없는 것이 드러나야 한다. 진리는 모양이 없기 때문에 우리를 자유롭게 할 수 있는 것이다. 자기 가슴에서 흘러나와 온 우주를 덮어야 한다. 이 자리에서 모든 것이 일어나고 있다. 생생하게 일어나고 끊임없이 변화하고 있다. 그것에 이름을 붙이고 생각을 통해 고정시키려고 하기 때문에 우리는 그것에서 벗어나는 것이다. 분리감이 없을 때 모든 것이 저절로 드러난다.

'이것뿐이다'라는 것도 하나의 망상이다. 한 생각을 일으켰기 때문이다. 한 생각을 일으켜 말한 '이것뿐'과 한 생각을 일으키기 전의 '이것뿐'은 천지차이다. 지금 이 자리를 체험하려면 추구하려는 익숙한 마음에서 벗어나야 한다. 진리를 추구하려는 마음이 진리의 가장 큰 걸림돌이기 때문이다.

근본으로 돌아가라

천하의 사람들이 본래의 밝은 눈을 간직하게 되면 세상은 흐트러지지 않고, 천하의 사람들이 본래의 밝은 귀를 간직하면 세상에 얽매이지 않을 것이며, 천하의 사람들이 본래의 지혜를 간직하게 되면 세상은 혼란해지지 않는다. 그리고 천하의 사람들이 본래의 덕을 간직하게 되면 세상은 한쪽으로 치우치지 않는다.

彼人含其明 則天下不鑠矣 人含其聰 則天下不累矣 人含其知 則天下不惑矣 人含其德 則天下不僻矣

『노자』 80장에서 말했다. "백성을 문자가 만들어지기 이전의 시대로 되돌려야 한다. 그러면 거친 음식도 달게 여기고, 해진 의복도 아름답게 여기며, 누추한 거처도 편안하게 여기고, 질박한 풍속도 즐겁게 여긴다." 춘추시대의 대혼란 속에서 노자는 문명을 저주하며, 문명 이전의 시대로 회귀하고자 하였다. 철기를 생산하게 되어 농사가 손쉬워지고, 배와 수레를 만들어 멀리까지 이동할 수 있게 되었으면 세상 사람들의 삶은 더 편안하고 행복해야 한다. 그러나 현실은 어떠한가? 더 넓은 세상을 알고, 더 좋은 수레를 가질수록 사람들은 더 많은 것을 가지기 위해 더 다투고 더 척박해졌다. 지혜가 생겨나고 기술이 나아질수록 삶은 풍요로워진 것이 아니라 오히려 각박해진 것이다.

그러나 단순히 철기를 만드는 기술이 문제였을까? 배와 수레를 만드는 지혜가 문제였을까? 노자는 또 말한다. "너의 어진 것을 숭상하지 않으면 백성이 다투지 않고, 얻기 어려운 재화를 귀하게 여기지 않으면 백성이 도둑질을 하지 않으며, 욕심낼 만한 것을 드러내 보이지 않으면 백성들의 마음은 어지럽지 않다." 백성들이 서로 다투고, 남의 물건을 탐하며, 항상 마음이 평화롭지 못한 것은 그 지혜와 기술이 인간의 욕망을 자극했기 때문이다. 아니, 그 욕망을 이용하여 남을 지배하고자 하였고, 마침내는 스스로 욕망의 노예가 되어야 했던, 그 '욕망'이 문제였던 것이다.

노자는 백성의 마음을 비우게 하는 대신에 배를 채우고, 뜻을 약하게 하는 대신에 뼈를 튼튼히 하라고 했다. 굶주린 배를 채우려는 욕망은 인간을 지혜롭게 했지만, 배를 채우는 데 만족하지 못한 욕망은 다시 인간을 굶주림으로 내몰고 있다. 더 많이 가지려는 욕망이 가질 필요가 없는 것조차 탐하게 하여 마침내 모두를 굶주리게 한 것이다.

그러므로 장자는 말한다. 본래의 밝은 눈과 귀를 간직하고, 본래부터 가지고 있던 덕을 되찾으라고. 무엇이 천하 사람들의 눈과 귀를 어지럽혔는가? 역시 욕망이다. 무엇이 천하의 사람들이 본래 간직하고 있던 덕을 잃어버리게 하였는가? 그 역시 욕망이다. 그러나 물고기는 연못을 벗어나 살 수는 없다. 세상이 아무리 욕망으로 가득 차 모두를 지옥 속으로 빠뜨린다 하더라도 사람은 이 세상에서 살아가야 한다. 그러니 무엇보다 먼저 나라의 이로운 물건들을 사람들에게 보여 주지 말라. 뛰어난 지혜든, 훌륭한 인격이든, 남이 갖지 못할 기술이든, 그것이 무엇이든 사람들이 탐낼 만한 것은 무조건 감추어야 한다.

그러면 사람들은 본래의 밝은 눈과 귀를 회복하고, 자신이 본래 가지고 있던 덕을 잃지 않고 살아갈 수 있다.

그러나 오늘날 세상은 어떠한가? 나라를 다스리는 무리들은 서로 지혜를 다투고, 공명을 세우고자 하며, 사람들의 욕망을 이루어 주겠다고 약속한다. 욕망을 부추기고 자극하는 세상이 어떻게 평안할 수 있겠는가?

第十一 在宥

무위지치의 꿈

천하를 있는 그대로 방임해 둔다는 말은 들었지만 천하를 다스린다는
말은 듣지 못했다.
聞在宥天下 不聞治天下也

'무위지치(無爲之治)의 꿈', 이것은 모든 도가 사상가들의 공통된 꿈
이었을 것이다. 그러나 또한 이것은 한 번도 온전히 역사 속에서 구현
되지 못했던 꿈이었다. 왜 그랬을까? 두 가지 구조적인 제약 요인이
있었다.

한 가지는 생산력의 문제이다. 현대 이전에 인류의 잉여생산은 극
히 제한적이었다. 그래서 대부분의 사회 구성원은 생산노동에 전력을
기울여야 했다. 소수의 지배계급만이 노동으로부터 면제된 삶을 향유
할 수 있었다. 따라서 동서양의 모든 전현대 사회는 지배계급과 피지

배계급의 구조를 갖고 있었다. 지배계급과 피지배계급의 구조를 가진 채로 무위지치를 실현한다는 것은 근원적으로 불가능한 일이다.

산업사회에 진입하면서, 생산력은 비약적으로 증대했다. 그러나 인간의 욕망도 폭발했다. 폭발한 욕망을 충족시키기에 증대된 생산력은 턱없이 부족했다. 그래서 다시 자본가와 프롤레타리아라고 하는 지배와 피지배의 구조가 출현했다.

다른 한 가지는 현상적인 인간의 문제이다. 전현대 사회는 집단 에고가 지배하는 사회였고, 현대 사회는 개별 에고가 지배하는 사회다. 집단 에고는 가족, 지역, 인종, 종교, 국가 등 자신의 소속집단의 이익과 번영만을 추구한다. 개별 에고는 자신의 이익과 번영만을 추구한다. 집단 에고이건 개별 에고이건, 이런 추구가 방임되었을 때 사회 무질서가 발생한다. 그러므로 이런 추구에 대한 통제가 필요하고, 이런 상황에서 무위지치는 불가능하다.

그렇다면 무위지치가 실현되기 위해서는 어떤 조건이 충족되어야 할까? 위의 두 가지 요인들이 해소되어야 한다. 위의 두 가지 제약 조건은 해소될 수 있을까? 해소될 수 있다.

먼저 생산력의 측면에서는 이미 커다란 변화가 일어나고 있다. 제러미 리프킨은 『한계비용 제로 사회』에서 결국 모든 재화와 용역의 생산비가 영에 수렴하게 될 것임을 주창했다. 그리고 일어날 수 없을 것 같은 이 변화는 이미 가시권에 들어와 있다. 인공지능이 도입되면서 생산단가는 가파르게 낮아지고 있으며, 3D 프린터는 향후 모든 생산을 주도할 것이다. 2040년 전후가 될 것으로 보이는 특이점(singularity)에 도달하면, 기술폭발이 일어나고, 모든 불가능이 사라지고, 희소자원 역시 사라지게 된다. 인류는 더 이상 재화와 용역을 추구할 필요가 없는 시대에 진입하게 되며, 결국 생산력의 한계라는 구조적인 제약 조건은 완전히 해소되게 된다.

다른 한 가지 제약 조건인 인간 존재 차원의 변화가 가능할까? 가능하고 가능해야만 한다. 만일 인류가 존재 차원에서의 변화를 이루지 못한다면, 현대인이 갖고 있는 지배욕, 권력욕, 공격욕, 경쟁심과 같은 것을 그대로 갖고 미래로 나아가는 것은 불가능하기 때문이다. 인류는 문명의 대파국이냐, 놀라운 비약이냐 하는 갈림길에 서 있다. 그리고 인류와 지구의 운명을 결정할 요인은 인류가 존재 차원에서의 변화를 이루느냐 못 이루느냐에 달려 있다. 모든 역량을 동원해서 인류는 이 과제를 달성해야만 한다.

이 두 가지 제약 요인이 사라지면 어떤 일이 일어날까? 인류는 '무위지치'가 행해지는 탈현대 사회에 진입하게 될 것이다.

편안한 삶

세속 사람들은 누구나 다 남이 자기에게 동조함을 기뻐하고 남이 자기에게 반대함을 미워한다. 자기에게 동조하면 그것을 바라고 자기에게 반대하면 그것을 싫어한다 함은 일반 사람보다 앞서려는 마음이 있기 때문이다. 대저 일반 사람보다 앞서려는 마음을 지닌 자가 어찌 일반 사람을 앞서게 되겠는가, 일반 사람과 함께 따르므로 편안한 것이다.

世俗之人 皆喜人之同乎己 而惡人之異於己也 同於己而欲之 異於己而不欲者 以出乎衆爲心也 夫以出乎衆爲心者 曷常出乎衆哉 因衆以寧

　사람들은 남이 자기에게 동조하면 기뻐하고 반대하면 미워한다. 동조하고 반대하는 것이 무엇이며, 그 이유가 무엇인가보다는 동조하느냐 반대하느냐 자체에만 관심을 가진다. 장자는 사람들이 자기에게 동조하기를 바라는 이유는 다른 사람보다 앞서려는 마음이 있기 때문이라고 한다. 그런 마음이 있는 한 다른 사람을 앞설 수 없다는 냉정한 조언을 하고 있다.

　장자의 말을 특별히 준거로 삼지 않더라도 세속적인 삶에서 사람들은 자기가 옳다고 생각하는 것에 동조하는 사람을 좋아하고, 사람들이 좋다고 하는 것을 따르면서 편안함을 느낀다. 동조하는 무리에 속할 때, 편안하게 느끼는 것이 이해가 되기도 한다. 그러나 편안한 삶을 위해서 사람들을 따르는 선택이 진정한 편안함을 주지 않을 때가 더 많다. 사람들은 자기 길을 가거나 자기 소리를 내는 것을 힘들어한다. 무엇이 옳은가보다는 다른 사람들이 무엇을 원하는가에 관심을 기울인다. 무엇을 선택할 때, 자신이 원하는가보다는 요즘 사람들이 원하는 것인지를 먼저 따지기도 한다.

최근 한국 사회 상위 0.1%의 사교육 전쟁을 주제로 한 〈스카이 캐슬〉이 이슈가 되었다. 명문대에 자녀를 입학시키기 위한 사교육에 열을 쏟는 부모들 사이에서 진진희는 아들을 사교육으로 내몰기에는 너무 가혹해서 마음 아파한다. 하지만 그 무리를 따르면서 편안한 삶을 선택하려고 한다. 그러나 학구열도 없고 의욕도 없는 아들과의 일상이 편안하지만은 않다. 아들이 원하는 삶에 대해서는 관심을 기울이지 않고 남들이 목표로 하니까 명문대로 아들을 몰아가기 때문에 삶이 결코 편안할 수는 없다.

모든 사람들이 다 원하는 것이라고 해서 거기에 도달하기 위한 삶을 사는 것이 진정으로 편안한 삶이 될 수 없기 때문이다. 스스로 원하는 삶이 아니므로 불편하고 불만이 생기기 십상이다. 또한 많은 사람들이 원하는 것을 자신도 가지고자 하면, 언제나 치열한 경쟁에 노출되고 그것을 얻기 위해서는 자기 삶의 소중한 것을 포기해야 하는 경우가 허다하다. 사실 쟁취한다고 해서 그것이 자신에게 진정한 삶의 행복을 주는 것이 아닐 수도 있음에도 불구하고 그런 선택을 한다.

진정으로 편안한 삶은 세속 사람들과 동조하면서 얻을 수 있는 것이 아니라, 세속 사람들의 삶과 자신을 비교하지 않음으로써 얻을 수 있다. 나는 나대로 살고 사람들은 사람들대로 자기 삶을 묵묵히 사는 것을 인정하는 것이다. 내 삶을 있는 그대로 수용하고 내 삶 속에서 행복을 발견하고 느끼며 감사하는 것이다. 내 삶을 세속 사람들과 비교하여 인위적으로 어떻게 바꾸려고 하는 생각을 멈추고, 자연 그대로의 내 삶에서 의미를 발견하는 그곳에 진정으로 편안한 삶이 있다.

대인(大人)의 가르침

뛰어난 인물의 가르침은 그림자가 형체를 따르고 메아리가 소리를 따르는 것과 같다. 물으면 대답하여 품은 생각을 죄다 내놓고 온 세상 사람과 상대한다. 가만히 있을 때는 소리 하나 없고 움직이면 어디로든 가며 어지럽게 우왕좌왕하는 속인들을 이끌고 끝없는 경지에서 노닐며 어디에도 기대는 데 없이 자유로이 오가고 해와 함께 영원하다. 모습과 형체까지도 커다란 하나의 세계에 융합되었고 그렇게 하나가 되었으므로 자기라는 것이 없다. 자기가 없는데 사물이 있겠는가!

大人之敎 若形之於影 聲之於響 有問而應之 盡其所懷 爲天下配 處乎 无響 行乎无方 挈汝適復之撓撓 以遊无端 出入无旁 與日无始 頌論形 軀 合乎大同 大同而无己 無己 惡乎得有有!

그림자가 형체를 따르고 메아리가 소리를 따른다는 것은 곧 공명하는 것이다. 뛰어난 제자는 스승의 피리와 같다. 스승 역시 이미 온 생명의 피리와 같음을 알기 때문이다. 훌륭한 스승은 강의 준비를 하지 않는다. 다만 제자들의 질문에 즉각적으로 반응할 뿐이다. 또한 어떤 질문도 또 누구의 질문도 무시하지 않는다. 그 질문의 말에 답해 주는 것이 아니라 그 질문이 나온 마음에 답해 주는 것이기 때문이다. 그렇기 때문에 스승의 말에만 의존하는 제자들은 자주 혼란에 빠질 수도 있다.

　대매화상은 마조의 제자다. 그는 마조가 수행승들을 지도하고 있다는 소문을 듣고 그를 찾아가 물었다. '부처란 무엇입니까?' 마조가 말했다. '자네의 마음이 바로 그것이다.' 대매가 다시 물었다. '그것은 어떻게 체득합니까?' 마조가 답했다. '빈틈없이 지켜 나가야 한다.' 대매가 다시 물었다. '법이란 무엇입니까?' 마조가 답했다. '자네의 마음이 또한 그것이다.' 대매가 다시 물었다. '달마의 의도는 무엇이었습니까?' 마조가 답했다. '자네의 마음이 바로 그것이다.' 대매가 마지막으로 물었다. '그럼 달마에게는 아무런 의도도 없었다는 말입니까?' 마조가 대답했다. '부족한 것 아무것도 없는 그 마음을 간파하라.' 마조의 이 말에 대매는 비로소 큰 깨달음을 얻었다. 그는 곧 석장을 짚고 구름이 걸려 있는 대매산 깊이 들어가 두 번 다시 세상에 나오지 않았다.

　뒤에 염관화상이 법문을 열었는데 그 회중 가운데 한 스님이 주장자로 쓸 나무를 찾으려고 산에 올랐다가 대매화상을 만났다. 그 스님이 대매에게 마조대사 밑에서 무엇을 배웠냐고 묻자 대매는 "마음이 곧 부처[即心即佛]"라고 대답하였다. 이 이야기를 듣고 염관화상은 몇 사람의 스님을 불러 대매산에 들어가 그를 만나게 되면 "마조스님은 요즘 마음도 아니고 부처도 아니다[非心非佛]"라고 말씀하신다고 말해 줄 것을 부탁하였다. 이윽고 그들은 대매를 찾아 염관이 일러 준 대로 그에게 말했다. 그러자 대매가 말했다. '마조가 설령 비심비불이라 해도 나는 즉심즉불일 뿐이다.' 이야기를 전해 들은 염관은 감탄하며 말했다. '서산의 매실은 잘 익었군. 여러분은 이제 그리로 가서 마음대로 따먹는 것이 좋겠다.' 이렇게 하여 2~3년도 안 되는 사이에 대중이 수백 명에 이르렀다.

한편 법안(法眼)화상 문하에 깨달음에 대해 한 번도 묻지 않는 스님이 있었다. 화상이 한 번도 법문을 청하지 않은 현칙(玄則)에게 물었다. '나에게 묻지 않는 이유라도 있는 것이냐?' 현칙이 대답했다. '전 이미 청림화상 문하에서 한 소식 했습니다.' '그래 어디 설명해 보아라. 잘못 알았을까 두렵구나.' '제가 청림화상께 무엇이 부처입니까'라고 물었을 때 '병정동자 래구화(丙丁童子 來求火)'라 하셨습니다. '그래 설명해 보아라.' '병정(丙丁)은 불이니 불이 불을 구한다는 말입니다. 부처가 부처를 구한다는 뜻이 아니겠습니까?' 법안이 말했다. '과연 너는 잘못 알았다.' 현칙은 수긍하지 않고 일어나 나갔다. 그런데 생각할수록 개운하지 않았다. 궁금증을 참을 수 없어 다시 돌아와 화상에게 물었다. '무엇이 부처입니까?' 법안이 답했다. '병정동자래구화.' 이 말에 현칙은 크게 깨달았다.

두 가지 일화에서 엿볼 수 있듯이 스승은 자유자재로 제자를 농락한다. 이것은 스승이 어디에도 고정되어 있지 않기 때문이다. 스승은 '나'라고 주장할 만한 것이 없다. '나'가 없기에 당연히 나와 분리된 세상도 존재하지 않는다. '마음이 곧 부처'라는 말과 '마음도 아니고 부처도 아니다'라는 말은 모두 뗏목일 뿐이다. '부처가 부처를 찾는구나'라는 말이나 '말을 타고 말을 찾는구나'라는 말 역시 방편일 뿐이다. 몽지는 방편은 퐁퐁과 같다고 하였다. 그릇을 씻고 나면 퐁퐁 역시 씻어 내야 하기 때문이다.

자본이 지배하는 세상

천하를 있는 그대로 놓아둔다는 말은 들었지만 천하를 다스린다는 말은 듣지 못했다. 천하를 있는 그대로 두는 것은 천하 사람이 그 본성을 망치지 않을까 염려해서이고, 또 놓아두는 것은 천하 사람들이 그 덕을 바꿀까 염려해서이다.

聞在宥天下 不聞治天下也 在之也者 恐天下之淫其性也 宥之也者 恐天下之遷其德也

유학이 동아시아 세계에서 주류를 형성하게 된 것은 한나라, 더 구체적으로 말하면 무제(武帝)가 동중서를 발탁하고 유교를 국교화하면서부터이다. 그때까지 한나라를 지배했던 사상은 황제와 노자, 즉 황로사상이었다. 진나라의 가혹한 법치로 피폐해진 민심을 다독이기 위해서는 무위를 표방하며 국가 권력의 간섭을 최소화할 필요가 있었던 것이다. 그러나 무제 때에 이르면 나라의 체제가 정비되는 한편, 북방의 흉노족과 지방 제후들의 세력이 강성해져 이를 저지할 수 있는 강력한 왕권이 요구되었다. 무제가 천인감응설(天人感應說)을 바탕으로 유교형이상학을 완성하고, 이를 기반으로 견고한 중앙집권적 통치체제를 구축하려 한 동중서를 발탁한 이유였다. 한나라 초기를 지배했던 무위의 통치는 법치에 대항하며 민심을 회복할 수는 있었지만, 내

우외환의 국가적 위기 앞에서는 무력할 수밖에 없었던 것이다.

장자는 말한다. "요임금이 선정을 펼쳐 백성을 기쁘게 하고 자연스러운 본성을 즐기게 하였지만 편안하지 못했고, 걸임금이 폭정으로 백성들을 지치게 하고 자연스러운 본성을 고통스럽게 했지만 역시 즐겁지 않았다." 그에게는 선정이든 폭정이든 백성들을 편안하게 할 수도 즐겁게 할 수도 없다는 점에서는 마찬가지였다. 그러나 왜 그 본성을 즐기게 하는 것이 오히려 백성을 편안하게 하지 못하는 일인가? 장자에게는 즐거움 또한 치우친 것에 불과하며, 치우친 것이 오래되면 저절로 조화가 이지러지기 때문이었다. 하지만 내버려 두기만 하면 백성들은 즐겁지도 고통스럽지도 않은, 말 그대로 조화 속에 살 수 있다는 것일까?

요임금은 혹부리처녀를 아내로 맞이하여 궁궐의 사치를 막았고, 우임금은 지진으로 범람한 황하를 다스리기 위해 13년간 집으로 돌아가지 못한 채 손발이 갈라지도록 일했다. 요임금인들 일신의 안락이 싫었겠는가? 우임금인들 갓 태어난 아들이 보고 싶지 않았을 것이며 손발이 갈라지도록 일하고 싶었겠는가? 그들이 자신의 본성을 억눌렀던 것은 백성들이 그 본성을 즐길 수 있도록 하기 위함이니, 그들의 선정이 없었다면 백성들 또한 편안하지 못했을 것이다. 만약 백성이 편안하지 못했다면 그 또한 본성이 괴로움으로 치우치는 결과가 되지 않았겠는가?

노자는 "나라를 다스릴 때는 생선을 요리하는 것과 같이 하라"고 하였다. 그 말은 지나친 통제로 그 본성을 훼손하지 말라는 뜻이었으니, 본래 통제라는 것은 지배자의 이익을 위한 것이기 때문이다. 그러나 그렇다고 그것이 어떻게 다스림이 없어야 한다는 뜻이겠는가?

지금 세상을 지배하는 것은 자본이다. 그것이 가진 권력은 왕보다 크고 강하며 지역을 넘어서고 시간을 넘어선다. 이제 세상은 내버려 둘수록 자본을 가진 자에게 유리하니 약자에게는 더 없이 가혹하며, 사람들은 경쟁에서 살아남기 위해 지옥문인 줄 알면서도 그 문을 열 수밖에 없다. 눈을 뜨면 TV에서 흘러나오는 광고들. 더 좋은 집과 더 좋은 차와 더 좋은 음식…, 그리고 다이어트. 자본이 지배하는 세상은 인간들의 욕망을 지배하는 세상이며, 욕망의 지배를 받도록 '통제'하는 세상이다.

　이제 이 세상이 바라는 통치자는 그 욕망의 통제에 맞설 자이며, 그 욕망의 사슬에서 벗어나 본래의 자연스러운 덕을 보존할 수 있게 하는 통치자이다. 그는 아무것도 하지 않는 자가 아니라 요임금이나 우임금보다 더 큰 것을 할 수 있는 통치자여야 한다.

第十二 天地

부동동지(不同同之)의 사회

 서로 같지 않은 채 그대로 같게 만들면 대(大)라고 한다.

不同同之之謂大

　세 가지 유형의 부부가 있다. '동형(同型) 부부', '부동형(不同型) 부부', '부동동지형(不同同之型) 부부'. 어떤 유형의 부부가 가장 이상적일까? '부동동지형 부부'이다.

　'동형 부부'는 서로의 차이를 존중하지 않는다. 힘이 센 쪽이 힘이 약한 쪽을 핍박해서, 자신과의 동화(同化)를 강요한다. 자신이 좋아하는 음식, 드라마, 취미생활 등을 상대편도 좋아할 것을 요구한다. 동화의 강요는 억압을 수반한다. '동형' 부부생활에서는 사랑이 자랄 수 없다.

　'부동형 부부'는 서로 다름만 있고 같음은 없다. 각자 뿔뿔이 자신의 삶을 살아갈 뿐 함께함이 없다. 서로의 다름은 빈번히 부부간 갈등을 유발시킨다. 모래알과 같은 부부생활이다. '부동형' 부부생활에서도 사랑은 자라지 못한다.

'부동동지형 부부'는 서로 같지 않은 채 그대로 하나가 된다. 부부는 서로의 다름을 존중한다. 상대편을 자유롭게 한다. 상대편이 좋아하는 것을 좋아하려고 노력한다. '부동동지형' 부부생활에서는 사랑이 자란다.

태극기의 태극문양을 보면, 음과 양은 서로 같지 않은 채[不同]로 존재한다. 그러나 음과 양은 서로 분리되어 있지 않다. 서로 다른 채로 음 속에는 양이, 양 속에는 음이 내포되어 있고, 둘이 어울려 태극이라는 하나 됨을 이룬다.

자유와 평등은 현대사상의 중심이다. 자유는 부부 유형으로 보자면 '부동형 부부'에 가깝다. 서로 다름이 있지만 같음은 없다. 평등은 부부 유형으로 보자면 '동형 부부'에 가깝다. 서로 같음은 있지만 다름에 대한 존중은 없다. 그래서 자유와 평등은 역사적으로 조화를 이루기 힘들었다. 자유를 강조하면 평등이 훼손되기 십상이고, 반대로 평등을 강조하면 자유가 훼손되는 경우가 많았다.

태극도에 잘 형상화되어 있는 음양사상은 탈현대사상이다. 이것을 부부 유형으로 보면 '부동동지형 부부'라 하겠다. 평등[同]은 자유[不同]를 침해하지 않고, 자유는 평등을 침해하지 않는다. 부동인 그대로 동이 이루어져 있는 사회, 그곳이 바로 탈현대 사회이다.

『장자』「제물론(齊物論)」을 중심으로 하는 절대평등 사상과, 「소요유(逍遙遊)」를 중심으로 하는 대자유 사상은 결코 서로 충돌하지 않는다. 서로 같지 않은[不同] 그대로 하나[同]가 되기 때문이다. 탈현대 사회는 바로 '이즉동(異卽同)'의 바탕 위에 구축된 사회인 것이다.

'부동동지'는 부부관계나 친구관계와 같은 작은 사회가 작동하는 원리이기도 하고, 전 지구적인 차원에서 이질적인 인종, 민족, 종교, 문화, 언어 등이 서로 조화롭게 공존하는 원리이기도 하다. 수많은 다른 것들[不同]이 서로 조화[同]를 이루어 가는 사회, 이것이 바로 인류가 갖고 있는 탈현대의 꿈이다. 그리고 장자의 '부동동지' 사상은 이 꿈을 현실로 만들어 가는 데 있어서 중요한 사상적인 기반이 될 것이다.

자연스러운 삶

태고의 세상에 군림한 사람은 인위가 없고 자연 그대로의 덕을 따를
뿐이었다. … 도에 의거하여 널리 살펴보면 만물은 모두 반응을 보인다.
玄古之君天下 无爲也 天德而已矣 … 以道汎觀 而萬物之應備

　장자는 세상을 다스리는 일이나 자신의 몸을 다스리는 일은 모두
자연을 따라야 한다고 말한다. 장자가 이런 삶의 진리를 주장한 이유
는 많은 사람들이 세상을 다스리는 일이나 자신의 몸을 다스리는 일
에 자연의 덕(德)을 따르지 않기 때문이다. 사람들은 세상과 자신의
몸을 다스릴 때, 인위(人爲)적으로 무엇인가를 하여 원하는 방향으로
변화를 추구하려고 하는 경향이 있다.

　그래서 사람들은 세상을 다스린다는 것을 어떤 규칙이나 제도를
정립하여 다른 사람들의 삶을 규제하고 통제하면서 다스리기 쉬운 쪽
으로 만들어 가는 것으로 여긴다. 그런 세상에서 사람들이 행복한지,
인간다운 삶을 사는지, 존중받는지 등에 대해서 관심을 가지기보다
는 세상이 효율적으로 운영되는지, 다스리는 자의 권력이 잘 유지될
수 있는지에 더 주목한다.

　이러한 방법으로 세상을 다스리는 것은 자연의 덕을 따르지 않는
것이다. 세상을 다스리는 일에 있어서 자연스러운 덕이란 무엇일까?

그것은 구성원들의 몸과 마음을 편안히 할 수 있도록 돕는 일이다. 이러한 자연의 덕을 따르면 자신이 원하든 원하지 않든 세상에 군림할 수 있게 되는 것이다. 세상에 군림하기 위해서 인위적으로 무엇인가를 하여 세상을 다스리려고 해서는 진정으로 군림할 수 없다.

자신의 몸을 다스리는 도(道)도 마찬가지다. 몸을 가장 잘 다스리는 방법은 자연의 덕을 잘 따르는 것이다. 해가 지면 자고 해가 뜨면 일어나고, 해가 일찍 뜨는 여름에는 일찍 일어나고 해가 늦게 뜨는 겨울에는 늦게 일어나며, 마음을 지나치게 많이 써서 몸을 상하게 하지 않고, 입에 달고 자극적인 음식에 집착하지 말며, 자신의 몸이라고 마음대로 하려고 욕심내지 않아야 한다.

그러나 현대인이 가장 못하는 것이 자연의 덕을 따르는 것이 아닐까? 현대인들은 모든 것을 인위적으로 어떻게 하려는 성향이 강하다. 낡은 것을 새것으로 바꾸려 하고, 늙지 않으려고 온갖 노력을 기울인다. 자신의 몸은 이미 늙었음에도 불구하고 겉모습이라도 늙어 보이지 않으려고 최선의 노력을 다한다. 사람이라면 나이 들고 늙는 것이 당연하지만, 그러한 자연스러움을 온몸으로 저항하는 삶을 산다.

현대인들은 눈에 보이는 삶의 순간순간에만 집착하여 자연의 덕을 무시하고 거스르면서 힘겹게 살아간다. 늙을 수밖에 없는데 늙지 않으려 하면서 삶의 에너지를 허비한다. 때로는 늙은 자신을 인정하지 않아서 몸을 망치기도 하고 인간으로서 성숙할 기회를 상실해 버리기도 한다.

자신의 몸을 돌보는 자연의 덕이란 늙어 감을 받아들이되 건강하게 늙어 갈 수 있도록 몸을 잘 돌보는 것이다. 늙지 않고 죽지 않으려고 애쓰는 것이 아니라 잘 늙고 잘 죽을 수 있도록 삶을 사랑하는 것이 자연스러운 삶이 아닐까? 그렇게 도를 따라 살다 보면, 세상과 만물이 모두 응하고 자연스럽게 완전해지는 것이다.

| 탈현대 교육 |

자연현상으로서의 도

문둥병에 걸린 사람이 한밤중에 자식을 낳으면 서둘러 등불을 들고 자식을 들여다본다. 허둥지둥 그저 그 자식이 자기와 같이 추하지 않나 두려워하기 때문이다.

厲之人夜半生其子 遽取火而視之 汲汲然唯恐其似己也

평소에는 그렇지 않다가 몸이 불편해지면 위에 인용한 문둥병에 걸린 사람처럼 분리감이 커진다. 상대방의 작은 농담에도 쉽게 화를 내고 무심코 지나가는 행동에도 쉽게 배신감을 느끼게 된다. 평소에는 '나'는 현상일 뿐이고 실체가 아니라는 생각을 분명하게 하면서도 병에 걸렸을 때는 타인과의 분리감을 쉽게 떨쳐 버리지 못하는 것이다.

그렇지만 분리감 역시 자연현상에 지나지 않는다. 마음속에 있던 불편함이 몸의 불편함으로 인하여 그 모습을 드러낸 것이다. 그 분리감이 그냥 알아지면 저절로 해소된다. 몸과 마음에서 일어나는 모든 현상은 자연현상과 같이 어떤 목적이나 의도를 갖는 것이 아니라 그냥 하나의 작용에 지나지 않기 때문이다. 마치 바람이 부는 것은 어디서 오는 것도 아니고 어디로 가는 것도 아닌 것과 같다. 기압 차에 따라 높은 곳에서 낮은 곳으로 흘러갈 뿐이다. 우리의 몸도 바람이 일어났다가 사라지는 것과 마찬가지로 자연현상에 지나지 않는다. 물이 수증기가 되어 보이지 않게 되었다고 해서 물이 사라지는 것이 아니듯이 죽음이란 보이지도 않고 느껴지지도 않는 방식으로 지금 여기 존재하는 것이다.

무엇을 하려고 하거나 하지 않으려고 하는 것이 곧 '함'이다. 이런 함이 없는 상태가 곧 수행이고 명상이다. 생각의 내용은 허깨비에 지나지 않으니 신경 쓸 대상이 아니다. 이 순간 찰나찰나 경험하는 것이 전부이다. 이 순간에 보이고 들리고 만져지고 생각되는 것을 그냥 알아차리는 것이 곧 명상이고 수행이다. 이처럼 동일시만 없으면 모두가 자연의 작용일 뿐이다.

당나라 말기에 약산유엄(藥山惟儼)이라는 선사가 있었다. 당시 낭주 자사인 이고(李翱)가 어느 날 선사를 찾아왔다. 이고는 당나라 때 산문의 대가이자 탁월한 시인이었던 한유의 조카사위이자 제자로, 훗날 유학의 심성론인 '복성서(復性書)'를 저술한 문장가였다. 선사의 명성을 듣고 약산을 방문한 이고가 도(道)에 관해 물었다. 이에 선사가 미소를 지으며 손으로 위를 한 번 가리켰다가 다시 아래를 한 번 가리키며 "이제 알겠소?" 하고 물었다. 이고가 그 의미를 모르겠다고 답하자, 선사가 대답하였다. "달은 푸른 하늘에 있고 물은 병 속에 있다."

도는 자연현상과 같이 진실한 있는 그대로의 평범한 모습에 지나지 않는다. 그럼에도 대중들은 특별한 경험이나 체험에서 도를 찾는다. 조주 스님이 어느 날 약산을 찾아가 물었다. "누가 불법의 큰 뜻을 물으면 어떻게 대답해야 합니까?" 약산이 대답하였다. "개아가리를 닥치라[合取狗口]고 말하라."

'개아가리를 닥치라'는 약산의 말은 의미가 깊다. 당시 중국에서는 개를 마을에 풀어놓고 키웠다. 개들은 이집 저집 다니며 밥을 얻어먹었다. '개아가리'가 뜻하는 것은 여기저기 법을 구하러 다니는 당시 수행자들을 가리킨다. 조주는 당시 수행자들의 현실을 다음과 같이 탄식했다.

꿈같고 허깨비 같은 허공 꽃을 헛되이 붙잡는구나. 마치 양처럼 무엇이든 닥치는 대로 입에 주워 넣어서 어쩌자는 것인가. 내가 약산(藥山) 스님을 뵈었을 때 스님에게 '어떤 사람이 와서 법을 물으면 어떻게 해야 하느냐'고 물었다. 약산 스님은 말씀하시기를, 어떤 사람이 법을 물어오면 다만 '개 아가리를 닥쳐라' 하는 말로 가르치라고 하였다. 그러니 나 역시 말하리라. 개 아가리를 닥치라고. '나'라고 여기면 더럽고, '나'라고 여기지 않으면 깨끗하다. 그렇게 사냥개처럼 얻어먹으려고만 해서야 불법을 어디서 찾겠느냐. 천 사람이고 만 사람이고 모조리 부처 찾는 놈들뿐이니, 도인은 한 명도 찾을 수 없구나.

미혹(迷惑)

참된 진리의 말이 세상에 나타나지 않는 것은 비속한 말이 성하기 때문이다. 두 갈래 길에서 망설임이 많아지면 목적지에 도달할 수 없다. 그런데 지금은 온 천하가 길을 잃고 있다. 자기에게 바라는 바가 있다 해도 어떻게 얻을 수 있겠는가! 얻을 수 없음을 알면서도 억지로 얻으려 한다면 그 또한 하나의 미혹이다.

至言不出 俗言勝也 以二垂踵惑 而所適不得矣 而今也以天下惑 予雖有
祈嚮其庸可得邪 知其不可得也而强之 又一惑也

첫 장에서 말했다. "군주는 덕에 기틀을 두고 자연[天] 속에서 완성된다." 그것은 "천지가 비록 광대하지만 거기서 일어나는 만물 생성의 변화는 균등하며, 만물이 비록 잡다하다고는 하나 그것이 다스려지는 것은 동일하기" 때문이다. 그러므로 군주는 "만물을 한곳에 함께 있는 것이라 생각하며, 삶과 죽음을 같은 모양이라 여겼다." 아직 도(道)를 잃지 않았던 시대, 군주가 도에 따르고 그 본래의 덕을 잃지 않는 것으로 천하는 다스려질 수 있었던 것이다.

그러나 오늘날의 세상은 어떠한가? 거짓된 말이 범람하여 무엇이 진실인지를 알 수 없으며, 한쪽이 옳다고 하면 다른 한쪽이 그르다고 하고, 한쪽이 그르다고 하면 다른 한쪽이 옳다고 하니, 어느 쪽을 선택해야 할지 알 수 없다. 이제 나라를 다스리는 자는 짐승으로 희화되어 개구리, 쥐, 닭을 넘어 재앙이라고 부르고, 그들을 희화하는 자들 또한 스스로를 개돼지라 부르며 자조하니, 세상에는 이미 제대로 된 '사람'이 없다.

그러나 이 또한 우리가 자초한 일. 경상도와 전라도를 나누고, 서울과 지방을 나누고, 좌와 우를 나누고, 남자와 여자를 나누고, 젊은이와 늙은이를 나누어 우리는 한곳에 살면서도 하나인 적이 없다. 이 갈라지고 미워하는 곳에 어떻게 도가 깃들 것이며, 군주가 자신의 본성을 믿고 덕을 펼칠 수 있겠는가?

장자는 말했다. "세 사람이 함께 길을 갈 때 한 사람만 길을 잃으면 가려고 하는 곳에 도달할 수 있을 것이니 길 잃은 사람이 적기 때문이다. 하지만 두 사람이 길을 잃으면 아무리 애를 써도 목적지에 도달할 수 없을 것이니 길 잃은 사람이 더 많기 때문이다. 그런데 지금은 온 천지가 미혹되어 있는지라 내 비록 바라는 것이 있더라도 얻을 수 없으니 또한 슬프지 아니한가." 세상에는 제대로 된 '사람'이 없고, 제대로 된 사람이 없으니 길을 아는 사람 또한 없다. 모두가 미혹되어 헤매고 있으니 무엇을 바란들 이룰 수 있겠는가?

노자는 "휘황하고 홀연한데 그 가운데 사물이 있고, 고요하고 어두운데 그 가운데 정묘함이 있다"라고 하였다. 모두가 미혹된 세상, 이 미혹에서 벗어나 길을 찾기 위해서는 어둡고 어두운 가운데서 사물을 보고, 고요한 정적 속에서 소리를 들으며, 캄캄한 어둠 속에서 빛을 찾듯이 번잡한 자신의 눈과 귀를 다스리지 않으면 안 된다. 이쪽의 말이라고 귀 기울이지 말고, 저쪽의 말이라고 배척하지 말며, 칭찬하는 말이나 비난하는 말에도 마음을 두지 않으면, 욕망이 일어나기 전의 고요함 속에서 내 본성의 빛과 소리가 들릴 것이니 그러면 이 어둡고 어두운 미혹에서 벗어날 수 있을 것이다.

지금처럼 자신들이 옳고 상대방이 틀렸다고 떠드는 때가 있었던가? 하나의 정책이 시행도 되기 전에 그 정책은 틀렸다고 하고, 전 정부의 정책이라면 무조건 부정하는 시대가 또 있었던가? 사람이 하는 일에는 옳은 것도 있고 그른 것도 있거늘, 하루아침에 옳은 일이 옳지 않은 일이 되니 어찌 사람들이 옳은 것을 옳다고 여길 수 있겠는가?

第十三 天道

| 탈현대 문명 |

천도가 행해지는 사회

대저 도란 아무리 큰 것에 대해서도 다하여 없어지는 일이 없고, 아무리 작은 것에 대해서도 버려두는 것이 없다.

夫道 於大不終 於小不遺

'무도(無道)한 삶과 사회', 이것이 현대적인 삶과 사회에 대한 단적인 평가이다. 왜냐하면 현대적인 삶과 사회는 에고의 바탕 위에 구성된 것이며, 에고는 도와 어긋난 것이기 때문이다. 그러므로 에고에 바탕을 둔 어떤 행위나 사회현상도 도와 합치할 수 없다.

현대 사회에서 지극히 정상적인 것으로 간주되는 삶과 사회 역시 동일한 평가를 벗어날 수 없다. 예를 들어, 회사생활과 회사의 존재 자체도 그러하다. 현대 사회에서 개인이 회사에 취직해서 월급을 받아 생활하는 것은 지극히 정상적인 일로 간주된다. 그러나 탈현대적인 관점에서 보면, 이것은 지극히 소외된 삶이다. '이익의 추구'가 삶의 중심을 차지하고 있기 때문이다. 도와 합치하는 삶에서 이익은 추구의 대상이 될 수 없다.

회사라는 현대 조직 역시 마찬가지다. 회사의 목적은 이윤을 남기는 것이다. 이윤을 극대화하기 위해서는 정리해고 같은 것을 마다하지 않는다. 정리해고의 대상이 되는 사람들이 얼마나 오랜 세월 회사와 관계를 맺어 왔고, 회사를 위해 헌신했는가 등은 관심의 대상이 아니다. 회사가 거래 대상을 대할 때도 오직 이윤의 극대화만이 적극적인 고려 대상이 된다. 인정이나 의리 같은 것은 부차적인 참고 사항일 뿐이다. 그러므로 회사라는 조직은 도와 어긋난 소외된 조직체이다.

종교사회학에는 '세속화'에 대한 논의가 있다. 이것은 현대 사회에 접어들어서 성(聖)의 영역에 속했던 것이 속(俗)의 영역으로 바뀌는 현상을 가리킨다. 회사인이나 회사와 같이 본래 이익 추구가 목적이 되는 경제적인 삶의 영역뿐만 아니라 교육 영역, 정치 영역, 의료 영역, 문화 영역, 심지어는 종교 영역에 이르기까지 경제적인 이익의 추구가 확산되어 가고 있다. 그 결과, 현대적인 삶과 사회 전체가 도와 어긋나게 되었으며, 소외되었다.

위의 세속화 과정을 현대화와 등치할 수 있다면, 탈현대화는 '성화(聖化) 과정'이라고 명명할 수 있겠다. '성화'란 원래 성(聖)의 영역이 아니었던 삶과 사회 영역까지도 점점 성스러운 것으로 바뀌어 가는 것을 의미한다. 예를 들어, 양치질이나 걷는 것, 숨 쉬는 것과 같은 일상적인 삶의 활동도 성스러운 것으로 바뀌어 간다. 정치나 교육, 문화와 같은 영역은 말할 것도 없고, 경제 영역에까지 성화가 진행된다. 이때, 경제 조직의 목표는 자신의 이익 추구가 아니라 인류를 비롯해서 모든 생명체에게 이익을 베푸는 것이 된다.

'성화'가 완성된 사회를 탈현대 사회라고 한다. 그래서 탈현대 사회에서는 개인의 행위와 같이 작은 곳에서부터 전 지구촌을 망라하는 큰 곳에 이르기까지 도가 미치지 않는 곳이 없게 된다. 바로 대도(大道)의 사회가 구현되는 것이다.

고요한 삶

성인의 고요함이란 고요함이 좋다고 해서 [일부러] 조용하게 하는 것이 아니다. 만물에 마음이 어지럽혀지지 않으므로 [저절로] 고요한 것이다.
聖人之靜也 非曰靜也善故靜也 萬物无足以鐃心者故靜也

장자는 하늘의 도(道)를 아는 사람의 삶은 어리숙하고 고요하다고 한다. 고요한 삶이란 어떤 삶을 말하는 것일까? 고요한 것이 좋다고 해서 인위적으로 조용한 삶을 추구하는 것일까? 장자는 단호히 말한다. 고요한 삶이란 일부러 조용하게 하는 것이 아니라고. 그렇다. 하늘의 도를 아는 사람은 조용하게 해서 고요한 삶을 사는 것이 아니라 만물에 마음이 어지럽혀지지 않기 때문에 고요한 삶을 살게 된다.

사람들은 흔히 고요한 삶이 좋다고 하면 일부러 고요한 삶을 살기 위해서 무엇인가를 하려고 한다. 모임도 줄이고 인간관계도 정리하며 외출도 삼간다. 그리고 고요한 삶을 살고자 애를 쓴다. 그렇게 삶에 변화를 주는 순간에 삶이 조금 고요해진 느낌을 받을 수 있다. 그러나 어느 순간 고요한 삶을 추구하느라 분주해진 자신을 만나게 된다.

그렇게 고요하고자 노력했는데, 왜 고요한 삶을 살지 못하는 것일까? 고요한 삶이란 조용하게 살려고 애쓰는 것을 통해서 얻을 수 있는 것이 아니라, 어떤 삶의 순간에도 마음이 어지럽혀지지 않음으로써 얻을 수 있는 것이기 때문이다. 세상의 일에 마음이 어지럽혀지지 않으려면 '이렇게 해야 한다', '이것이 옳다', '나야, 나!' 등의 에고로부터 자유로워야 한다. 즉 도와 하나가 되어야 하며, 참나로서의 삶을 살아야 한다.

현대인들의 삶은 고요한 삶과는 거리가 멀어 보인다. 누구를 만나도 바쁜 것처럼 보이고 모두가 바쁘다는 말을 하소연처럼 달고 산다. 실제로 많은 현대인들은 과도하게 많은 일을 하기도 하며 바쁘게 살아야 한다는 생각을 당연시하기도 한다. 현대인이 정작 고요한 삶을 살지 못하는 이유는 심리적으로 삶에 쫓기기 때문이라는 점을 간과할 수 없다. 현대인들은 삶을 인위적으로 어떻게 하겠다는 욕망과 욕심을 가지고 있다. 그런 현대인들은 삶의 모든 순간에 마음이 쉽게 어지럽혀질 수밖에 없다. 그런 삶은 고요할 수가 없다.

프란체스코 교황은 세계에서 가장 바쁜 사람 가운데 한 사람이라고 할 수 있다. 세계의 수많은 가톨릭 신자들이 그를 만나기 위해서 찾아오고, 세계에서 일어나는 수많은 일들에 마음을 쓰며, 세계 평화와 사랑의 실천을 위해서 삶을 온통 쏟고 있다. 프란체스코 교황은 세상의 불의에 의연히 맞서고, 약자의 고통에 귀 기울이며, 세상 사람들에게 평화와 사랑의 의미를 설파한다. 하지만 한순간도 고요한 삶으로부터 멀어지지 않는다. 왜냐하면 그는 하늘의 도와 하나가 되는 삶을 살며, 만물에 마음이 어지럽혀지지 않기 때문이다.

성인의 찌꺼기

그럼 전하께서 읽고 계신 것은 옛사람의 찌꺼기군요.
則君之所讀者 古人之糟魄已夫

제나라 환공(桓公)과 수레를 깎는 윤편(輪扁)의 이야기는 「천도(天道)편」에서 가장 유명한 이야기이다. 어느 날 환공이 책을 읽고 있었다. 뜰에서 수레바퀴를 깎고 있던 윤편이 환공에게 물었다. "전하께서 읽고 있는 책은 무슨 책입니까?" 환공이 대답하였다. "성인의 말씀이네." "성인이 살아계십니까?" 환공이 대답하였다. "벌써 돌아가셨다네." "그럼 전하께서 읽고 계신 것은 옛사람[古人]의 찌꺼기군요." 환공이 화가 나서 말했다. "내가 책을 읽고 있는데 목수 따위가 어찌 시비를 건단 말이냐. 이치에 닿는 설명을 하지 못한다면 죽이겠다." 윤편이 대답하였다. "제 경험으로 보건대 수레바퀴를 깎을 때 너무 깎으면 헐거워서 튼튼하지 못하고 덜 깎으면 빡빡하여 들어가지 않습니다. 적절하게 깎는 일은 손짐작으로 터득하여 마음으로 수긍할 뿐 입으로는 말할 수 없습니다. 거기에 비결이 있지만 제가 제 자식에게도 깨우쳐 줄 수 없습니다. 옛사람도 그 전해 줄 수 없는 것과 함께 죽어 버렸습니다. 그러니 전하께서 읽고 계신 것은 옛사람의 찌꺼기[糟魄]일 뿐입니다."

윤편의 말과 같이 도는 형체나 색깔, 이름과 음성으로는 묘사할 수 없다. 그러니 도의 참모습은 결코 남에게 전할 수 없다. 그러므로 참으로 도를 아는 자는 말하지 않고[知者不言] 말로 도를 설명하는 자는 진정으로 도를 알지 못한다[言者不知].

장자는 「제물론」에서 우리의 옳고 그름, 즉 시비를 따지는 마음이 내면화된 공동체의 규칙에 근거하고 있다고 하였다. 장자는 이를 '형성되어 굳어진 마음', 즉 '성심(成心)'이라고 하였다.

> 대저 성심을 따라 그것을 스승으로 삼는다면 그 누군들 스승이 없겠는가? 어찌 반드시 마음의 변화를 알아 마음에 스스로 깨닫는 자라야 성심이 있겠는가? 우매한 보통 사람도 이런 사람과 마찬가지로 성심을 가지고 있다. 성심이 없는데 시비의 판단이 생긴다 함은 오늘 월나라를 떠나 어제 거기에 도착했다는 것과 마찬가지며, 이는 있을 수 없는 일을 있을 수 있다고 하는 셈이 된다.

성심은 태어나면서 접하는 모든 환경에 의해 형성된다. 그러나 그중에서도 가장 중요한 것이 바로 언어다. 비트겐슈타인은 『철학적 탐구』에서 "규칙을 따를 때 나는 선택하지 않는다. 나는 규칙을 맹목적으로 따를 뿐이다"라고 했다. 이처럼 언어는 우리가 선택할 수 있는 것이 아니라 맹목적으로 따라야 하는 대상이다. 문제는 이러한 언어가 내면화된 공동체의 규칙, 즉 성심을 형성하고 또 성심으로 말미암아 온갖 분별과 시비가 발생한다는 것이다.

우리는 나라와 가족과 언어를 선택한 적이 없다. 그런 의미에서 어느 누구도 성심을 벗어나기 어렵다. 그렇지만 도는 성심을 넘어선 곳에 있다. 그렇기 때문에 결코 남에게 전달할 수 없는 것이다. 그런데 그럼에도 불구하고 도를 체득한 자는 도를 전달해야 할 책무가 있고, 또 도를 전달할 수 있는 가장 좋은 방법은 역시 말이 아니겠는가? 경전이 성인의 찌꺼기인 줄 알지만 우리가 도를 배울 수 있는 유일한 길은 그 찌꺼기를 통해서이다.

조화의 즐거움

천지의 덕을 분명히 아는 것, 이것을 일러 큰 근본[大本]이라 하고 큰 종주[大宗]라 하니 그러므로 하늘과 조화된 자이고, 천하를 고르게 다스리는 것은 사람들과 조화된 자이다. 사람들과 조화된 것을 사람의 즐거움이라 하고 하늘과 조화된 것을 하늘의 즐거움이라 한다.

夫明白於天地之德者 此之謂大本大宗 與天和者也 所以均調天下 與人和者也 與人和者 謂之人樂 與天和者 謂之天樂

순임금이 요임금에게 '위대한 다스림'에 대해 설파했다. 그것은 "하늘과 땅의 덕이 골고루 이루어져 해와 달이 만물을 두루 비추고 사계절이 운행되며 낮과 밤에 일정한 규칙이 있고 구름이 흘러가며 비가 내리는 것과 같습니다." 위대한 다스림은 바로 자연의 다스림을 닮은 것이다. 그것은 "하소연할 데 없는 백성을 함부로 대하지 아니하고 곤궁한 백성을 버리지 아니하며 죽은 사람을 애도하고 부모 없는 어린 아이를 사랑하며 남편 없는 아낙을 애처롭게 여긴" 요임금의 통치에 대한 순의 비판이었다. 인간이 자신의 의지대로 행하는 정치는 설령 옳은 정치라 하더라도 그 조화로움이 영원할 수 없다.

예로부터 '사필귀정', '인과응보', '자업자득'이라 하였다. 모든 일은 반드시 바른 길로 돌아가게 되어 있으며, 선한 행위에는 선한 결과가,

악한 행위에는 악한 결과가 오기 마련이다. 그것은 마치 해와 달이 만물을 두루 비추고 사계절이 운행되며 낮과 밤에 일정한 규칙이 있는 것과 같아서 인간이 억지로 하려고 하지 않아도 저절로 그렇게 되는 것이다.

그런데도 어리석은 인간은 악이 선을 한 번 이기는 것을 보고 악이 선을 이긴다고 생각하여 악한 행위로 선한 행복을 사려 하며, 악한 행위로 명예를 얻고, 악한 행위로 높은 자리에 오르고자 한다. 그러나 어떻게 그런 일이 가능이나 하겠는가? 수많은 악인들이 외롭게 죽어갔고, 그 오욕으로 얼룩진 삶이 후세에 전해졌으며, 사람들이 아이들을 가르칠 때 그들의 삶을 본보기로 삼는 것을. 의로운 일을 한 사람은 의인으로 칭송받아 수많은 사람들이 그 죽음을 애도했고, 그의 의로움이 시대를 넘어 전해졌으며, 사람들이 아이들을 가르칠 때 또 그들의 삶을 본보기로 삼는 것을. 그래서 의인은 외롭지 않고 반드시 사모하는 사람이 있는 것이다.

그러니 악인의 악행을 비난할 필요도 없으며, 악인을 벌하기 위해 애쓸 필요도 없다. 천지는 쉬지 않고 움직이고 있으니, 악인은 내가 비난하지 않아도 비난받을 것이요, 내가 복수하지 않아도 천지가 나를 대신하여 복수할 것이다. 그것이 거역할 수 없는 천지자연의 다스림이다.

그러므로 천지의 덕을 분명하게 아는 사람은 모든 것을 천지의 덕에 맡기니 그 마음은 거울처럼 고요하다. 그러나 그 고요함은 천지의 덕을 품고 있으니 세상은 고요한 가운데 다스려져 하늘이 즐겁고 하늘이 즐거우니 사람 또한 즐겁다.

억울하게 누명을 쓰거나 고통을 당하거나 심지어는 죽어야만 했던 힘없는 사람들의 하소연이 다시 큰 울림을 울리기 시작했다. 한 신인 배우의 억울한 죽음, 끔찍한 일을 당했음에도 오히려 성 접대부로 오인되고 가혹한 삶을 강요받았던 여성들, 사건이 다시 수면 위로 떠오르고 사건에 연루된 사람들은 다시 사건을 은폐하기 위해 억지를 부리기 시작했다. 왜 모르는가? 모든 일은 바른 길로 가게 되어 있으며, 악한 행위에는 악한 결과가 있을 뿐이라는 것을. 그것은 해와 달이 운행하고 사계절이 움직이는 것처럼 명확하고도 명확한 일이라는 것을. 그 악인이 단죄되는 것은 인간의 즐거움일 뿐 아니라 하늘의 즐거움 이라는 것을.

第十四 天運

| 탈현대 문명 |

신음소리가 사라진 사회

샘물이 말라 물고기가 [메마른] 땅 위에 모여 서로 [축축한] 물기를 끼었고, 서로 물거품으로 적셔 줌은 [물이 가득한] 드넓은 강이나 호수에서 서로[의 존재]를 잊고 지내느니만 못하다오.

泉涸 魚相與處於陸 相呴以濕 相濡以沫 不若相忘於江湖

　현대 사회에 가만히 귀를 대어보면, 세대와 계층을 가리지 않고 사람들이 내뿜는 '헉헉' 소리가 들린다. 물이 말라 버린 개울, 물고기가 물거품으로 자신을 적시고 있는 형국이다. 인공지능 기술을 필두로 제4차 산업혁명이 일어나면서, 현대 사회 시스템은 빠른 속도로 무너지고 있다. 그러나 사람들은 무너지고 있는 현대의 기둥을 애써 부여잡고, 안간힘을 쏟고 있다.

　일터는 사라지고 있고, 결국은 '노동 없는 세상'이 우리 곁으로 다가오고 있다. 하지만, 젊은이, 중년, 늙은이를 가리지 않고, 일터를 찾아 헤맨다. 그러나 일자리 자체도 줄어들고, 노동조건도 악화되고 있기에, 현대인은 '헉헉' 소리를 내뿜는다.

어린 나이부터 학교는 아이들에게 지식을 주입하고, 사고력을 계발시키는 데 매진한다. 그러나 AI는 긴 교육을 받은 학생들보다 엄청 많이 기억할 수 있고, 엄청 잘 사고할 수 있다. 그래서 교단에 서 있는 교사도, 수업을 듣고 있는 학생들도 '헉헉' 소리를 내뿜는다.

국민들은 경제를 성장시키라고, 일자리를 만들라고 대통령을 옥박지른다. 그러나 세계 어느 대통령도 과거처럼 고성장을 할 수도 일자리를 늘릴 수도 없다. 그래서 대통령도 장관도 정부 관료들도 '헉헉' 소리를 내뿜는다.

자영업자들은 아무리 노력해도 장사가 되지 않는다. 예전엔 노력해서 돈도 벌고, 비싼 차도 사고 했었는데, 요즘엔 살아 보려 발버둥을 치는데도 적자만 쌓여 간다. 자영업자들은 '헉헉' 소리를 내뿜는다.

노인들은 아침에 눈을 뜨면 긴긴 하루를 어떻게 보내야 할지 막연하다. 아무도 찾아오는 사람도 없고, 전화 한 통화 없다. 젊은 시절 노부모 봉양에 힘든 나날을 보냈지만, 늙고 병든 나를 이제 아무도 돌봐주지 않는다. 노인들은 '헉헉' 소리를 내뿜는다.

재벌 3세들은 약간의 쾌락을 더 쥐어짜 내보려고 환각파티를 벌인다. 연예인들은 위대한 개츠비를 꿈꾸며 더 높은 곳을 향해 온갖 부정과 편법을 일삼는다. 지배층들도 '헉헉' 소리를 내뿜기는 마찬가지다.

어떻게 우리는 넓은 호수 속을 자유롭게 헤엄치는 물고기가 될 수 있을까? '현대의 환(幻)'에서 깨어날 때, 그것이 가능하다. '남들보다 높은 곳에 올라가야 한다'는 터무니없는 생각으로부터 벗어날 때, 그것이 가능하다. 고개만 한번 돌리면, 우린 메마른 땅에 내팽개쳐진 물고기가 아님을 알 수 있다. 우린 푸른 물결이 넘실거리는 호수 속을 자유롭게 헤엄치는 물고기임을 알 수 있다.

인류는 '현대의 환(幻)'의 바탕 위에 현대 문명을 건설할 수 있었다. 그러나 탈현대 문명 건설은 인류가 '현대의 환(幻)'에서 깨어날 때만 가능하다. 지금 인류는 문명의 파멸과 대도약의 갈림길에 서 있다. 파멸을 벗어나는 좁은 문은 '현대의 환(幻)'을 벗어나는 것이다. 자! 어떻게 할 것인가!

하늘의 벌

부유함을 좋아하는 자는 재산을 [남에게] 내줄 수가 없고, 영달을 좋아하는 자는 명성을 [남에게] 내줄 수 없으며, 권세를 사랑하는 자는 [남에게] 권력을 내줄 수가 없다네. 그것들을 잡고 있을 때는 [뺏기지 않을까] 두려워하고, 그것들을 잃었을 때는 슬퍼하며, 하나같이 반성함이 없고 그저 쉴 새 없이 움직이는 것에 정신이 팔려 있는 자는 바로 하늘의 형벌을 받은 사람일세.

以富爲是者 不能讓祿 以顯僞是者 不能讓名 親權者 不能與人柄 操之則慄 舍之則悲 而一無所鑒 以闚其所不休者 是天之戮民也

　장자는 처음부터 끝까지 무위(無爲) 자연의 도와 하나가 되는 삶을 살아야 한다고 말한다. 무위로서의 삶을 주장하기 위해서 유가의 인의(仁義)와 하나가 되는 삶을 작위(作爲)하는 삶이라고 비판하는 성급한 오류를 범하고 있다. 그렇다고 하더라도 무위의 삶에 대한 장자의 웅변은 현대인에게 삶을 돌아보게 하는 깊은 울림을 준다.

　장자는 부, 명성, 권력을 추구하는 삶은 하늘의 벌을 받는 것이라고 한다. 사실 대부분의 현대인이 부, 명성, 권력을 좇는 삶을 살고 있다. 장자의 말대로라면, 현대인들은 대부분 하늘의 벌을 받고 있는 것이다. 장자가 그렇게 말한 이유는 무엇일까? 부, 명성, 권력을 추구하는 삶을 자세히 들여다보면 장자의 주장에 쉽게 수긍할 수 있다.

부, 명성, 권력을 추구하는 삶은 언제나 불안하다. 그것들을 손에 넣으면 잃을까 두렵고, 잃지 않기 위해서 전전긍긍하기 십상이다. 또 부, 명성, 권력을 맹렬히 추구하는 현대인들은 치열한 경쟁에 노출되고 갈등으로 고통을 받게 된다. 그 과정에서 삶은 소외되고 파괴될 수밖에 없다. 그것을 손에 넣기 위해서 비인간적이고 파렴치한 선택을 주저하지 않고, 그것을 손에 넣은 다음에는 지키기 위해서 삶을 망치게 된다. 부, 명성, 권력의 크기가 크면 클수록 온전한 삶에서 멀어지는 경우가 허다하다. 이러한 삶을 장자는 바로 하늘의 벌이라고 한 것이다.

장자의 지적대로 부, 명성, 권력은 고정되어 있지 않고 움직이는 것이다. 움직이는 것을 자기 손에 움켜잡고 영원히 지키려고 삶의 모든 것을 쏟아붓는 것은 불가능한 노력을 기울이는 것이다. 사람의 힘으로 할 수 없는 것을 욕심내는 것이기에, 그것을 추구하는 것은 하늘의 벌이라는 말이다. 그러나 하늘의 벌을 받게 되는 것은 자업자득이다. 세상 누구도 우리에게 부, 명성, 권력에 자신을 온통 내던지라고 하지 않는다.

우리는 부, 명성, 권력을 향해 달리면서, 자신이 하늘의 벌을 받고 있다는 사실을 알아차리지 못한다. 더 높은 연봉, 더 많은 사람이 알아주는 나, 세상과 다른 사람을 움직이게 하는 더 큰 힘을 가지려고 달리고 달리면서, 그것이 하늘의 벌이라는 것도 모른 채, 그렇게 사는 것이 잘 사는 것이라고 믿고 있지는 않은가? 벌을 받는 삶을 살면서 잘 사는 삶이라고 착각하는 것이 가장 큰 벌이 아닐까?

자연의 관찰과 도

공자는 석 달 동안 들어앉은 채 나오지 않고 있다가 다시 노자를 만나서 말했다. "저도 도를 터득했습니다. 까막까치는 알을 까서 키우고, 물고기는 거품을 붙여서 키우며, 벌 종류는 누에를 갖다 키웁니다. 사람은 동생이 생기면 젖을 못 먹게 되어 형이 웁니다. 참된 도란 이런 게 아니겠습니까? 오래되었습니다. 제가 조화와 어울리지 못한 지가 말입니다. 조화와 어울리지 않고 어찌 남을 교화시킬 수 있겠습니까?" 노자가 대답했다. "됐소. 당신도 도를 터득했소."

孔子不出三月 復見曰 丘得之矣 烏鵲孺魚傅沫 細要者化 有弟而兄啼 久矣夫丘不與化爲人 不與化偉人 安能化人. 老子曰 可 丘得之矣

위의 대화에서 공자가 터득한 도는 결국 자연의 이치에서 벗어나지 않는다. 자연의 이치를 알지 못하면 자연과 조화를 이룰 수 없고 따라서 남을 가르칠 수도 없는 것이다. 물론 공자가 발견한 생물학적 관찰은 많은 오류가 있다. 그렇지만 도는 결국 자연을 본받는 것이고[道法自然] 따라서 우리가 도를 알기 위해서는 자연을 관찰할 수밖에 없는 것이다. 장자는 「전자방(田子方)」에서 노자의 입을 빌려 다음과 같이 도를 설명하고 있다.

지극한 음기란 고요하고 차며, 지극한 양기란 밝고 덥소. 고요하고 찬 음기는 땅에서 나오며 밝고 더운 양기는 하늘에서 생기오. 두 가지 기가 섞여서 서로 통해 화합하면 거기 만물이 생겨나오. 이러한 현상은 무엇인가가 있어서 주관하는 듯하나 그 모습은 눈으로 볼 수가 없소. 천지의 사철에 소멸과 소생이 있어 하루도 쉬지 않고 진행되지만 그 조화의 공을 알아볼 수는 없소. 만물의 발생은 아무것도 없는 상태에서 싹트고 그 종말은 다 흩어져 없는 상태로 돌아가는 거요. 하여 사물의 처음과 끝은 한없이 되풀이되어 다하는 일이 없소. 이 도를 제외하고 달리 무엇이 만물의 근원이 될 수 있겠소?

물론 자연을 인위적으로 분별하는 것은 조화를 깨뜨려 견해차를 일으키고 또 시비를 만들어 낸다. 장자는 「제물론」에서 시비를 평균하여 사물에 구애받지 않는 것을 '천균(天均)'이라고 하고, 사물을 사물에 맡겨 두어 사물과 자아 사이에 아무런 장애도 나타나지 않는 것을 양행(兩行)이라고 하였다. 또 「응제왕」에서는 혼돈설화를 통해 인간의 분별심[七竅]이 궁극적으로 자연을 파괴하게 됨을 날카롭게 지적하기도 하였다.

그렇다면 이러한 주장은 앞에서 인용한 공자의 자연 관찰과 모순되는 것인가? 공자의 자연 관찰은 모두 분별심에 해당되는 것이 아닌가? 장자는 「제물론」에서 이 문제에 대해 성인은 논의는 하되 분별을 세우지는 않는다[議而不辯]고 하여 그 해결책을 제시한다. 즉 도를 말로 표현하려면 필연적으로 구별이 생길 수밖에 없는데, 좌우(左右), 윤의(倫義), 분변(分辯), 경쟁(競爭)이 바로 그것이다. 장자는 이를 팔덕(八德)이라고 불렀다. 팔덕은 분별이 없는 혼돈의 상태를 떠나 어쩔 수 없이 상대적인 세계에서 살아갈 수밖에 없는 상황에서 갖게 되는 최소한의 구별을 말한다. 성인은 이런 상황에서 도를 그대로 자신의 가슴속에 품어 버린다[懷之]. 즉 구별은 하지만 이를 남에게 드러내지 않고 자신의 가슴속에 품어 버리는 것이다.

식물을 관찰하여 그 특징을 알아보고 새를 관찰하여 그 종류와 소리, 식생을 파악하는 것을 분별심을 키우는 일이라고 반대하는 어리석은 사람들이 있다. 그러나 우리가 도를 파악하는 길은 공자와 같이 식물과 새를 관찰하는 데에서 벗어날 수 없다. 산수유와 회양목이 같은 시기에 꽃을 피우는지를 알지 못하고, 딱새와 박새가 어떻게 노래를 부르는지 구별하지 못하는 사람들이 도를 이야기하는 것이 가당키나 한 일인가?

어떤 사람이 예수에게 물었다. "우리는 어떻게 살아야 합니까?" 예수는 그 사람의 눈을 들여다보고 이렇게 대답하였다. "나에게 묻지 말라. 가서 나무와 꽃과 동물들에게 물어보라." 이 말은 무슨 뜻일까? 나무와 꽃과 동물은 본성에 따라 살아가는 대표적인 존재들이다. 반면 인간은 주입된 대로 살아간다. 우리는 도덕과 계율, 전통적 관습에 따라 살아간다. 우리는 밖에서 주입된 것에 의해서가 아니라 내면에서 솟구치는 대로 삶을 살아야 한다. 우리는 모세의 십계명에 귀 기울일 것이 아니라 자신의 본성에서 십계명을 발견해야 한다. 그렇게 하기 위해서 먼저 우리는 나무와 꽃과 동물들을 통해 그들이 어떻게 내면의 본성에 따라 사는지 또 어떻게 자연과 조화를 이루면서 사는지 관찰해야 한다.

| 탈현대 국가 |

나라를 다스리는 방법

'원망하고, 은혜를 베풀고, 빼앗고, 주고, 간언(諫言)을 듣고, 가르치고, 살리고, 죽이는' 이 여덟 가지 일은 천하를 다스리는 정치[正]의 도구이다. 이것은 오직 커다란 변화를 따라 그 흐름을 막는 행위가 없는 자라야만 이것을 사용할 수 있다. 그 때문에 정치란 바로잡는 것이라 하는 것이다.

夫怨恩取與諫教生殺八者 正之器也 唯循大變 無所湮者 爲能用之 故曰 正者 正也

"형벌을 내리거나 은혜를 베풀며 빼앗거나 주고 간언을 들으며…" 그것은 나라를 다스리는 도구이자 방법이다. 그러나 도구라는 것은 원래 근본이 아니라 말엽(末葉), 그러므로 장자는 말한다. "오직 커다란 변화를 따라 그 흐름을 막는 행위가 없는 자라야만 사용할 수 있다"라고.

맹자는 말한다. "인(仁)은 사람이 머물 집이며, 의(義)는 사람이 가야 할 길이다." 만약 군주가 잠시 머물러 쉬고 싶다면 반드시 인의 마음에 머물러야 하며, 또 무엇인가를 행하려 한다면 반드시 의로움을 따라야 한다. 그러나 그것 또한 잠시 머물고 따르는 것이지, 오래 머물 거나 따라서는 안 된다. 공자는 말했다. "어진 것을 좋아하면서 배움을 싫어하면 어리석어지고, 신의를 좋아하면서 배우기를 싫어하면 의로움을 해치게 된다." 배움이란 머물지 않는 것이며, 맹목적으로 따르지 않는 것이다. 그것은 더 큰 변화를 좇아서 스스로를 새롭게 하는 것이니, 배움이 없는 어짊[仁]과 의로움이란 오히려 어리석어지고 의로움을 해치게 되는 것이다.

「천도편」에서 장자는 말한다. "형벌과 은덕에 의한 정치나 인의에 의한 교화는 정신 가운데 지엽말절에 해당하는 것이니, 인의를 물리치고 예의의 속박을 물리쳐야 비로소 지인(至人)의 정신이 안정된다." 그러나 공자인들 형벌과 은덕만으로 나라를 다스릴 수 있을 것이라 생각했겠는가? 오직 어질고 의로운 것만으로 세상이 저절로 다스려질 것이라 믿었겠는가? 그 어지러운 세상에서 난세를 구할 진정한 영웅이 나타난다면 그 영웅이 난세의 예의에 속박될 것이라 여겼겠는가? 자신에게 주어진 명(命)을 알고 그 명에 순응하며, 머물고 싶은 마음을 쉼 없는 배움을 통해 끊임없이 극복하면서 어리석지 않은 어짊[仁]과 무고한 사람이 없는 의로움으로 그 어지러운 세상에 맞서는 것, 그것이 스스로를 평범한 인간이라 여겼던 공자에게도 또한 최선이 아니었겠는가?

장자는 정치란 바로잡는 것이라 하였다. '원망하고 은혜를 베풀고 …' 그 여덟 가지 도구를 사용하여 바로잡는 것, 그러나 커다란 변화를 따라 그 흐름을 막는 행위가 없는 자, 즉 도(道)를 체득한 자만이 그 도구를 사용하여 세상을 바로잡을 수 있다고 하였다.

계강자(季康子)가 공자에게 정치에 대해 묻자 공자 또한 "정치는 바로잡는다는 뜻이니, 그대가 솔선해서 바르게 한다면 누가 감히 따르지 않겠는가?"라고 대답했다. 장자는 도를 체득한 지인(至人)만이 천하를 바로잡을 수 있다고 하였으니, 공자의 말과 차이가 있다. 그러나 외부의 도와 내면의 마음, 그것이 과연 둘이 될 수 있겠는가? 마음과 도가 둘이 아니라면 내 마음을 바로잡는 것이 곧 도와 합일하는 것이라 하지 않을 수 있겠는가?

第十五 刻意

| 탈현대 문명 |

공명이 필요치 않은 사회

 공명을 세우지 않아도 [저절로 나라가] 다스려진다.

無功名而治

 '난세가 영웅을 낳는다'는 옛말이 있다. 『삼국지』를 읽으면 수많은
영웅이 출현한다. 유비(劉備), 제갈공명(諸葛孔明), 관우(關羽), 장비(張飛),
손권(孫權), 조조(曹操) 등 헤아릴 수 없이 많은 영웅이 등장한다. 때는
황건적의 난이 창궐하고, 십상시(十常侍)들이 조정을 어지럽히는 지극
히 암울한 시대였다. 영웅들의 활약으로 시대는 안정되었는가? 아니
다. 삼국시대는 백성들의 고통이 극에 달한 전란의 시대였으며, 삼국
시대의 결말은 중국 역사상 가장 어두운 시기인 오호십육국(五胡十六
國) 시대로 이어진다.

 좋은 세상이란 영웅을 원하지 않는 사회이며, 공명을 세울 필요가

없는 사회이다. 탈현대 사회란 어떤 사회일까? 탈현대 사회는 영웅이 나타나 공명을 세우지 않아도 저절로 다스려지는 사회, 다툼이 없는 평화로운 사회이다. 어떻게 그럴 수 있는가? 탈현대 사회는 도와 하나가 된 사회이기 때문이다.

조선일보 방씨 가족들의 안하무인, 한진 조씨 가족들의 대단한 갑질, 김학의 사건을 통해 보는 지배집단의 부패, 버닝썬에서 물뽕을 마시는 연예인들. 우리 사회가 도와 어긋난 사회라는 징표를 찾는 것은 너무나도 쉬운 일이다.

도와 어긋난 관행을 문정권에서는 적폐라고 부른다. 문정권은 선거운동 때부터 지금에 이르기까지 '적폐청산'을 부르짖고 있다. 그렇다면 우리는 문대통령을 '난세의 영웅'이라고 불러도 될 것이다. '적폐와의 전쟁은 과연 성공할 것인가?' 어느 신문에서 이런 구절을 본 기억이 난다. '적폐청산은 짧고 적폐는 길다.' 이 문구는 적폐와의 전쟁의 끝을 암시하고 있는 것 같다.

난세를 끝내고자 하는 영웅의 노력은 왜 빈번히 실패로 끝나는 것일까? 필자는 텃밭 농사를 지어 본 적이 있다. 손바닥만 한 땅에서 매일같이 '잡초와의 전쟁'을 벌였지만, 다음 날 가면 다시 잡초가 무성하게 솟아난 땅을 만났다. 영웅들의 분투는 '잡초와의 전쟁'과 흡사한 것이 아닐까?

방씨와 조씨, 김학의와 연예인, 이들의 공통점은 권력을 가진 집단이란 점이다. 현대 사회에서는 힘 있는 자의 힘없는 자에 대한 군림이 용인되며, 정상적인 것으로 간주된다. 힘센 서구는 힘없는 비서구를 유린했으며, 힘센 국가는 힘없는 국가 위에 군림하고자 한다. 힘센 자본가나 권력자는 힘없는 사람들에게 힘을 휘두른다. '강자의 약자에 대한 지배'를 정상적인 것으로 간주하는 가운데, 영웅들은 힘을 통해 정의를 구현하고자 한다. 그러나 그가 힘을 갖게 되면, 그 자신이 횡포한 지배자로 전락한 사례를 역사 속에서 많이 발견할 수 있다. 조조는 그 전형적인 사례이다.

투쟁을 통해 평화를 건설하고자 했던 공산주의운동이 결국 실패로 돌아갔듯이, 공명(功名)을 세워 다스림에 이르고자 하는 노력도 같은 전철을 밟을 것이다. 결국 다스림은 탈현대의 몫이 될 수밖에 없는 것 같다. 『주역』 「지산겸괘(地山謙卦)」의 이치를 체득하고 실천하는 탈현대인에 의해서만, 평화로운 사회, 공명을 세움 없이 다스림이 이루어지는 사회가 건설될 수 있기 때문이다.

소박하고 순수한 삶

대중은 이득을 소중히 하고 청렴한 선비는 이름을 소중히 하며 현자는 뜻을 존중하고 성인은 정신을 귀하게 여긴다.

衆人重利 廉士重名 賢士尙志 聖人貴精

「각의(刻意)」에서 장자는 정신의 소중함을 강조하고 있다. 성인은 정신을 귀하게 여겨서 아무렇게나 쓰지 않는다고 한다. 성인은 무위(無爲)로써 정신을 편안하게 하고 잘 돌봐서 궁극에는 도(道)와 하나가 되는 삶을 산다. 이런 성인의 삶은 이것저것에 정신을 쓰지 않으니 아무것도 섞이지 않아서 소박하고, 또 함부로 쓰지 않으니 일그러지지 않아서 순수하다.

장자가 이렇게 강조하는 소박하고 순수한 삶은 오늘날 현대인의 삶에서 찾아보기 힘들다. 현대인들은 이득이나 이름 그리고 뜻을 중시하는 삶을 살기 때문이다. 이득이나 이름 그리고 뜻을 중시하는 삶은 이것저것 정신을 쓸 일이 많아서 복잡하고, 정신을 내키는 대로 쓰기 때문에 욕심과 그릇된 생각으로 일그러지기 십상이다.

현대인이 직면하고 있는 가장 심각한 문제는 정신을 이리저리 써서 망가진 마음이 문제임을 인식하지 못하는 것이다. 정신을 아무렇게나 쓰고 방치해서 자신의 마음이 병이 들어도 모르고 이득이나 이름 그리고 뜻을 얻기 위해서 맹목적으로 달린다. 결국 소박하고 순수한 삶과 점점 멀어지게 된다.

이득이나 이름 그리고 뜻을 소중히 여기는 삶은 그것을 얻기 위해서 끊임없이 무엇인가를 해야 하고, 그 과정에서 필연적으로 자신을 잃어버리게 된다. 그래서 장자는 정신을 귀하게 여기는 것만이 진정한 삶의 경지라고 말한다. 장자가 그렇게 정신을 중시한 까닭은 무엇일까? 정신을 고요하게 하지 않고 귀하게 돌보지 않으면 도와 하나가 될 수 없기 때문이다. 도와 하나가 되지 못하는 삶은 헛사는 것이기 때문이다.

투자한 주식이 얼마나 올랐는지?

올해 연봉은 몇 퍼센트 인상될지?

이 일이 나에게 손해일지, 이득일지?

사람들이 나를 얼마나 인정하는지?

언제 승진할 수 있을지?

세상이 나를 알아봐 주는지?

적폐를 청산할 수 있을지?

세상이 정의로운지?

모든 일에 무임승차하는 사람을 어떻게 바로잡을지?

위와 같이 이득이나 이름 그리고 뜻을 소중히 하느라, 정작 돌봐야 할 나를 잊고 살았던 것은 아닐까? 이득이나 이름 그리고 뜻을 좇다가, 병들어 버린 마음을 모른 체하지 않았을까? 나 자신에게 부끄럽고 미안한 마음이 든다.

도덕의 실질

> 만약 마음을 준엄하게 하지 않고도 고고해지고, 인의에 애쓰지 않아도 수양이 되며, 공명을 세우지 않아도 다스려지고, 강해에서 노닐지 않아도 한가하며, 장생법을 익히지 않아도 오래 산다면 모든 것을 잊고 모든 것을 갖춘 셈이 된다. 마음이 한없이 편안하여 온갖 미덕이 그를 따르게 된다. 이것이야말로 천지자연의 도이며 성인의 덕이다.
>
> 若夫不刻意而高 无仁義而修 无功名而治 无江海而閒 不導引而壽 无不忘也 无不有也 澹然无極而衆美從之此天地之道, 聖人之德也.

    장자 「각의편」에서는 다섯 유형의 인간을 비판한다. 먼저 준엄한 마음으로 고고하게 행동하고 고상한 논의로 세상을 원망하고 헐뜯는 인간이 있다. 그들은 혼자 은둔해서 살면서 말끝마다 세상을 비난한다. 그리고 그중 일부는 극단적인 선택을 하여 몸에 휘발유를 끼얹고 자살하기도 한다. 장자는 이들을 "세상을 헐뜯는 사람[非世之人]"이라고 부른다. 두 번째 종류의 사람은 도덕을 입에 달고 살며 항상 수양과 수행이 삶의 목표라고 주장하며 살아가는 사람들이다. 장자는 이들을 '교육을 일삼는 사람[敎誨之人]'이라고 부른다. 세 번째 유형의 인간은 정치적 목적을 가지고 권력에 뛰어들어 적극적으로 세상을 바꿔 보려는 사람들이다. 부국강병이 이들의 목표로 장자는 이들을 '조정의 일꾼[朝庭之士]'이라고 부른다. 네 번째 유형의 사람들은 세상을 피해 한적한 곳에서 낚시나 하면서 일생을 보내는 사람들이 있다. 장자는 이들을 "강해에서 노니는 사람[江海之士]"이라고 부른다. 마지막으로 단전호흡을 하고 요가를 배워 새가 목을 길게 늘이듯 수명을 늘이려는 사람들이 있다. 장자는 이들을 '육체를 단련하는 자[養形之士]'이라고 부른다. 당신은 어느 유형에 해당되는가?

정치에 참여하여 부국강병한 나라를 만드는 것과 마찬가지로 교육을 통해 도덕적인 인간을 길러 내는 것은 현실에 적극적으로 참여하여 변화시키려는 노력의 일종이다. 반면 세상을 비난하여 피하고, 홀로 양생법을 배워 몸을 단련하는 것은 소극적인 삶을 살려는 노력이라고 생각할 수 있다. 장자는 「대종사(大宗師)」 편에서 가뭄에 물이 마른 좁은 웅덩이에서 물고기들이 입에서 물거품을 뿜어 서로를 적셔 주는 것이 유학이 표명하는 '인(仁)'이라고 하였다. 그리고 이러한 인보다 드넓은 강이나 호수에서 서로의 존재를 잊고 유유자적하게 지내는 것이 더 낫다고 하였다.

언뜻 세상을 비난하여 피하고 혼자 숲속에서 양생법을 배우는 것이 장자가 주장하는 소요유(逍遙遊)에 해당되는 것이 아닐까라고 생각할 수도 있다. 그러나 위의 인용문에서 말하고 있듯이 장자는 이러한 다섯 가지 유형의 인간이 모두 작위적인 노력을 통해 이루어진다는 점에서 도와 거리가 멀다고 말하고 있다. 자연의 모습은 본래 담담하고 고요하여 아무런 작위도 없다. 이런 자연에 내어맡기면 저절로 마음이 편안하고 텅 비어 담담해진다. 이것이 바로 도덕의 실질이다.

우리 주변에는 교육을 일삼는 사람들만 보이고 도덕의 실질을 몸에 갖춘 사람은 찾기 어렵다. 도덕을 자신의 본성에서 찾지 않고 밖에서 찾기 때문이다. 자신의 몸, 자신의 본성이 곧 자연이다. 이것을 떠나 도덕을 찾는 사람은 무광(務光)이 탕왕의 양위를 거절하였으므로 다음에는 자기 차례가 될 것을 염려하여 관수(窾水)에 빠져 죽은 기타(紀他)와 같이 어리석은 사람일 뿐이다.

염담적막(恬淡寂寞)의 경지에서 쉬어라

(성인이 이 경지에서) 몸을 쉬면 그의 마음이 평이하게 된다. 평이하게 되면 욕심이 없어서 담백하게 되고, 이처럼 평이하고 담백하게 되면 어떤 근심 걱정도 그 마음속에 들어올 수 없으며, 어떤 사악한 기도 밖에서 들어올 수 없다. 그 때문에 성인의 덕은 완전하고 마음은 손상되지 않는 것이다.

休則平易矣 平易則恬惔矣 平易恬惔則 憂患不能入 邪氣不能襲 故其德全而神不虧

　어떤 사람은 어지러운 시대에 태어나 높은 뜻을 품고 세상을 구하려다 마침내 좌절하여 스스로를 버리기도 하고, 어떤 사람은 평화로운 시대에 태어나 인의충신(仁義忠信)을 가르치며 새로운 시대를 여는 것을 업으로 삼기도 하며, 또 어떤 사람은 큰 공을 세워서 역사에 이름을 남기려 하기도 한다. 그런가 하면 어떤 사람은 세속의 일을 번거롭다 여겨 낚시질이나 하며 세월을 허송하기도 하고, 또 어떤 사람은 몸을 단련하며 팽조(彭祖)와 같은 불로장생의 삶을 꿈꾸기도 한다.

　이 세상에 태어나 그 무엇을 하든 누구나 저마다의 세상에서 저마다의 삶을 살아가는 것, 그것을 명(命)이라 이른다면 또 명이라 할 수 있겠지만, 그러나 어리석은 사람들은 저만의 삶이 옳은 것이라 믿고 그 삶을 성취하고자 한다.

온 세상이 혼탁하되 나 홀로 맑고, 많은 사람이 취하였으되 나 홀로 깨
어 있소. 내 이런 연유로 쫓겨나 이 지경이 되었소.

이 말은 간신 자란(子蘭)의 모함으로 강남 이남으로 쫓겨난 굴원(屈
原, BC343~277)이 상수(湘水) 언저리를 지나다 만난 한 어부에게 한 말
이다. 이때 어부는 스스로를 더럽혀 혼탁한 세상과 어울리라고 충고
하였지만, 굴원은 끝내 자신의 고결함을 버리지 않았으며, 조국이 멸
망하였다는 소식을 듣고 멱라수(汨羅水)에 몸을 던졌다.

어지러운 세상과 타협하지 않은 것은 굴원의 뜻, 어지러운 세상을
어지럽다 하여 버린 것은 어부의 뜻, 자신의 몸을 더럽혀 어지러운 세
상에서 영달을 꾀한 것은 자란의 뜻, 또 그들이 살다 간 세상에서 굴
원을 칭송하고, 자란을 비난하며, 어부의 이름을 기억하지 않는 것 또
한 세상의 뜻, 세상은 세상대로 사람은 사람대로 그들이 뜻한 대로
흘러갈 뿐이다.

그러니 공자가 말하지 않았는가? "무엇인가를 억지로 하려 들지 말
고, 반드시 이루겠다는 마음도 버리고, 고집하지 말며, 나에 대한 집
착을 끊어라"라고. 세상에는 세상의 뜻이 있고 사람에게는 사람의 뜻
이 있으니 사람은 단지 자신의 뜻을 펼칠 뿐, 그 뜻을 억지로 이루려
해서도 안 되며, 그 뜻이 꼭 옳다고 해서도 안 되며, 그 뜻이 마침내
이루어지지 않은 것을 한탄할 필요도 없다. 그 뜻을 이루는 것은 오
직 세상에 달려 있기 때문이다.

세상에는 뜻있는 사람이 너무나 많다. 또 그 뜻이 이루어지지 않아

한탄하는 사람도 너무나 많다. 그러나 만약 세상의 뜻을 안다면 고집을 부리지도, 억울해하지도, 내가 옳다고도 하지 않을 것이다. 그는 오직 염담적막의 경지에서 쉴 뿐이다.

第十六 繕性

근심이 사라진 사회

> 그 [자연스러운] 즐거움은 벼슬자리에 있건 곤궁에 빠져 있건 똑같다.
> 그러므로 걱정도 없을 뿐이었다.
>
> 其樂彼與此同 故无憂而已矣

현대인의 근심은 무엇일까? 얻지 못할 것을 근심하며, 얻은 것을 잃어버릴까 근심한다. 현대인은 왜 얻지 못할 것을 근심하며, 얻은 것을 잃어버릴까 근심하는 것일까? 만일에 내가 원하는 것을 얻지 못한다면, 또 억지로 얻은 것을 잃어버린다면, '나는 무의미한 존재가 될 것'이라는 두려움 때문이다.

현대인은 왜 이런 두려움을 갖게 된 것일까? 현대인은 자신을 시공간적으로 닫혀 있는 유한한 개체로 인식하기 때문이다. 다시 말하면, 자신을 '하찮은 존재'로 인식하기 때문이다. 그래서 '의미 있는 존재가 되기 위한 강박적인 노력'이 현대적인 삶의 주제가 된다. 그래서 현대인에게는 원하는 것을 얻는 것이 그렇게 중요하고, 얻은 것을 지키는 것이 또 그렇게 중요한 의미를 갖게 되었다.

애써 원하는 것을 얻었다면, 그는 오만방자해진다. 그리고 얻지 못한 사람에게 온갖 무례를 행한다. 그러나 그의 마음은 불안하다. 언제 자신이 얻은 것을 잃어버릴지 알 수 없기 때문이다. 그러므로 현대인은 벼슬자리에 있건 곤궁에 빠져 있건 늘 근심 속에 빠져 있다.

공자는 "군자에게는 근심이 없다[君子不憂]"고 말했다. 군자란 자신 안에 살고 있는 '참나'를 만난 사람이다. 그는 의미로 충만해 있다. 의미 있는 존재가 되기 위해 발버둥 칠 필요가 없다. 그러므로 얻고자 하는 근심도 잃어버릴까 하는 근심도 그에겐 없다. 벼슬자리에 있건 곤궁에 빠져 있건, 즐거움이 늘 그와 함께한다. 탈현대 사회는 군자들의 사회이다. 평화, 기쁨, 즐거움은 외부에서 획득하는 것이 아니라 내면에서 솟아나는 것이다.

인류는 지금 어디로 가고 있는가? 희소자원이 사라지는 새로운 세계를 향해 나아가고 있다. 그러나 현 인류는 여전히 낡은 생각에 사로잡혀 희소자원을 차지하는 것을 삶의 목적으로 삼는 낭비로서의 삶을 살아가고 있다. 그리고 이것은 개인적인 불행을 초래할 뿐만 아니라 문명 대파국을 초래할 것이다.

이제 우리는 삶과 문명에서 혁명적인 목표 전환을 이루어 내어야 한다. 삶과 문명의 수직적인 상승을 도모해야 한다. 우리가 목표하는 새로운 사회는 군자들의 사회이다. 그리고 군자들의 사회에 도달하는 유일한 길은 우리들 각자가 군자로 거듭나는 것이다.

나답게 사는 삶

옛날의 몸을 [안전하게] 보존한 사람은 변설[따위]로 지혜를 꾸미지 않고 지혜로운 천하의 [사물의] 이치를 규명하지 않으며 지혜로 덕을 규명하지 않는다. 높다랗게 그[자기]의 입장을 지키며 그 본성으로 돌아갈 뿐이다. 또 [그 밖에] 무엇을 할 일이 있겠는가.

古之行身者 不以辯飾知 不以知窮天下 不以知窮德 危然處其所 而反其性已 又何爲哉

　　장자는 몸을 보존하는 길은 스스로를 올바르게 하고 자연스러운 본성으로 돌아가는 것이라고 한다. 그런 삶은 자기 말을 바꾸어서 지혜로 꾸미지 않고, 지혜로 세상의 이치를 규명하지 않으며, 지혜로 덕을 규명하지 않는다. 그렇게 할 수 있는 이유는 작은 지식과 작은 행위가 아닌 도(道)로써 살기 때문이다. 「선성(繕性)」에서 장자는 "작은 지식은 덕을 손상시키고 작은 행위는 덕을 해친다"라고 경계하고 있다. 그렇다. 장자는 지식이나 행위로써 삶을 인위적으로 어떻게 하려고 해서는 안 된다는 것을 강조한다. 그렇게 사는 것은 자연스러운 본성으로 돌아가는 것을 방해하고 결국에는 본성을 잃게 만들기 때문이다. 그래서 장자는 몸을 보존하는 길은 스스로를 바로잡고 걱정을 없애는 것이라고 한다.

그러나 세상 사람들은 몸을 보존하는 길이 더 많은 지식으로 무장하고 더 적극적으로 몸에 좋은 무엇인가를 하는 것이라고 생각한다. 더 많은 지식을 얻기 위해서 수많은 정보를 수집하고, 몸에 좋다고 하면 그것이 무엇이든 따라 하려고 한다. 사람들은 몸을 보존하는 길이란 무엇이 좋은지에 대한 지식을 쌓고 무엇인가를 하는 것이라고 착각하고 아등바등 애쓰며 산다. 그러는 사이에 아이러니하게도 자신의 몸을 바로잡는 일을 잊어버리게 된다.

자신의 몸을 바로잡는 것이 바로 자신의 본성으로 돌아가는 것이며 참나와 만나는 삶이다. 다시 말해서, 나답게 사는 것이다. 나답게 사는 것이란 세상 그 누구도 아닌 나 자신의 있는 그대로를 인정하고 거기서 삶의 의미를 발견하는 삶이다. 내가 아닌 다른 누군가가 되기 위한 삶이 아니라 진정한 나 자신이 되는 삶이다. 자기 밖에서 삶의 답을 찾지 않고 자기 안으로 질문하고 스스로 답을 발견한다.

그러나 요즘 사람들은 지금 나의 있는 그대로의 모습에서 더 나아지려면 어떻게 해야 하는지, 내가 아닌 다른 누군가가 되기 위해서 어떻게 해야 하는지, 주변 사람들이 무엇을 원하고 무엇이 가치가 있다고 생각하는지 등에 관심을 가진다. 이러한 관심과 노력이 몸을 보존하는 길이라고 생각하기 십상이지만 관심과 노력이 커질수록 내가 아닌 삶을 원하기 때문에 고통을 받게 된다.

삶의 분명한 진리는 우리는 누구나 나답게 살아야 삶의 본질에 닿을 수 있으며, 나답게 살고자 할 때 나의 몸을 가장 잘 보존할 수 있다는 것이다. 내가 할 수 있는 일은 나 자신을 돌보는 일이며, 내가 마땅히 해야 할 일은 바로 나의 몸을 보존하는 일이다. 그러나 어리석은 사람들은 자신을 돌보고 몸을 보존하는 일은 등한시하고 다른 사람이 제대로 사는지, 몸을 잘 보존하는지에 대해 참견하고 가르치려고 든다.

스스로 몸을 보존하고 돌보지 않으면서 다른 사람을 바로잡으려는 것이 가능할까? 그것은 그저 자신의 말을 바꾸어 지혜로 꾸미고, 지혜로 천하의 이치를 규명하려고 하며, 지혜로 덕을 규명하려는 것에 불과하다. 한마디로 말해서, 본성으로 돌아가지 못하는 길이며 나답게 살지 못하는 것이다. 아! 오늘도 나 아닌 다른 사람의 삶을 바로잡으려고 부질없이 지혜를 뽐내지 않았는지! 밖으로 향하던 나의 시선을 멈추게 된다.

밝은 지혜와 고요함

옛날에 도를 다스린 사람은 고요함으로 명지(明知)를 키웠다. 명지가 생겨도 그것으로 무엇을 하는 일이 없었다. 이것을 명지로써 고요함을 키운다고 한다.

古之治道者 以恬養知 知生而无以知爲也 謂之以知養恬

밝은 지혜란 무엇일까? 무엇이든 물으면 막힘없이 척척 대답하는 사람이 밝은 지혜가 있는 자일까? 상대방의 마음을 간파하여 그를 보다 더 가치 있는 삶으로 인도하는 능력이 밝은 지혜일까? 밝은 지혜가 전자와 같은 것이라면 구글이나 네이버가 밝은 지혜일 것이다. 또 만약 후자와 같은 것이라면 이는 장자가 비판하는 마음과 마음이 서로를 엿보는 것[心與心識知]에 지나지 않는다.

밝은 지혜란 어떤 관념도 끼지 않은 자연 그대로의 상태, 자연의 이치와 유일하게 부합되는 상태의 앎이다. 우보거사는 이를 송장 상태의 깨어 있음이라고 표현하였다. 송장 상태의 깨어 있음이란 마치 죽은 사람과 같이 알려 하고, 하려 하고, 느끼려 함이 없는 상태에서의 깨어 있음이다. 우리가 흔히 '알아차린다'고 할 때 이것은 아는 '나'가 전제되어, 알아지는 내용이 주객으로 분리된 상태가 되기 쉽다. 우리의 육식(六識)은 대상과 접하는 순간 이미 알아짐 그 자체이다. 그런데 마음이 그것을 다시 안다고 하는 것은 전형적인 뒷북치기로서, 자연스러운 앎의 작용에 끝없는 간극만 만들 뿐 도(道)가 아니다. 송장 상태의 깨어 있음이란 그냥 '알아지는' 상태이다. 그냥 알아지는 상태에서는 생각이나 몸의 통증, 밖의 대상들이 주객 미분의 상태로 경험된다. 이처럼 깨어 있음만이 '내가 한다'라고 하는 것이 없는 자연의 이치가 순리대로 작동되는 유일한 방법이다.

우리는 흔히 괴로워하는 나는 거짓 나이고 그것을 알아차리는 나는 진짜 나이기에, 거짓 나를 버리고 진짜 나의 자리에 머무르려고 한다. 그러나 괴로워하는 나와 괴로워하는 것을 아는 나 모두 아는 작용의 측면에서는 동일한 식(識)일 뿐 전혀 다른 것이 아니다. 모두 작용으로 일어나는 자연현상일 뿐, 하나는 취하고 하나는 버릴 수 있는 것이 아니다. 이 두 가지 모두 '나'가 아닌 자연의 작용일 뿐이라는 것을 깨닫게 되면 두 가지 역시 모두 본래 도의 상태였음을 문득 알게된다. 이것이 밝은 지혜이다.

고요함이란 삶의 진정한 평화를 말한다. 삶의 진정한 평화는 내가 마음속에서 바라던 욕망과 꿈이 성취되는 것에서 오는 것이 아니라, 나의 욕망과 꿈이 실체가 없는 허망한 생각일 뿐임을 문득 자각할 때온다. 즉 나의 욕망과 꿈을 제거해 버리면 내 마음에는 본래 아무 문제가 없었다는 깨달음이 오고, 이 깨달음에서부터 진정한 평화가 시작된다. 문제라고 인식하는 상태가 나타나더라도 그것의 이치를 이해함으로써 전혀 불편함이 경험되지 않는 것이다. 이처럼 송장 상태는 육체의 죽음을 뜻하는 것이 아니라 '나'라고 하는 생각의 죽음을 뜻한다. 내가 한다고 하는 능동적 주체로서의 자아가 있다는 생각이 사라짐으로 노자가 말하는 함이 없는 함[無爲而無不爲]의 삶이 온전히 구현된 평안한 상태를 지칭한다.

　밝은 지혜와 고요함을 깨닫지 못한 사람들은 바깥 사물에 눈이 어두워져 스스로의 본성을 잃고 세속에 휘둘려 살아간다. 장자는 이런 사람들을 '거꾸로 선 인간[倒置之民]'이라고 불렀다. 스스로가 거꾸로 선 인간이라고 판단되면, 생각 속에 있지 말고, 생각을 하지 말고, 생각을 구경하라. 생각을 구경하는 것처럼 인식 작용에 깨어 있는 사람이 도인(道人)이고, 인식 작용에 간섭함으로써 스스로 고통받는 사람이 바로 범부(凡夫)인 것이다.

혼돈 속에 머물라

옛사람들은 일체의 구별이 없는 혼돈 속에 살면서 세상 사람들과 더불어 염담적막의 삶을 누리고 있었다.

古之人 在混茫之中 與一世而得澹漠焉 當是時也

「응제왕편」에는 구멍이 뚫려 죽은 제왕 '혼돈(渾沌)'의 이야기가 등장한다. 사람에게는 당연히 있는 눈·귀·코·입 등의 구멍이 혼돈에게는 없었으므로, 숙(儵)과 홀(忽)이 이를 안타깝게 여겨 날마다 하나씩 구멍을 뚫어 주었는데, 구멍이 모두 뚫리자마자 혼돈은 그만 죽고 말았다는 이야기이다.

이때 혼돈은 일체의 차별적 지식이 생겨나지 않은 무위자연의 상태, 즉 도(道)를 의인화한 것이고, 숙과 홀은 시간적으로 유한한 작위성을 비유한 것이다. 혼돈에게는 눈·귀·코·입의 구분이 없었다. 그러나 그런 구분이 없이도 보고 듣고 숨 쉬는 것이 불편하지 않았다. 무엇을 보고 무엇을 듣는지 모르는 채, 보고 듣고 숨 쉬는 상태, 보이면 보이는 대로, 들리면 들리는 대로 살아가는 것이 혼돈의 삶이었다.

장자는 "옛사람들은 혼망 속에 살았다"라고 했다. 최선은 혼망을 일러 "혼혼망망하여 천지가 아직 나누어지지 않았던 때"라 하였으니, 그렇다면 혼망은 일체의 구별이 없는 혼돈의 상태이다. 즉 옛사람들은 눈·귀·코·입을 구분하지 않고 보이면 보이는 대로, 들리면 들리는 대로 자연스럽게 살았다는 것이다. 또 그랬기 때문에 그때는 음양이 조화를 이루었고, 사계절의 운행이 절도에 맞았다.

언제부터였을까? 나와 너, 우리와 그들, 선과 악… 있는 것을 있는 그대로 보지 않고 나와 너를 구분하여 보기 시작한 때는. 있는 것을 있는 그대로 보지 않고 구분하여 보는 것이 마치 인간으로서 당연한 일인 것처럼 여기기 시작한 때는. 그리하여 음양이 조화를 잃고, 우리의 삶이 소란스럽고 척박해진 것은.

혼망은 천지가 아직 분화되기 이전의 시기라 하였으니, 그렇다면 천지가 분화되어 인간이 말하고 듣고 생각하고부터는 너와 나를 구분하며 선과 악을 구분하고 이편과 저편을 나누며 살았다는 뜻이다. 그러니 나누는 것은 참으로 오래되었고, 숙과 홀이 그랬던 것처럼 그 나누는 것이 너무나 당연한 것이 될 수밖에 없었다. 그러나 천지는 나누는 것으로부터 시작된 것이 아니다. 이 구별하는 마음을 버리지 못하면 저 음양이 조화를 이루고 사계절이 절도에 맞게 운행하며 사람이 제 수명을 온전히 다하던 시대로 돌아갈 수 없다.

좌와 우, 선과 악, 너와 나, 세상은 분열에 분열을 거듭하고 있다. 모두 내가 옳고 상대는 틀렸다고 하지만, 누가 옳고 누가 틀렸겠는가? 우리 모두 옳든가, 틀렸을 뿐이다. 옳고 틀린 것을 구분하기 전에 너와 내가 하나가 된다면 길은 거기서부터 열릴 것이고, 병은 저절로 나을 것인데, 사람들이 서로를 틀렸다고 하는 사이, 세상은 조화를 잃고, 다스리는 자는 덕(德)을 잃었으며, 백성은 충(忠)을 잃었다.

어느 누구도 즐겁지 않거늘 대체 누가 세상을 나누려 드는가? 그가 바로 믿을 수 없는 자이며, 세상을 맡길 수 없는 자이다.

第十七 秋水

| 탈현대 문명 |

베풂을 중히 여기지 않는 사회

> 그래서 위대한 인물[대인(大人)]의 행위는 남을 해치는 짓을 하지는 않
> 으나 [그렇다고] 인은(仁恩)을 [남에게 베푸는 짓을] 치켜세우지도 않소.
> 是故大人之行 不出乎害人 不多仁恩

　무엇인가 도움이 필요한 사람에게 베푸는 것은 좋은 일일까? 나쁜
일일까? 물론 좋은 일이다. 현대 사회에는 베풂이 드물고, 베풂을 중
히 여긴다. 탈현대 사회에서는 베풂이 흔하고 베풂을 중히 여기지 않
는다.

　현대인은 소인(小人)이며, 무도한 존재이다. 무엇인가 도움이 필요한
사람에게 베푼다는 것은 현대인에게는 아주 어려운 일이다. 자기 자
녀들에게는 수억 원의 돈도 아낌없이 써 대는 사람이 어려움을 겪고
있는 이웃에게는 돈 몇 만 원에도 부들부들 떤다. 그 결과, 수억 원을

쏟아붓는 자녀도 망치고, 이웃을 돕지 못하는 자신도 망친다.

베풂이 드물어지니, 베풂이 중히 여겨진다. 필자는 언제나 폐차가 얼마 남지 않은 낡은 차를 타고 다닌다. 10년쯤 전에도 폐차 직전의 낡은 차를 타고 가다가 차가 편도 5차선의 넓은 길 한가운데에 섰다. 그리고 비가 내리고 있었다. 필자는 어쩔 수 없이 차에서 내려 운전자석 문을 열고, 한 손은 핸들을 잡고 다른 한 손은 차문을 잡고 밀었다. 차가 쌩쌩 달리는 큰길 한가운데서 정지된 차를 길가까지 미는 일은 무척 힘이 들었다. 그때 봉고차를 타고 가던 한 청년이 자신의 차를 길가에 세우고, 비를 맞으면서 차를 힘껏 밀어 주었다. 차가 길가에 이르자 그 청년은 인사도 받지 않고 쏜살같이 봉고차를 몰고 떠나 버렸다.

그 청년은 대인(大人)이며, 도와 하나가 된 삶을 살아가는 탈현대인이다. 도움을 필요로 하는 사람에게 도움을 베푸는 것은 그 청년에겐 숨 쉬는 것처럼 자연스러운 일이었다. 그는 자신이 베푼 도움을 중히 여기지 않았다. 베풂이 드문 현대 사회이기에 그날 빗속에서 청년이 필자에게 베풀어 준 도움은 아직도 마음속에 똑똑히 남아 있다.

탈현대 사회는 어떤 사회일까? 필자에게 도움을 베푼 그 청년과 같은 사람들로 구성된 사회이다. 그들은 상대편을 해치지 않는다. 상대편을 해친다는 것은 그들에겐 너무나도 어려운 일이며, 불가능한 일이다. 상대편에게 도움을 베푼다는 것은 그들에겐 너무나도 쉽고, 자연스러운 일이다. 그래서 탈현대 사회에서는 아무도 해치는 짓을 하지 않으나, 남에게 베푸는 것을 치켜세우지도 않는다.

우물 안 개구리

하백이 말했다. "세상의 논객들은 모두 '지극히 작은 것은 형체가 없고 지극히 큰 것은 둘러쌀 수가 없다.' 하는데 이게 정말일까요?" 북해약은 대답했다. "대저 작은 입장에서 큰 것을 보면 [도저히] 다 볼 수가 없소. [또] 큰 입장에서 작은 것을 보면 분명하게 알아볼 수가 없소. 대체 지극히 작다 함은 작은 중에서도 더욱 작은 것이며 [지극히] 크다 함은 큰 중에서도 더욱 큰 것이오. 그래서 [지극히 작다든가 지극히 크다는 것도] 각자의 편의대로 용도가 다를 뿐이며 이는 상황에 따라 [달리] 있는 거요. …."

河伯曰 世之議者皆曰 至精無形 至大不可圍 是信情乎 北海若曰 夫自細視大者不盡 自大視細者不明 夫精小之微也 垺大之殷也 故異便 此勢之有也

황하의 신으로 자부했던 하백은 가을 홍수로 인해 동쪽으로 흘러가 끝도 보이지 않는 넓은 북해의 신[渃]을 만나게 된다. 하백과 약은 크고 작음에 대한 상대주의의 이치를 이야기한다. 약을 만나기 전에 하백은 큰 물로서의 자신의 존재감에 흠뻑 빠져 있었지만, 약을 만남으로써 자신이 우물 안의 개구리였다는 사실을 알게 된다. 약은 지극히 작고 지극히 큰 것은 상대적인 것이며, 작고 큰 것은 그대로의 용도가 다를 뿐이고 상황에 따라 다르게 있는 것이라고 말한다.

세상 사람들은 작은 것과 큰 것을 나누고 구분하는 데에 삶의 많은 시간을 투자한다. 어떻게 보면 삶의 모든 순간을 작고 큰 것을 비교하느라 쩔쩔매고 있는지도 모른다. 수많은 잣대를 만들고 지표를 만들어서 삶을 끊임없이 비교한다. 현대인들은 자신이 어떤 사회에 살고 있는지 판단하기 위해서, 경제성장률, 국민소득, 취업률, 출산율 등의 수치 변화에 촉각을 곤두세운다. 모든 것이 지속적으로 성장할 수만은 없음에도 불구하고 수치가 떨어지면 불안해한다. 심지어 성장을 향해서 달리다가 발생하는 희생은 충분히 감수해야 한다는 인식이 사회적으로 팽배하다. 무엇을 위한 성장인지, 어떤 성장을 지향해야 할 것인지에 대한 근본적인 질문은 생략하기 십상이다.

현대인들은 오늘 주가는 어떤지, 내 아파트가 얼마나 올랐는지, 구입하려는 상품의 할인율은 얼마인지를 따지면서 일상을 보낸다. 심지어 이해득실을 따질 대상이 불분명한 핫 플레이스 방문, 맛집 탐방, 인싸템[인사이더를 의미하고 인싸들에게 유행하는 아이템] 구입 등으로 자신의 삶을 다른 사람과 비교한다. 정작 비교하는 삶으로 인해 곪고 병들어서 치유를 필요로 하는 자신의 내면을 돌보지 않는다. 겉으로 드러나는 삶으로 비교하고 뒤처지지 않으려고 애를 쓴다.

사람들은 그렇게 끊임없이 삶에서 만나는 것들의 귀천과 대소를 구별하며 산다. 내 손에 들어온 것이 작은 것이 아닐까 조바심을 내면서 삶을 허비하기도 한다. 때로는 내가 큰 것을 가진 것으로 착각하고 으쓱하고 작게 보이는 것을 깔보기도 한다. 그러나 장자는 도(道)의 관점에서 보면, 작은 것과 큰 것을 분별하는 것은 무의미하다고 말한다. 작은 것은 작은 대로, 큰 것은 큰 대로, 그런 모양일 뿐이다. 이 진리를 자각하지 못하면, 누구나 우물 안 개구리와 같은 삶을 살 수밖에 없다. 눈앞에 보이는 것에 연연하고 귀천대소를 분별하면서 자신의 삶을 낭비하게 되는 것이다.

교육에 얽매인 자

북해약(北海若)이 말했다. "우물 속에 있는 개구리에게 바다에 대해 말해도 소용없는 것은 그 개구리가 좁은 곳에 사로잡혀 있기 때문이오. 여름 벌레에게 얼음에 대해 말할 수 없는 것은 그 벌레가 살고 있는 철에 얽매여 있기 때문이오. 한 가지 재주뿐인 사람에게 도를 이야기해도 통하지 않는 것은 그가 자신이 받은 교육에 얽매어 있기 때문이오.

北海若曰 井蛙不可以語於海者 拘於虛也 夏蟲不可以語於氷者 篤於時也 曲士不可以語於道者 束於敎也

장자 「추수(秋水)편」의 첫 구절이다. 가을에 홍수가 나서 숱한 강물이 황하로 흘러들었다. 물이 둑을 넘어 범람하여 사방이 온통 물로 뒤덮였다. 황하의 신인 하백(河伯)은 의기양양하여 자신이 천하의 모든 것을 품고 있다고 생각했다. 그런데 하백이 물길을 따라 흘러 북해에 이르니 바닷물이 얼마나 넓은지 끝이 보이지 않았다. 그래서 하백은 한숨을 쉬며 북해의 신인 약(若)에게 말했다. "속담에 백쯤 되는 도리를 들으면 저보다 나은 자가 없다고 생각한다고 하는데, 내가 오늘 당신의 문 앞에 이르지 못했다면 도를 터득한 사람들로부터 비웃음을 샀을 것입니다."

한 가지 재주뿐인 사람은 요즘으로 치면 전문가일 것이다. 교육에 얽매인 자는 장소와 시간에 갇힌 개구리나 여름 벌레와 마찬가지로 자신이 받은 교육으로 인해 조건화된 사람이다. 학문의 분과화가 진행될수록 학자들은 보다 더 좁은 분야를 깊이 연구한다. 그러다 보니 자신의 바로 옆 분야의 내용에도 점점 더 무지해지는 '전문적 바보'가 된다. 현대 학문이 하는 일이란 이것과 저것을 구별하고 경계 짓는 일이다. 백로를 연구하는 전문가들은 중대백로와 중백로, 그리고 쇠백로가 어떻게 다른지 경계 짓는 일에 평생을 건다.

그러나 자연에는 경계가 없다. 자연은 전문가들이 구별하는 경계에 대해 전혀 알지 못한다. 자연이 어리석기 때문에 그런 것이 아니다. 자연은 우주에서 가장 지적인 도구 중 하나라고 우쭐대는 인간의 두뇌 또한 만들어 냈기 때문이다. 물론 자연에도 선이 있다. 지평선과 호수의 가장자리 등이 그것이다. 그러나 선은 경계와 다르다. 앨런 왓츠는 경계와 달리 자연의 선은 나누는 동시에 만나는 지점을 나타낸다고 말한다. 즉 자연의 선들은 '나누고 구분하는' 것만큼이나 '결합하고 통일'시킨다는 것이다.

현대인의 삶은 모두 경계선 긋기에 기초해 있다. 교육을 받는 것은 어디에 어떻게 경계를 그을 것인지, 그런 다음에 경계 속에서 어떤 일을 해야 할지를 배우는 일에 지나지 않는다. 그렇지만 경계를 긋는 일은 전선(戰線)을 구축하는 일과 다르지 않다. 경계를 긋는 순간 그것을 기준으로 그 안과 밖이 서로 대립하기 때문이다. 장자의 혼돈설화와 마찬가지로 아담이 죄를 짓는 순간 그가 창조하려고 그토록 애썼던 경계 전체가 그를 괴롭히기 시작했다. 결국 아담이 배운 당혹스러운 사실은 모든 경계선은 또한 잠정적인 전선이라는 점, 따라서 하나의 선을 긋는 것은 곧 스스로 갈등을 자초하는 일이라는 것이었다.

우리가 구축한 모든 경계 중에 나와 나 아닌 것 사이의 경계야말로 가장 원초적이다. 보는 자와 보이는 것의 구별이 그것이다. 그러나 지각 과정에서 '보는 자', '보는 행위', '보이는 대상'은 따로 분리되어 있지 않다. 이 세 가지는 모두 한 과정의 세 가지 측면에 지나지 않는다. 만약 세 가지를 구별한다면 물이 흘러가는 것을 '흘러가는 물이, 흘러가는 행위를 하면서, 흐른다'라고 표현해야 할 것이다.

인공지능시대를 맞이하여 아이들이 배우는 지식, 즉 경계의 대부분은 2050년이면 별 소용이 없어질 가능성이 크다. 유발 하라리는 『21세기를 위한 21가지 제언』에서 15세 소년에게 지금 해 줄 수 있는 최선의 조언은 "어른들에게 너무 의존하지 말라"는 것이라고 하면서, 현재 우리들의 아이들이 배워야 하는 것은 경계 지어진 지식이 아니라 정보를 이해하는 능력이고, 무엇보다 수많은 정보 조각들을 조합해서 세상에 관한 큰 그림을 그릴 수 있는 능력이라고 하였다.

성군(聖君)의 용기

궁지에 몰리는 것에도 운명이 있음을 알고, 뜻대로 되는 것에도 때가 있음을 알아서 큰 난관에 부딪혀도 두려워하지 않는 것은 성인의 용기이다.
知窮之有命 知通之有時 臨大難而不懼者 聖人之勇

　주공이 섭정하여 천하가 태평하자, 남쪽의 월상씨(越裳氏)가 찾아와 주공에게 흰 꿩을 바치며 말하기를, "우리나라 노인들이 '하늘에 풍우가 거세지 않고 바다에 해일이 일지 않은 지 지금 3년이 되었다. 아마도 중국에 성인이 계신 듯한데 어찌하여 조회하지 않는가'라고 하므로 조공을 바치러 왔습니다"라고. 『중용』에 중화(中和)가 지극한 경지에 이르면 천지가 제자리를 찾고 만물이 길러진다고 하였으니, 성인의 덕은 풍우와 해일조차 잠재운 것일까?

　『주역』「계사전」에는 "황제와 요순시대에는 임금이 의상을 드리우고 가만히 앉아만 있어도 천하가 그 덕에 힘입어 잘 다스려졌으니, 이는 천지자연의 법도를 취했기 때문이다"라고 하였다. 역시 성군의 덕이 지극한 경지에 이르면 천하는 저절로 다스려진다는 것일까?

　공자는 송나라를 여행하던 중 환퇴를 만나 죽을 고비를 맞았는데, "하늘이 나에게 덕을 주셨거늘 환퇴 따위가 나를 어찌할 수 있겠는가?"라고 하였고, 광나라에서 사람들에게 포위되었을 때에는 "문왕의 문물이 내게 있는데 하늘이 나를 버리겠는가?"라고 하였다. 공자가 목숨을 구한 것은 하늘의 뜻인가? 그렇다면 어찌하여 공자는 태평성세를 이루지 못한 채 어지러운 세상에서 죽어가야 했는가?

공자에게 주어진 명(命)은 고대의 문물을 계승하여 어지러운 세상을 바로잡는 것, 그러나 태평성세를 이루지 못한 것은 시세(時勢)가 그러했기 때문이다.

태평성세를 이루겠다는 원대한 포부를 가지고 시작한 일도, 진심으로 백성을 사랑하여 그들을 위해 계획한 일도, 때로는 세상을 어지럽히는 결과를 낳고 백성의 원망을 사기도 한다. 일신의 야망을 위해 세상을 도탄에 빠뜨리고, 자신의 이익을 위해 백성의 목숨을 지푸라기처럼 가볍게 여기는 폭군의 시대에도 비가 알맞게 내려 풍년이 들고 바다에는 고기떼가 몰려오기도 한다. 그것은 시세가 그러하기 때문이다.

그러므로 장자는 말한다. 요순이 태평성세를 이룬 것은 시세가 그러했기 때문이라고. 인간은 우주의 기(氣)를 받아서 태어난 존재이다. 시세는 우주의 흐름이니 인간이 어찌 거스를 수 있겠는가? 명은 하늘이 내게 내린 명령이다. 그 또한 어떻게 거역할 수 있겠는가? 명은 엄중하고 시세는 가혹하다. 그러므로 자신의 명을 알고, 시세에 순응하는 것은 오직 성인만이 할 수 있는 일이니, 그러므로 그것을 성인의 용기라 이르는 것이다.

과연 성인의 용기를 지닌 통치자는 누구인가? 고결한 뜻과 어진 마음으로 태평성세를 이루고자 했거늘 가혹한 시세를 만나 역경에 처한 통치자는 누구인가? 세상이 조롱하고 자신이 사랑하는 백성조차 자신을 원망할 때, 시세를 탓하지 않고 오직 나라를 위해 용기를 낼 수 있는 통치자는 누구인가?

第十八 至樂

에고로부터 해방된 사회

옛날 해조(海鳥)가 [날아와] 노(魯)나라 [서울의] 교외(郊外)에 멈추었다. 노후(魯侯)는 이 새를 [일부러] 맞이하여 종묘 안에서 술을 마시게 하고 구소(九韶)의 음악을 연주하며 소·돼지·양(羊)을 갖추어 대접했다. 새는 그만 눈이 아찔해져서 걱정하고 슬퍼하며 한 조각의 고기도 먹지 않고 한 잔의 술도 마시지 않은 채 사흘 만에 죽어 버렸다. 이는 [노후가] 자기를 보양(保養)하는 방법으로 새를 보양했지, 새를 키우는 방법으로 새를 보양하지 않은 [때문인] 것이다.

昔者海鳥止於魯郊 魯侯御而觴之于廟 奏九韶以爲樂 具太牢以爲膳 鳥乃眩視憂悲 不敢食一臠 不敢飮一杯 三日而死 此以己養養鳥也 非以鳥養養鳥也

자기중심적인 사랑이란 없다. 『선의 황금시대』에서 오경웅(吳經熊)은 이렇게 썼다. 아내의 임종 미사를 위해 신부님이 왔다. 신부님은 선 자리에서 임종 미사를 집전했다. 이때 아내가 이렇게 말했다. "여보, 신부님 다리 아프실 텐데 의자를 좀 내어드려요." 아내는 죽음 앞에 서도 에고의 자기중심성에 사로잡히지 않았다. 그래서 신부님에 대한 배려를 베풀 수 있었다.

필자는 단단한 에고에 갇혀 지내는 현대인이다. 어떤 상황에서도 '자기 자신을 먼저 생각하는 나'를 자주 만난다. 아내를 사랑한다고 생각하지만, 수저를 놓을 때면 언제나 자신의 수저를 먼저 놓는 나를 만난다. 설거지를 할 때면, 필자의 전용 컵을 더 정성스럽게 씻고 있 는 나를 만난다. 대학 시절 연애를 할 때, 필자가 좋아했던 여학생이 필자를 이렇게 서술했던 기억이 난다. '드라이하다.' 워낙 자기중심적 이다 보니까, 상대편에 대한 관심도 부족하고, 그러다 보니 상대편의 감정에 공감할 수 있는 능력도 떨어져서, 이에 짜증 난 여학생이 필자 를 그렇게 평했던 것 같다.

에고가 주체가 되어 살아가는 현대인은 자기중심성을 벗어날 수 없 다. 그래서 현대인은 상대편에게 깊은 관심을 기울일 수도 없고, 배려 할 수도 없으며, 상대편의 감정 상태에 공감할 수도 없다. '사랑할 수 없는 존재', 이것이 바로 불행하고 추한 현대인의 자화상이다.

'에고로부터의 해방', '자기중심성으로부터의 해방', 이것은 나의 행 복을 위한, 그리고 내가 사랑하는 사람에게 행복을 선물할 수 있는 존재가 되기 위한 필수적인 과제이다. 동시에 이것은 인류가 탈현대 사회로 나아가기 위한 필수적인 과정이다.

어떻게 '에고로부터의 해방'을 이룰 것인가? 어떻게 '자기중심성으 로부터의 해방'을 이룰 것인가? 해방을 위한 첫걸음은 '에고에 갇혀 있는 나에 대한 자각', '자기중심적인 나에 대한 자각'이다. 그런 다음에는 어떻게 해야 할까? '에고에 갇혀 있는 나를 용서' 하는 것, '자기중심적인 나를 용서' 하는 것이다. 나는 결코 자기중심적이고 싶어서 자기중심적인 것이 아니고, 배려하기 싫어서 배려하지 않는 것이 아니며, 공감하고 싶지 않아서 공감하지 않는 것이 아니다. 다만 나는 에고에 갇혀 있어서, 어쩔 수 없이 자기중심적이고, 배려하지 못하며, 공감하지 못하는 것이다. 그러므로 나는 이런 추한 나를 용서해야만 한다. 용서하는 순간, 내 안에는 '추한 에고를 용서할 수 있는 나'가 깨어난다.

이런 추한 나를 따뜻하게 품어 주고 사랑해 주는 순간, 내 안에는 '추한 에고를 따뜻하게 품어 줄 수 있는 나'가 깨어나게 된다. 이렇게 '참나'는 깨어나 활동하게 된다. '참나'가 깨어나 활동하는 그곳이 바로 탈현대의 영토이다. 우리가 나아가는 만큼, 탈현대는 우리 곁으로 성큼 다가온다.

편안하고 즐거운 삶

천하에 지극한 안락이란 있는 걸까 없는 걸까? 몸을 살리는 안락이란 있을까 없을까? 지금 무엇을 하고 무엇을 말며, 무엇을 피하고 무엇에 머물며, 무엇을 따라가고 무엇을 없애 버리며, 무엇을 즐기고 무엇을 싫어해야 하는가!

天下有至樂 無有哉 有可以活身者 無有哉 今奚爲奚據 奚避奚處 奚就奚去 奚樂奚惡

사람들은 너나 할 것 없이 모두 편안하고 즐거운 삶을 바란다. 편안하고 즐거운 삶을 살기 위해서 사람들은 많은 것을 희생하기도 한다. 자신에게 편안함과 즐거움을 줄 삶의 기대 수준을 정하고 그것을 향해서 돌진하는 데 삶의 온힘을 쏟기도 한다. 그러나 안락은 거기에 있지 않다. 장자는 사람들이 세속에서 즐기는 것들은 삶을 파괴하는 것이라고 말한다. 다음 구절은 세상 사람들의 편안하고 즐거운 삶을 추구하는 어리석은 모습에 대한 장자의 설명이다.

무릇 천하 사람들이 숭상하는 것은 부(富)와 귀(貴), 장수와 명예이다. 즐기는 것이란 몸의 안락, 맛있는 음식, 아름다운 옷, 예쁜 여자, 황홀한 음악이고, 깔보는 것이란 가난과 비천(卑賤), 요절과 나쁜 소문이다. 괴로워하는 것이란 몸이 편안치 못함, 입이 맛있는 것을 먹지 못함, 몸이 아름다운 옷을 걸치지 못함, 눈이 예쁜 여자를 보지 못함, 귀가 황홀한 음악을 듣지 못함 등이다. 만약 [이런 것들을] 얻지 못하면 [그들은] 크게 걱정하고 두려워한다. [이렇듯] 그들이 육체를 위해 하는 것이란 얼마나 어리석은가!

그렇다면, 장자가 말하는 지극한 안락이란 무엇인가? 장자는 세속적인 편안함이나 즐거움으로부터 자유로워지고 자연에 순응하는 무위(無爲)의 경지가 안락이라고 말한다. 무엇인가 함으로써 편안하고 즐거움을 찾으려고 안달하는 것이 아니라, 무위로써 몸을 살리는 것이 지극히 편안하고 즐거운 것이라고 장자는 말한다. 장자의 말대로 사람들의 삶은 아이러니하게도 편안한 것을 추구하다가 더욱 불편을 초래하는 경우가 허다하다. 오늘날 사람들이 분신처럼 생각하는 휴대폰은 소통에 무한한 편리함을 주었지만 반면 사람들은 휴대폰이 없이 살지 못할 정도로 불편을 겪고 있다.

사람들이 추구하는 즐거움은 더욱 그렇다. 즐거움을 찾아서 음식, 옷, 미인, 음악 등에 관심을 기울이면 기울일수록 더욱 자극적인 것에서 즐거움을 발견할 수밖에 없고, 어느 순간에는 어떤 즐거움도 맛보지 못하게 되는 것이 현실이다. 또한 즐거움을 주는 것이라고 생각한 것이 자신의 삶을 송두리째 지배하게 되고 그것에 의존하는 노예가 될 수밖에 없다. 삶을 완전히 망치기 십상이다.

세속적으로 사람들에게 즐거움을 주는 음식, 옷, 미인, 음악 등은 삶의 궁극적인 목적이 될 수 없다. 그래서 그것을 추구하며 느끼는 즐거움의 크기가 클수록 삶의 본질과는 멀어지게 된다. 또한 편안하고

즐거운 삶의 본래 목적과도 간극이 커지게 된다. 편안하고 즐거운 삶
이란 편안한 즐거움을 추구하려는 어떤 노력으로 얻을 수 있는 것이
아니기 때문이다. 삶의 의미를 진실로 만나고 자신의 내면에 귀 기울
이는 순간 무엇을 가졌든 못 가졌든 편안하고 즐거운 삶을 누릴 수
있는 것이다.

무위의 즐거움과 죽음교육

살아 있다는 것은 천지의 기를 잠시 빌리고 있는 걸세. 이 혹은 그 기를 빌려 생겼다네. 삶이란 먼지나 티끌이 묻음과 같단 말일세. 죽음과 삶은 낮과 밤이 있음과 같아.

生者 假借也 假之而生 生者 塵垢也 死生爲晝夜

지리숙(支離叔)과 골개숙(滑介叔)이 천하를 유람하는데 갑자기 골개숙의 왼쪽 팔꿈치에 혹이 생겼다. 골개숙이 그 혹을 싫어하는 것처럼 보여 지리숙이 물었다. "자네 그 혹이 싫은가?" 그 물음에 골개숙이 위와 같이 대답하였던 것이다. 장자가 보는 삶과 죽음은 혹이 생겼다가 사라지는 것과 같다. 장자의 아내가 죽었을 때 장자는 문상을 간 친구 혜자에게 다음과 같이 말했다.

그 태어나기 전의 근원을 살펴보면 삶이란 없었던 거요. 그저 삶이 없었을 뿐만 아니라 본래 형체도 없었소. 비단 형체가 없었을 뿐만 아니라 본시 기(氣)도 없었소. 그저 흐릿하고 어두운 속에 섞여 있다가 변해서 기가 생기고, 기가 변해서 형체가 생기며, 형체가 변해서 삶을 갖추게 된 거요.

장자가 초나라로 가는 길에 백골이 된 두개골을 보았다. 장자는 피곤해서 두개골을 베고 누웠다. 꿈에 두개골이 나타나 죽음이 어떤 것인지 말해 주었다.

　　죽음의 세계에는 위에 군주도 없고 아래에 신하도 없지. 또 사철의 변화도 없다네. 편안하게 몸을 맡긴 채 천지와 함께 수명을 누린다네. 인간 세상에서의 제왕의 즐거움인들 이에 미치지는 못할 걸세.

　장자가 믿어지지 않아 물었다. "혹시 내가 생명의 신에게 부탁하여 그대를 살려 부모와 처자, 고향의 친지들에게 돌아가게 해 준다면 돌아가겠는가?" 이 말에 두개골은 심히 눈살을 찌푸리며 말했다. "내가 어찌 제왕 못지않은 이 즐거움을 버리고 다시 인간 세상의 괴로움을 겪겠는가?"

　세상 사람들은 참된 즐거움[至樂]이 무엇인지 모른다. 부귀와 장수와 명예, 몸의 안락과 맛있는 음식, 아름다운 옷, 예쁜 여자, 황홀한 음악이 참된 즐거움이라고 생각한다. 그러나 평생 이러한 즐거움을 추구하다가 마침내 죽음을 맞이한다면 그 허무함은 어떻게 견딜 것인가? 최근에 의학의 발전으로 많은 노인들이 늙고 정신이 흐려진 상태에서 죽지 않고 살아간다. 삶이라고 하는 것이 단지 이 몸뚱이 하나 붙들고 있는 것이라면 어찌 허무하지 않으랴?

　장자가 주장하는 참된 즐거움은 바로 무위(無爲)의 삶이다. 무위란 곧 자연의 질서에 순응함이다. 하늘은 무위함으로써 맑고, 땅은 무위함으로써 평안하다. 만물은 이 두 가지 무위에서 생겨나 번성해 나간다. 삶과 죽음을 무위로 받아들인다면 그것이 곧 참된 즐거움이다.

죽음교육이란 삶과 죽음을 무위로서 받아들이는 교육이다. 무위로서 삶과 죽음을 받아들이면 곧 삶도 없고 죽음도 없음을 깨닫게 된다. 삶과 죽음이란 골개숙의 팔꿈치에 생긴 혹과 같이 온생명의 한 부분으로 잠시 드러났다가 다시 온생명으로 돌아가는 것이기 때문이다. 낱생명은 파도와 같고 온생명은 바다와 같다. 파도로서 자연의 질서에 순응하여 솟구치다가 다시 바다로 돌아가 편히 쉰다면 그것이 진정 참된 즐거움일 것이다.

| 탈현대 국가 |

성군의 지락(至樂)

 무릇 신분이 귀한 자는 밤낮으로 옳고 그름을 따지느라 마음을 썩이니,
이는 (신분이라는) 겉모습을 위하는 것으로 지락과는 동떨어진 것이다.
夫貴者 夜以繼日 思慮善否 其爲形也 亦疎矣

거친 밥에 물 마시고 팔 굽혀 베개 삼아도 즐거움은 그 가운데 있다. 의
롭지 못한 부귀는 내게는 뜬구름과 같으니라.

공자의 '지락(至樂)'을 말할 때 자주 등장하는 대목이다.
주자는 이 글을 주해하여 "성인의 마음은 천리(天理)와 혼연일체를
이루므로 비록 극도의 곤경에 처하더라도 '즐거움'이 없을 때가 없다.
의롭지 못한 부귀는 뜬구름과 같아서 그 마음을 움직이지 못한다"라
고 하였다.

세상 사람들이 모두 즐겁다고 하는 것도 그것이 즐거운 것인지 모르겠
고, 그렇다고 또 즐겁지 않은 것인지도 모르겠으니, 과연 즐거움이란 것
이 있는 것인가 없는 것인가. … 즐거움을 얻지 못하면 사람들은 크게 근
심하고 두려워하는데 이런 것을 가지고 몸을 기르는 것은 어리석은 짓
이다.

세상 사람들이 귀하게 여기는 것은 부귀와 장수, 그리고 선[富貴壽善]이고, 즐겁게 여기는 것은 몸의 편안함, 맛있는 음식, 훌륭한 의복, 아름다운 목소리[身安厚味美服好色音聲]라고 한 장자는 그러나 그것이 정말 귀하고 즐거운 것인지는 모르겠다고 말한다.

공자는 세상 사람들이 귀하고 즐겁게 여기는 것을 뜬구름에 비유했고, 장자는 어리석은 것이라 하였으니 그렇다면 무엇이 진정한 즐거움일까?

장자는 말한다. "지극한 즐거움에는 즐거움이 없으며, 지극한 명예에는 명예가 없다. … 지극한 즐거움은 무위일 때만 얻어진다"라고. 즐거움의 상(相)을 만들어 그것을 좇으려 하면 오히려 즐거움으로부터 멀어질 뿐이라는 것이다.

공자인들 '거친 밥에 물 마시고 팔 굽혀 베개 삼는 것'이 즐거웠겠는가? 세상에 뛰어들어 시비(是非)를 분간하고 세상을 바로잡는 일이 즐거웠겠는가? 거친 밥을 먹고 거친 잠자리에 몸을 뉘어도, 시비를 분간하고 세상을 바로잡고자 마음을 썩여도 그것이 자신에게 주어진 명(命)이고 도(道)에 따르는 것이기에 기꺼워하였을 것이다.

훌륭한 통치자가 일신의 부귀를 즐거움으로 삼겠는가? 그렇다고 선악을 바로잡는 일이 즐거워서 하는 것이겠는가? 어지러운 세상을 만나 곤궁에 처한 백성을 내버려 둘 수 없기에 그것이 제 마음을 썩이더라도 외면할 수 없고, 결국 이루지 못할 꿈이라 한들 포기할 수 없을 뿐이다.

그렇다면 훌륭한 통치자의 즐거움은 무엇인가? 하늘의 뜻을 알고, 백성을 사랑하며, 자신이 할 수 있는 일을 하는 것, 천명(天命)을 깨닫고 천명을 실현하니 그것이 그의 즐거움이 아니겠는가?

第十九 達生

도와 하나가 된 사회

공자가 따라가서 물었다. "나는 당신을 귀신인가 했는데 잘 살펴보니 당신은 사람이오. 한마디 묻겠는데 물에서 헤엄치는 데에도 도가 있는 거요?" [사나이가] "없소. 내게 도란 없고 평소에 늘 익히는 것으로 시작하여 본성에 따라 나아지게 하고 천명(天命)에 따라 이뤄지게 한 겁니다. 나는 소용돌이와 함께 물속에 들어가고 솟는 물과 더불어 물 위에 나오며 물길을 따라가며 전혀 내 힘을 쓰지 않습니다. 이것이 내가 헤엄치는 방법이오."

孔子從而問焉 曰 吾以子爲鬼 察子則人也 請問 蹈水有道乎 曰 亡 吾无道 吾始乎故 長乎性 成乎命 與齊俱入 與汨偕出 從水之道而不爲私焉 此吾所以蹈之也

「달생(達生)편」에는 도와 하나가 되어 살아가는 많은 예화가 나온다. 술 취한 자가 수레에서 떨어져 죽지 않는 일, 매미를 잘 잡는 꼽추 이야기, 배를 잘 젓는 사공 이야기, 칠십이 되어서도 갓난애 같은 낯빛을 하고 있는 사람 이야기, 무적의 싸움닭을 조련하는 이야기, 귀신같이 나무를 깎는 목수 이야기, 말을 잘 부리는 사람 이야기, 줄을 잘 긋는 사람 이야기 등이 나온다.

윗글에서 언급한 헤엄 잘 치는 사내 이야기도 그중 하나이다. 모든 이야기는 도와 하나가 된 사람들의 이야기이다. 도와 하나가 되면 어디서 무엇을 하건 잘할 수 있다. 인간관계이건, 양생이건, 자녀교육이건, 직장생활이건 관계없이…. 반대로 도와 어긋나면 어디서 무엇을 하건 고통을 겪게 된다.

현대인의 삶이 고달픈 까닭은 도를 거슬러 무엇을 이루고자 하기 때문이다. 마치 『성서』에서 바벨탑을 쌓아 하늘에 닿으려고 하는 것과 같은 헛된 노력을 기울이기 때문이다. 도와 어긋나면 불필요한 힘이 들어간다. 2019년 메이저리그 베이스볼에서 류현진이 엄청난 성적을 거두고 있는 데는 실력과는 별개의 플러스알파가 있다. 그의 어깨에는 불필요한 힘이 들어가지 않는다. 부드러운 동작으로 던지는 투수와 딱딱한 동작으로 치려고 하는 타자가 맞붙어서 타자가 이기기는 힘든다.

어깨에 힘이 잔뜩 들어가 있는 현대인과 도와 하나가 되어 부드럽기 짝이 없는 탈현대인이 맞붙으면 누가 이기게 될까? 현대인은 하고자 하지만 할 수 있는 것이 없고[爲而無爲], 탈현대인은 하고자 하지 않지만 할 수 없는 것이 없다[無爲而無不爲].

탈현대 사회는 도와 하나가 되어 살아가는 탈현대인으로 구성된 사회이다. 그러므로 탈현대 사회는 도와 하나가 된 사회이다. 탈현대 사회에서는 도와 어긋난 욕망의 추구가 없다. 사람들은 일상의 평범한 것 속에서 비범한 것을 느낀다. 이루고자 함이 없으니 실패도 없다. 어떤 일이 닥쳐와도 당황하지 않으며, 평화롭다. 결핍감이 아니라 열정이 행위의 동기가 된다. 지금 여기에 깊이 머문다. 아무 일도 없는데 입가에 미소가 피어난다. 특별한 일이 없지만 세상은 의미로 넘쳐난다.

진정한 고수

다른 닭이 울음소리를 내도 태도에 아무 변화가 없습니다. 멀리서 바라보면 마치 나무로 만든 닭 같습니다. 그 덕이 온전해진 겁니다. 다른 닭이 감히 대응하지 못하고 도망쳐 버립니다.

鷄雖有鳴者 已無變矣 望之似木鷄矣 其德全矣 異鷄無敢應者 反走矣

기성자(紀渻子)가 왕을 위해서 싸움닭을 키운 이야기가 있다. 기성자가 닭을 키운 지 열흘이 되었을 때, 왕은 닭이 언제 싸울 수 있는지 묻는다. 기성자는 닭이 허세만 있고 상대를 업신여기는 수준이라서 안 된다고 한다. 열흘이 지난 후에 왕이 다시 묻자, 기성자는 닭이 이제 적수의 그림자나 소리만 들어도 허둥지둥 하고 허겁지겁 싸우려고 하는 정도라서 아직 아니라고 한다. 그리고 열흘 후에 또 묻자, 기성자는 지금은 상대를 노려보고 싸우려는 기세를 갖춘 정도라서 아직도 아니라고 한다. 그리고 또다시 열흘이 지나서 왕이 묻자, 기성자는 닭이 적을 보고도 태도의 변화가 없고 멀리서 보면 마치 나무 닭 같은 경지에 도달했으며 덕이 온전해졌다고 한다. 이런 닭을 보고 다른 닭이 감히 싸우려 하지 않고 도망쳐 버린다고 했다. 그렇다. 진정한 싸움의 고수는 싸울 필요가 없다.

이 이야기는 우리에게 삶의 태도와 자세를 성찰하는 지혜를 들려

준다. 상대를 얕잡아 보는 허세, 다른 사람이나 세상을 모두 적이라고 생각하고 싸우려고만 드는 모습, 상대를 노려보며 성을 내는 분노의 표출은 싸움의 하수라는 증거이다. 싸움의 하수는 삶의 태도와 자세로서도 낮은 경지이다. 삶을 너무 낮잡아 보고 허세를 부리는 것, 삶의 매 순간 모든 것을 극복할 대상으로만 보고 돌파하려고 하는 것, 삶을 삐딱하게 보고 늘 화를 내는 것은 삶을 제대로 살지 못하는 것이라고 장자는 말한다.

현대 사회에서는 너무 흔하게 상대와 삶을 얕잡아 보고 허세를 부리는 사람을 만날 수 있다. 또, 자기 자신을 포함해서 삶에서 만나는 모든 존재를 극복할 대상으로만 간주하며 피곤하게 사는 현대인이 다수이다. 그리고 온 세상에 대해서 화로 가득 차서 폭발하기 직전의 위태로운 삶을 사는 이들도 많다. 이들은 자신이 싸움의 고수이며 삶을 잘 살고 있다고 자부하지만, 실제로는 승리할 수 없는 싸움꾼일 뿐이고 좌충우돌하면서 자신과 다른 사람의 삶을 완전히 망치고 있다.

현대인들은 '눈에는 눈, 이에는 이'라는 논리를 숭배한다. 나에게 해를 입히면 그만큼 앙갚음을 해야 한다는 생각이다. 어쩌면 나에게 해를 입히기도 전에 해를 입히지 못하도록 선제공격으로 상대를 제압해야 한다는 계산을 하고 있는지도 모른다. 이런 삶에 대한 자세는 현대인을 불행하게 만든다. 자신을 보는 상대의 사소한 눈빛에서도 얕잡아 보는 것은 아닌지 의심하고, 상대의 존재 자체를 경쟁하고 극복해야 할 것으로 느끼며, 늘 세상과 다른 사람에게 불만을 느낀다.

장자가 말하는 싸움과 삶의 고수는 바로 상대의 어떤 공격이나 행동에도 흔들리지 않을 수 있는 경지를 갖춘 자이다. 자신의 존재와 삶을 있는 그대로 인정하면 얕잡아 볼 것도 없고 허세를 부릴 필요도 없다. 또, 자신과 삶에 대한 사랑과 믿음이 있다면, 상대의 공격이나 자극에도 덤벼들어서 싸우지 않고 오히려 그렇게 할 수밖에 없는 상대의 상처를 볼 수 있다. 또한 삶의 진리와 평화에 닿아 있으면 화를 낼 일도 불만을 가질 것도 없다. 세상의 어떤 일이나 누구도 자신을 흔들리게 할 수 없는 즉, 그 무엇도 자신을 공격할 수 없는 경지가 바로 싸움의 고수이다. 스스로에게 질문해 보자. 나는 고수인가, 아닌가?

재계(齋戒)의 방법

신이 장차 거(鐻)를 만들려 하면 감히 마음의 기운을 소모하지 않고 반드시 재계하여 마음을 깨끗이 합니다. 사흘을 재계하면 상을 받거나 벼슬을 얻는다는 따위의 생각을 품지 않게 되고, 닷새를 재계하면 세상의 비난이나 칭찬, 잘하고 못함 따위의 생각을 갖지 않게 되며, 이레를 재계하면 전혀 마음이 움직이지 않고 내가 사지와 육체를 지녔다는 것조차 잊고 맙니다. 이때가 되면 이미 조정의 권세는 마음에 없고 그 기술에 전념하여 밖에서 마음을 어지럽히는 것이란 모두 없어지고 맙니다. 그런 뒤에야 산에 들어갑니다.

臣將爲鐻 未嘗敢以耗氣也 必齊以靜心 齊三日 而不敢懷慶賞爵祿 齊五日 不敢懷非譽巧拙 齊七日 輒然忘吾有四枝形體也 當是時也 无公朝 其巧專而而滑消 然後入山林

『장자』「달생(達生)」에 나오는 일화이다. 노나라 목수 중에 거(鐻)라는 악기를 잘 만드는 재경(梓慶)이라는 목수가 있었다. 그가 만든 악기를 본 사람들은 모두 놀라며 귀신이 만든 것이 아닌가 의심하였다. 노나라 임금이 재경에게 악기를 만든 비법이 있는지 묻자 그가 대답한 것이 위와 같다.

재경이 재계를 하는 목적은 궁극적으로 나무의 본성과 자신의 본성이 하나가 되는 것이다. 장자는 이를 "하늘로써 하늘과 합한다[以天 合天]"라고 표현하였다. 그렇다면 재계는 어떻게 하는 것일까? 장자는 앞서 「인간세(人間世)」에서 공자의 제자인 안연(顔淵)을 내세워 심재(心 齋)의 방법을 소개한 바 있다. 심재란 마음을 재계하는 것으로 이는 재경의 재계와 다르지 않다. 심재의 핵심은 마음이나 귀로 듣지 말고 기(氣)로 들으라는 것이다. 기는 눈에 보이지도 않고 손에 잡히지도 않 고 텅 비어 있다. 또한 기에는 '나'라고 하는 생각이 없다. 기는 모든 존재에 편만하여 분리 독립된 형태로 존재하지 않기 때문이다. 이처 럼 '나'라는 생각에서 벗어나 자기 자신을 텅 비워 버리는 것, 그것이 바로 심재이고 재계이다.

재계를 통해 '나'를 잊으면 번거로움이 없어지고 마음이 평안해진 다. 그리고 마음이 평안하면 자연의 조화와 더불어 날로 새로워지는 무한한 삶을 얻는다. 술에 취한 사람이 수레에서 떨어지면 다치기는 해도 죽는 일은 없다. 술에 취하지 않은 사람에 비해 뼈마디나 관절 에 상해를 입는 것이 적은 까닭은 술 취한 사람의 마음이 무아무심 (無我無心)하기 때문이다. 그는 자신이 수레에 탔다는 것도 모르기 때 문에 수레에서 떨어지는 순간 죽음과 삶, 놀라움과 두려움 따위가 그 마음속에 들어가지 않는다. 이것을 장자는 '술에서 정신의 온전한 상 태를 얻음[得全於酒]'이라고 했다.

우리가 발을 잊는 것은 신발이 꼭 맞기 때문이고, 허리를 잊는 것 은 허리띠가 꼭 맞기 때문이다. 건강이나 행복도 마찬가지다. 건강과 행복이라는 말을 잊어버리는 것이 곧 건강이고 행복인 것이다. 재계 를 통해 마음이 온전해지는 것은 시비를 잊기 때문이다. 그럼에도 혹 시 시비에 휩쓸리게 되면 스스로 자신을 돌아보아야 한다. 내가 나의 지식을 내세워 다른 사람들의 무지를 드러내지는 않았는가? 재계를 올바로 하지 못하여 주변 사람들로 하여금 자신의 더러운 면을 자각하도록 만든 것은 아닌가?

재계란 결국 자신의 마음을 지켜보아 '나'라고 하는 그것이 어떻게 작동하는지 살피는 것이다. 그 '나'가 작동을 멈추면 한갓 술이 아니라 자연으로부터 온전함을 얻어 몸이 보존되고 정신이 자연의 조화와 하나가 될 수 있다. 이런 사람이 헤엄치는 것을 본 적이 있는가? 그는 수십 길에 달하는 폭포와 급류에 휩싸여도 전혀 동요하지 않는다. 소용돌이와 함께 물속에 들어가고, 솟는 물과 더불어 물 위로 나오며, 물길을 따라 흘러가 전혀 힘을 쓰지 않고 헤엄칠 수 있는 것이다.

성군(聖君)의 마음

질그릇으로 내기 활을 쏘면 잘 맞는다. 띠쇠로 내기 활을 쏘면 주저하여 잘 안 맞게 된다. 황금으로 내기 활을 쏘면 마음이 혼란하여 전혀 안 맞게 된다. 그 재주는 마찬가지인데 아끼는 마음이 있어서 외물을 중시하였기 때문이다. 무릇 외물만 소중히 여긴다면 내면의 마음은 옹졸해지고 만다.

以瓦注者巧 以鉤注者憚 以黃金注者殙 其巧一也 而有所矜 則重外也
凡外重者內拙

효종 10년, 65세의 허목(許穆)은 송시열(宋時烈), 송준길(宋浚吉)이 주도하는 북벌정책이 허명에 불과하며, 백성들의 고통을 가중시킬 뿐임을 고하기 위해 옥궤명(玉几銘)을 지어 왕에게 바쳤다. 명(銘)이란 탕왕(湯王)이 목욕반(沐浴盤)에 새긴 것이 그 효시로, 기물이나 금속에 글을 새겨 스스로를 경계토록 한 것이다.

경계하소서. 군주는 원수(元首)이니 백성의 부모입니다.
백성은 불변의 친애함이 없고, 어진 사람을 따르는 법입니다.
백성을 보호하는 자는 창성하고, 백성을 억압하는 자는 망합니다.
허물을 짓지 않도록 경계하소서. 덕을 닦고 의리를 지키소서.

자리에 안일하지 말아서, 치도(治道)가 실추되지 않게 하소서.

......

일을 할 때에 신중하지 아니함이 혼란의 시초이며

분할 때에 혼란을 생각지 아니함이 재앙을 초래하는 것입니다

천명은 불변하는 것이 아니라서, 언제나 덕 있는 이에게 돌아가며

덕은 선정을 베풀어야 하는 것입니다.

"분할 때 혼란을 생각하지 아니함이 재앙을 초래하는 것입니다." 두 번의 전쟁으로 강산은 피폐해졌고, 백성의 삶은 더할 나위 없이 곤궁해졌는데, 왕이 오직 일신의 설욕을 위해 북벌을 단행한다면 그것은 재앙일 뿐이다.

'분함'이란 청나라라는 외물에서 비롯된 것, 질그릇으로 내기 활을 쏘면 적중했던 것이 황금으로 내기 활을 쏘면 빗나가듯이, 나라를 다스리는 것이 왕의 본분임을 잊고, 그 외물에 마음이 흔들린다면 어떻게 나라가 어지럽지 않겠는가?

그러므로 허목은 말한다. 경계하고 또 경계하라고. 예로부터 '임금의 한 마음은 모든 교화의 근원[人主一心萬化之原]'이라 하였으니, 나라의 치란(治亂)은 임금의 한 마음에 달렸다. 그 마음을 경계하지 않는다면 백성이 친애하지 않을 것이며, 백성의 친애를 잃는다면 천명 또한 변할 것이다.

훌륭한 통치자란 어떤 자인가? 자신에게 주어진 명(命)이 무엇인지를 자각하여 그 마음을 잃지 않는 자이다. 띠쇠 정도에 흔들리는 마음으로 어떻게 나라를 다스릴 수 있겠는가? 나라는 욕망으로 넘쳐나고, 나라를 다스리는 자 또한 오직 그 욕망의 노예가 되니, 세상이 어

지러운 것은 당연한 일이다.

허목은 말한다. "천명은 불변하는 것이 아니어서 언제나 덕 있는 이에게 돌아간다"라고. 그러나 과연 천명이란 존재하는 것일까? 덕 없는 자들이 명(命)을 받은 지 오래이니 천명이 누구에게 있는지조차 알 수 없다. 백성이 외물에 찌들어 덕을 잃어버렸으므로, 어쩌면 천명 또한 누구에게 가야 할지 알 수 없는 것인지도 모른다.

第二十 山木

| 탈현대 문명 |

화를 내지 않는 사회

[가령] 배로 강을 건널 때 [그 한쪽이] 빈 배인데 자기 배에 와 부딪쳤다면 아무리 성급한 사람이라도 화를 내지는 않을 것입니다.

方舟而濟於河 有虛船來觸舟 雖有惼心之人不怒

어떤 배가 내 배를 피하지 않고 다가와 부딪친다면, 나는 화가 날 것이다. 그러나 그 배가 텅 빈 배라는 것을 발견한다면, 화를 낸 자신에 대한 실소가 터져 나올 것이다. 만일 그 배의 뱃사공이 술에 만취해 잠에 곯아떨어져 있는 것을 발견했다고 해도 그 결과는 마찬가지였을 것이다.

현대 사회에서 우린 내 배에 다가와서 부딪치는 많은 배를 만난다. 우린 화를 낸다. 분쟁이 일어나고, 고통의 바다에 빠진다. 이것이 현대인이 처해 있는 상황이다. 우리는 내 배에 와서 부딪친 배 때문에 불행해졌다고 생각한다. 그러나 실제로 우리가 불행해지는 이유는 무능력이다.

내 배에 다가와 내 배를 들이받은 배에 타고 있는 사공은 누구일까? 술에 취해 곯아떨어져 있는 사람이다. '에고가 나'라고 하는 환각에 사로잡혀 있는 사람이다. 그는 많은 상처를 갖고 있는 사람이다. 열등감과 우월감에 사로잡혀 있는 사람이다. 초조와 불안에 시달리는 사람이다.

그의 내면을 들여다볼 수 있다면, 우린 그가 가엾은 사람이며, 위로받아야 할 사람임을 알 수 있을 것이다. 그러나 현대인은 그의 내면을 들여다볼 수 없다. 무능력한 것이다. 그는 '작용-반작용'의 틀에 갇혀 있다. 그래서 현대 사회에는 분쟁이 끊이지 않고, 분쟁 속에서 서로 고통을 주고받는다.

아베가 반도체 소재 수출제한조치를 발표했다. 트럼프가 화웨이에 대한 제재를 발표했다. 일본배가 한국배를 들이받고, 미국배가 중국배를 들이받은 것이다. 한국인과 중국인은 화를 낸다. 만일 상대가 너무 강하면 그들은 굴복할 것이고, 싸울 만하다고 판단하면 분쟁이 일어날 것이다. 이러나저러나 서로 간의 감정의 골은 깊어지고, 4개국 국민들은 고통의 바다에 빠져들 것이다. 만일 어느 대통령이 상대편이 가엾으니까 용서해 주자고 제안한다면, 그는 국민들의 격렬한 반대에 직면할 것이다.

탈현대인은 어떤 상황에서도 화를 내지 않는다. 나를 화나게 하는 상대편이 '어쩔 수 없이' 그런 행동을 했다는 것을 알고 있기 때문이다. 그래서 탈현대인은 나를 화나게 한 상대편을 용서한다. 탈현대인은 나를 화나게 한 상대편이 가엾은 사람이며, 위로가 필요한 사람임을 안다. 그래서 화를 내는 대신, 그들을 가엾이 여겨 주고, 위로해 준다.

 탈현대 사회는 화를 돋우는 사람에게 화를 내지 않는 사회이다. 모든 분쟁이 사라진 사회이다. 탈현대 사회는 평화로운 사회이며, 고통의 바다가 사라진 사회이다.

삶의 기술

어제 산속의 나무는 쓸모가 없어서 그 천수를 다할 수가 있었는데, 지금 주인의 거위는 쓸모가 없어서 죽었습니다. 선생님은 대체 어느 입장에 머물겠습니까?

昨日山中之木 以不材得終其天年 今主人之鴈 以不材死 先生將何處

　장자는 「인간세(人間世)」에서 '무용지용(無用之用)'의 삶의 기술을 말한 바 있다. 벌목하는 사람들이 눈길도 주지 않는 나무는 천수를 다할 수 있다. 그렇듯이 삶의 기술 또한 '무용지용'이라고 장자는 말했었다. 그런데 장자는 「산목(山木)」에서 울지 못해서 죽임을 당하는 거위 이야기를 통해 우리가 삶에서 만나는 환난은 쓸모 있음과 없음으로 면할 수 있는 것이 아니라고 말한다. 사람들이 편안히 머물 수 있는 곳은 자연의 도에 따라 사는 것이라고 한다.

　사람들은 삶에서 만나야 하는 환난에 대처하기 위해서 자신을 쓸모 있는 존재로 만들어서 누구라도 쉽게 범접하지 못하도록 크게 보이려고 애쓴다. 또 어떤 사람은 환난이 자신에게 올까 봐 은둔해서 있는 듯 없는 듯 조용히 살면서 환난이 오지 않기를 바란다. 이런 사람들에게 장자는 참된 도가 아니라서 환난을 면할 수 없다고 말한다. 그렇다면 인생에 밀려드는 환난으로부터 우리는 어떻게 자유로워질 수 있는가?

'또라이 총량의 법칙'이라는 말이 있다. 우리는 살다 보면 황당한 일을 겪는 경우가 많다. 엉뚱하게 화가 많은 사람들의 화풀이 대상이 되기도 하고, 가만있다가 훅 치고 들어오는 비난을 받을 때도 있다. 그래서 삶에서는 언제나 어느 정도의 또라이를 만날 수밖에 없음을 '또라이 총량의 법칙'이라고 한다. 이 법칙에서는 만약 자기 주변에서 또라이를 만나지 못했다면, 자신이 또라이일지도 모른다는 섬뜩한 주장을 하기도 한다.

사람들은 누구나 삶에서 또라이를 만나지 않기를 바랄 것이다. 그래서 가능한 피하려고 하거나 또라이들이 자신을 얕잡아 보지 못하게 공격적으로 대하려고 한다. 그러나 그렇게 해서 또라이로부터 자유로울 수 있는 것은 아니다. 어제 만난 또라이가 무서워서 피하면 내일 또 다른 또라이가 출현한다. 또 온 힘을 쏟아서 또라이의 공격에 대응하기 시작하면 지옥의 문에 발을 들여놓게 된다.

삶에 환난이 오기를 바라지 않는다고 삶이 평탄해질 수 없는 것과 마찬가지로 또라이를 피하거나 응징한다고 해서 만나지 않게 되는 것은 아니다. 환난이 와도 도와 덕에 따라 살 듯이, 또라이가 어떤 또라이 짓을 해도 그것에 휘말리지 않으면 자기 삶을 있는 그대로 살 수 있다. 만약 자신에게 더 큰 삶의 기술이 있다면, 또라이의 일그러진 삶과 상처를 가엾게 볼 수도 있을 것이다. 다른 사람을 괴롭히고 고통을 줄 수밖에 없는 악취를 풍기는 삶이란 얼마나 가여운가!

자기 주변이 또라이로 득실거린다면, 나에게 고통을 주는 또라이를 공격하는 데 힘을 쏟기보다는 자신의 삶을 돌봐야 한다는 신호라는 것을 알아차려야 한다. 내가 도에 의거하여 삶을 유유하게 노닐고 있다면, 어떤 또라이가 나를 공격해도 내 삶을 흔들 수 없다. 내가 삶을 사랑하고 있을 때는 힘든 일이 닥쳐도 그 일이 삶을 지배하지 못하고 어느새 지나가 버린다. 반면 내가 삶에 지치고 나의 시선이 자꾸 상대나 밖으로 향하고 있을 때는 아주 사소한 힘든 일이 와도 넘을 수 없는 벽에 부딪친 것 같은 답답함을 느끼게 된다. 그렇다. 삶의 환난을 면할 수 있는 삶의 기술은 바로 도와 덕의 경지를 사는 것이다.

16자 심법(心法)

> 순이 죽어 갈 때 우에게 명령하기를 "그대는 명심하라. 육체는 사물의
> 자연스러운 변화에 순응하는 것이 제일이고 심정은 본성을 따르는 것이
> 제일이다. 자연의 변화에 순응하면 서로 떨어지지 않고 본성을 따르면
> 마음에 번거로움이 없다."
>
> 舜之將死 乃命禹曰 汝戒之哉 形莫若緣 情莫若率 緣則不離 率則不勞

『서경(書經)』「대우모(大禹謨)」에는 순임금이 우임금에게 비밀리에 전
했다고 하는 16자 심법이 있다. "인심은 위태롭고 도심은 은미하니, 오
직 정밀하고 한결같이 해야만 진실로 그 중을 잡을 것이다(人心惟危 道
心惟微 惟精惟一 允執厥中)." 이 구절을 의식하였는지는 모르지만 장자는
위와 같은 새로운 심법을 제시하였다. 대우모의 심법이 마음의 중용
을 취하는 것이라면 장자의 심법은 자연의 본성에 따르는 것이다. 대
우모 심법의 요체는 외줄타기와 같이 위태로운 마음을 끊임없이 관찰
하는 것이다. 마음에 털끝만큼의 빈틈이라도 생기면 천지간의 차이와
같이 벌어지기 때문이다. 장자의 심법은 이와 다르다. 그냥 마음의 변
화에 내어 맡기는 것이다. 「달생(達生)」에서 여량(呂梁)이라는 급류에서
헤엄치는 사나이와 같이 소용돌이와 함께 물속에 들어가고, 솟는 물
과 더불어 물 위로 나와, 도도하게 흐르는 강물에 몸을 맡기는 것과

같이 하면 마음에 번거로움이 생기지 않는다는 것이다.

마음의 변화에 내어 맡긴다고 해서 그냥 마음이 내키는 대로 하라는 것은 아니다. 그것은 마음에 끌려가는 것이다. 우리의 타고난 마음은 통나무와 같이 질박하여 스스로를 드러내고자 하는 마음이 없다. 그러나 점차 자라나면서 나와 대상을 구별하고 나를 높이고자 하는 마음이 조금씩 커지게 된다. 마음의 변화에 내어 맡긴다는 것은 이처럼 타고난 질박한 마음을 벗어나지 않는 것이다.

공자가 진나라와 채나라 사이에서 포위되어 7일이나 끓인 음식을 먹지 못하고 있을 때 대공임(大公任)이라는 자가 찾아와 공자에게 의태(意怠)라고 불리는 새에 대한 이야기를 해 주었다. 이 새는 느려서 높이 날지 못해 날 때는 다른 새들의 도움을 얻어서 날고, 머물 때는 새 떼 사이에 끼어 있으며, 항상 다른 새보다 앞장서지 않고 물러설 때는 꽁무니에 처지지 않으며 먹을 때에도 반드시 다른 새들이 남긴 것을 먹는다. 그런데 공자는 자기 지식을 드러냄으로써 어리석은 사람들을 놀라게 하고, 스스로 행실을 닦아 남의 잘못된 행동을 드러나게 하니 그처럼 재난을 면치 못한다는 것이다. 대공임의 말을 듣고 크게 깨달은 공자는 진펄 속에 숨어 살며 남루한 옷을 입고, 도토리를 먹으며 무심무욕하게 살았다. 그러자 공자가 짐승들 속에 들어가도 무리가 흩어지지 않고, 새 떼 속에 들어가도 새들이 흩어지지 않았다고 한다.

양자(陽子)가 송나라에 가서 여인숙에 머물 때의 이야기이다. 여인숙 주인은 첩이 둘인데 한 명은 미인이고 또 한 명은 추녀였다. 그런데 못생긴 첩이 오히려 주인의 사랑을 독차지하고 있었다. 양자가 주인에게 그 까닭을 물으니 주인은 다음과 같이 말했다. "저 미인은 스스로 아름다움을 자랑하므로 저는 오히려 아름답다고 느껴지지 않습니다. 그러나 못생긴 여자는 스스로 추하다는 걸 알고 있어 공손하므로 못생겼다고 생각되지 않습니다." 이 말을 듣고 양자는 제자들에게 말했다. "제자들이여, 이것을 명심하라. 어진 행동을 하면서도 스스로 어질다는 태도를 없애면 어디로 가건 사람들로부터 사랑받지 않겠는가?"

마음에 번거로움이 생기면 스스로 돌이켜 보라. 내가 내 몸의 자연스러운 변화에 순응하고 있는가? 내 마음이 타고난 본성을 잘 따르고 있는가?

공명(功名)의 무상함

도는 널리 세상에 퍼져 있으면서도 명성에 머물지 않고, 덕은 만물에 작용하면서도 명예에 머물지 않습니다. 순수하고 한결같아서 광인에 비길 수 있을 것입니다. 자취를 남기지 않고 권세를 버린 채 공명에 마음을 두지 않으니 남을 책망하지도 않고 남에게 책망을 받지도 않습니다.

道流而不明居 得行而不名處 純純常常 乃比於狂 削迹捐勢 不爲功名
是故不責於人 人亦不責焉

다음은 이백(李白)의 '가는 길 험난해라[行路難]'의 한 구절이다.

내 자고로 현달한 사람을 보았더니/ 공 이룬 후 물러나지 않은 자 모두 몸을 망쳤다네

오자서(伍子胥)는 이미 오강(吳江)에 버려졌고/ 굴원(屈原)은 끝내 상수(湘水)에 몸을 던졌지

육기(陸機)의 뛰어난 재주로도 어찌 스스로를 지키겠는가/ 이사(李斯)의 휴식은 너무나도 늦었으니

화정(華亭)의 학 울음소리를 어찌 다시 들을 수 있었으며/ 상채(上蔡)의 푸른 매 어찌 족히 말하리오

'황하를 건너려니 얼음이 강을 막고, 태항산을 오르려니 눈이 산에 가득하여, … 가는 길 어려워라, 가는 길 어려워라. 갈래 길 많은데 내 갈 길은 어디인고'로 한탄하며 시작하는 이 시에서 이백은 당대에 이름을 떨친 영웅들의 비참한 말로를 한탄하며 공명(功名)의 무상함을 노래하였다.

이때 42세의 나이로 현종의 부름을 받아 입조(入朝)한 이백은 향락에 빠진 현종과 부패한 권신들에게 좌절하였고, 환관 고력사와 마찰을 일으키면서 마침내 조정을 떠나게 된다. '행로난'은 이상과 현실 사이에서 갈등하는 당시 이백의 심정을 표현한 것이다.

나라에 큰 공을 세우고 후세에 이름을 남기는 것은 걸출한 젊은 영웅들의 포부, 그러나 일찍이 송나라의 문인 근재지(斬裁之)는 "도덕에 뜻을 두는 사람은 공명으로써 그 마음을 더럽힐 수 없고, 공명에 뜻을 둔 사람은 부귀로써 그 마음을 더럽힐 수 없으며, 부귀에 뜻을 둔 사람은 하지 못할 것이 없다"라고 하였다. 공명이란 이품(二品)의 선비가 추구하는 것, 일품(一品)의 선비라면 뜻을 도덕에 두어야 한다는 것이다.

장자는 말한다. "도는 널리 세상에 퍼져 있으면서도 명성에 머물지 않고, 덕은 만물에 작용하면서도 명예에 머물지 않는다"라고. 도덕에 뜻을 둔 자가 어떻게 공명에 마음이 흔들릴 것이며, 공명을 얻지 못했다고 하여 좌절할 수 있겠는가? 오자서는 오왕 합려(闔閭)를 도와 그를 춘추 오패로 등극시켰지만 그가 바란 것은 초나라의 멸망, 육기 또한 진나라에 몸을 의탁하여 관직이 평원내사까지 올랐지만 그가 바란 것은 가문의 부흥, 그들의 마음이 일신의 공명에 있었으니 어찌 마음속에 원망이 없을 것이며, 좌절하지 않을 수 있겠는가?

그러므로 노자는 말한다. "살게 두되 소유하려 하지 않고, 베풀면서도 자신이 베풀었다 하지 않으며, 공이 이루어져도 (그 공을) 자처하지 않는다"라고. 훌륭한 통치자라면 큰 공을 세우지 않을 리 있겠는가? 그러나 훌륭한 통치자는 그 공을 공으로 여기지 않으며, 스스로 공을 세웠다고 말하지도 않으니 원망도 없고 좌절도 없다. 그가 도(道)와 하나이기 때문이다.

第二十一 田子方

| 탈현대 문명 |

탈현대의 문

그분의 사람됨은 참되며 사람의 모습을 지녔으나 하늘의 마음을 지녔고 만물에 순응하면서도 천진함을 간직하며 청렴하면서도 널리 만물을 포용합니다. 남이 무도한 짓을 해도 말로 나무라지 않고 다만 [스스로의] 모습을 올바르게 하는 것으로써 [저절로] 그를 깨닫게 하고 그의 사악한 마음을 없어지게 해 줍니다.

其爲人也眞 人貌而天虛 緣而葆眞 淸而容物 物無道 正容以悟之 使人之意也消

위의 말은 위(魏)나라 문후(文侯)의 질문에, 전자방(田子方)이 자신의 스승 동곽순자(東郭順子)의 모습을 묘사한 것이다. 동곽순자는 '참나'가 발현된 탈현대인이다. 동곽순자의 모습을 통해 탈현대 사회를 그려 보기로 하자.

하늘의 마음[天虛]이란 어떤 것일까? 자신을 높이려는 마음, 이기고자 하는 마음, 집착하는 마음이 사라진 마음이다. 이런 마음이 사라진 세상은 어떤 곳일까? 평화로운 세상, 한가로운 세상일 것이다. 사람들이 천진함을 간직[葆眞]하고 있으니 영악스럽지 않은 세상일 것이다. 만물을 포용[容物]하니 화(和)를 이룬 사회일 것이다. 무도한 짓을 해도 처벌하지 않으니[物無道] 예(禮)에 바탕 한 사회일 것이다.

트럼프는 비굴한 미소를 짓는 시진핑의 뺨따귀를 후려친다. 시진핑이 정신을 좀 차리려고 하면 또 후려친다. 어리석은 미국인은 환호한다. 뺨따귀를 맞고 볼이 벌게진 시진핑은 누구인가? 바로 티베트인의 눈에서 피눈물을 흘리게 만든 장본인이다.

아베는 역사문제에 대한 정치적인 이견을 두고, 한국에 경제 보복을 단행한다. 20세기 전반, 그들에게 엄청난 침탈을 당했던 한국인의 뺨따귀를 후려치는 것이다. 그런 아베가 트럼프를 향해서는 기생오라비 같은 미소를 흘린다. 백 년 전에도 호되게 맞았고, 지금도 맞고 있는 한국인은 누구인가? 그는 바로 베트남 이주여성인 아내에게 가혹한 폭력을 행사하는 남편이다. 한국인은 오십 년 전 아무런 명분도 없이 많은 베트남 양민들에게 피눈물을 흘리게 했다. 그리고 지금 다시 이주여성인 아내에게 폭력을 가한다. 한국에 거주하고 있는 이주여성의 40%가 폭력에 시달리고 있다고 한다. 그들이 한국에 오기 전에 맨 먼저 배우는 한국말이 '그만 때려요', '살려 줘요'라고 한다. 그야말로 한국은 이주여성들의 지옥이다.

칠십여 년 전, 히틀러는 유대인에게 혹독한 학대를 했다. 그 후 길지 않은 세월이 흐르고 난 뒤, 유대인은 팔레스타인인에게 혹독한 학대를 했다. 피눈물을 흘렸던 그들이 다른 민족에게 피눈물을 흘리게 만든 것이다.

이런 학대와 피학대의 악순환은 언제 그칠 수 있을까? 현실은 그치는 방향이 아니라 확대되는 방향으로 치닫고 있는 것 같다. 개인도 집단도 국가도 학대당하는 쪽이 아니라 학대하는 쪽이 되기 위해 온갖 노력을 기울이고 있는 것이다. 이런 현대적인 노력의 끝은 무엇일까? 우리 모두의 고통이며, 우리 모두의 죽음이다.

길은, 희망은 어디에 있는가? 현대의 환(幻)에서 깨어나는 데 있다. 더 높고 강한 존재가 되겠다는 야만적인 노력을 멈추고, 존재의 아름다움을 발견하고 향유하는 보다 높은 목표를 향해 나아가는 데 있다. 현대가 만들어 놓은 망상의 세계에서 깨어날 때, 비로소 탈현대의 문이 열리게 된다.

속세의 평가를 초월하는 삶

견오가 손숙오에게 물었다. "선생께선 세 번 초나라의 재상이 되었으나
영화라 여기지 않고 세 번 그 자리를 물러났지만 걱정하는 빛이 없습니
다. 저는 처음에 선생[의 참뜻]을 의심했지만 지금 [이렇듯] 선생의 코
둘레를 보니 아주 부드럽고 즐거운 모습을 하고 계십니다. 선생께선 어
떤 마음가짐으로 계십니까?"

肩吾問於孫叔敖曰 子三爲令尹 而不榮華 三去之而無憂色 吾始也疑子
今視子之鼻間栩栩然 子之用心獨奈何

　현대인들은 아주 작고 소소한 일에 대한 주변의 반응에도 우쭐하
거나 의기소침해한다. 누군가 자기가 하는 일에 조금만 쓴소리를 해
도 화를 내고, 아주 작더라도 긍정적인 리액션을 하면 의기양양한다.
자기가 잘한 일을 크게 드러내고 싶어 하고, 잘못한 일은 감추고 없었
던 일로 숨기고 싶어 한다. 또 속세의 평가에 연연하고 좋은 평가를
받기 위해서 안절부절못한다.

　현대인들은 사람들이 높이 평가하고 존경하는 지위를 차지하기를
열망한다. 지위를 얻는 데에 삶의 모든 것을 희생하고, 그것을 지키기
위해서 고군분투하는 삶을 산다. 이러한 현대인의 삶에서 속세의 지
위를 잃는 것은 사회적인 죽음으로 인식되기도 한다. 실제로 권력이

나 지위를 잃은 후에 건강을 잃고 사망하는 경우도 있다. 속세의 지위와 자신을 동일시하는 생각이 강할수록 그 상실감은 삶을 더욱 압도하고 파괴한다.

이러한 현대인과는 달리 현대적인 세계관을 넘어선 탈현대인은 속세의 평가를 초월하여 살 수 있다. 속세의 평가를 초월하는 삶이란 어떻게 가능할까? 손숙오의 삶이 그 답을 보여 준다. 손숙오는 세 번이나 재상이 되었지만 영화롭게 여기지 않고, 세 번이나 재상에서 물러났을 때도 걱정하지 않았다. 이처럼 손숙오가 속세의 영화를 얻거나 잃는 것에 연연하지 않을 수 있는 이유는 무엇일까? 견오가 그의 마음가짐이 어떤 것인지 묻자, 다음과 같이 말한다.

> 내가 어찌 남보다 나은 데가 있겠소. 나는 저절로 찾아오는 걸 물리치지 못하고 또 물러가는 걸 멈추지 못하는 법이라 생각하오.

손숙오는 자신에게 오는 것은 물리치거나 멈추게 할 수 없는 것이라는 진리를 알고 있었다. 그래서 이득을 따져서 물리치거나 멈추게 하려는 생각을 하지 않는다. 그러므로 재상이 되면 재상으로서 역할을 할 뿐이고, 재상에서 물러나더라도 근심할 것이 없다. 그는 재상이 되면 사람들의 존경을 받는데 그것은 그 벼슬을 존경하는 것인지, 자기 자신을 존경하는지 알 수 없다고 한다. 고로 벼슬을 존경하는 것이면 자신이 재상이 되어도 크게 기뻐할 것이 없고, 그게 아니라 사람들이 자기 자신을 존경하는 것이면 재상에서 물러나도 근심할 것이 없다고 한다.

손숙오처럼 속세의 평가로부터 초연하고 삶을 유유자적하는 지혜를 가지지 못하더라도 속세의 평가에 일희일비하다가 삶을 망치지는 않았는지 돌이켜 보게 된다. 내가 베푼 친절이 아주 작은 것이라도 사람들이 알아주는지 촉각을 곤두세웠던 나, 내가 이룬 성과를 칭찬하고 격려하는 것이 마땅하다고 기대하던 나, 내가 하는 보이지도 않는 미미한 희생과 봉사를 몰라주는 것에 쓸쓸해하던 나. 속세의 평가에 흔들리고 휘청거리는 가엾은 나를 있는 그대로 인정하고 사랑해 보자.

| 탈현대 교육 |

스승에 대한 찬탄

그분의 사람됨은 참되며 사람의 모습을 지녔으나 하늘의 마음을 지녔고, 만물에 순응하면서도 천진함을 간직하며, 청렴하면서도 널리 만물을 포용합니다. 남이 무도한 짓을 해도 말로 나무라지 않고 다만 스스로의 모습을 올바르게 하는 것으로써 저절로 그를 깨닫게 하고, 그의 사악한 마음까지 없어지게 해 줍니다. 저 같은 것이 어찌 이런 분을 칭찬할 수 있겠습니까?

其爲人也眞 人貌而天虛 緣而葆眞 淸而容物 物无道 正容以悟之 使人之意也消 无擇何足以稱之

위의 글은 장자 「전자방(田子方)편」에서 전자방이 위나라 임금인 문후(文侯)에게 자신의 스승인 동곽순자(東郭順子)에 대해 설명하는 내용이다. 위의 글처럼 '감히 어떻게 칭찬할 수 있겠는가?' 하는 것이 스승에 대한 최대의 찬사이다. 『논어』에도 제자들이 공자를 칭송하는 이야기가 있다. 대표적인 것이 안회가 공자를 칭송한 구절이다.

안연이 크게 탄식하며 말하였다. 선생님의 도는 우러러볼수록 더욱 높고, 뚫을수록 더욱 견고하며, 바라봄에 앞에 있더니 홀연히 뒤에 있도다.

또 한 사람, 공자를 마음속 깊이 존경하였던 자공은 노나라 대부인 숙손무숙(叔孫武叔)이 조정에서 자신이 공자보다 낫다는 이야기를 했다는 말을 듣고 자신과 스승인 공자를 담장에 비유하여 설명하였다. 즉 자신이 일반 양가집 담장이라면 공자는 궁궐의 담장과 같다는 것이다. 일반 양가집 담장은 대부분 어깨 높이밖에 되지 않기 때문에 까치발을 하면 집 안의 온갖 좋은 것들을 다 들여다볼 수 있다. 그러나 궁궐의 담장은 너무 높아 문안으로 들어가 보기 전에는 종묘의 아름다움과 백관의 많음을 볼 수 없다는 것이다.

「전자방」에도 안회가 공자를 칭송하는 이야기가 있다. 안회가 공자에게 "선생님이 걸으시면 저도 걷고, 선생님이 빨리 가시면 저도 빨리 가며, 선생님이 달리시면 저도 달립니다. 그런데 선생님이 달리는 말처럼 빨리 달려 먼지도 남기지 않을 정도가 되면 저는 그저 눈만 휘둥그레 뜨고 놀랄 뿐입니다." 하고 말하였다. 즉 안회가 스승을 본받으려 노력하지만 도저히 따라 할 수 없는 부분이 있다는 것이다. 그것은 공자가 아무 말을 하지 않아도 사람들의 신임을 받고, 사람들과 굳이 친해지려 하지 않아도 친해지며, 지위나 명예가 없어도 주위에 사람들이 모이는 것과 같은 것들이다. 이에 대해 공자는 다음과 같이 대답한다.

너는 거의 내 행위의 겉에 드러난 면만 그대로 따라 하고 있다. 그건 이미 흘러간 과거의 것인데 너는 지금 있기라도 하듯 뒤쫓고 있다. 마치 파장된 마시(馬市)에 말을 사러 가는 것과 같은 것이다. 내가 네게 가르치는 것이란 순간에 지나지 않고 네가 내게서 배우는 것 역시 찰나에 지나지 않는다.

불교에서는 제자의 자세로 찬탄(讚嘆), 권청(勸請), 수희(隨喜)를 말한다. 찬탄이란 말 그대로 스승을 찬양하고 감탄하는 것이다. 권청이란 스승의 말이 끝나면 '한 말씀만 더 해 주십시오'라고 청하는 것이다. 그리고 수희란 스승이 기뻐하면 따라서 기뻐하는 것이다. 앞에서 공자가 안회에게 나의 겉모습만 따라 하는 것은 파장된 시장에서 물건을 사려고 하는 것과 같다고 했듯이 스승을 따라 하는 것이 스승을 본받는 것은 아니다. 진정으로 스승을 본받는 것은 스승을 칭송하는 것이다. 마음 깊은 곳에서부터 우러나는 진정한 찬탄이 바로 본받음의 출발이다.

나라를 기르는 법

 백리해는 벼슬이나 녹봉이 마음에 없었다. 그러므로 (그가) 소를 먹이니 소가 살쪄서 진나라 목공이 그의 천한 신분을 잊고 그에게 정치를 맡겼다.
百里奚爵祿不入於心 故飯牛而牛肥 使秦穆公忘其賤與之政也

여말선초의 성리학자, 권근(權近, 1352~1409))은 관리의 덕목을 논하며 다음과 같이 말했다.

군자가 자신을 기름에는 나에게 겸손하기 때문에 남에게 얻음이 있고, 집에서 검소하기 때문에 나라가 풍족하게 되는 것이다. 여러 사람에게 물어서 한 것은 요(堯)의 겸손이요, 남에게서 선을 취하는 것은 순(舜)의 겸손인데 온 천하가 다 편안하였다. … 그러므로 자기 자신을 잘 기르는 사람은 남을 기를 수 있는 것이다. 저 (공자가) 승전(乘田)이 되자 소와 염소가 잘 자라고, 소를 키우매 소가 살찐 것은 때를 만나지 못한 성현이 할 일이다.

승전은 노나라에서 가축의 사육을 담당하는 말단관직이다. 권근은 이르기를, 자신을 잘 기르는 사람은 남 또한 잘 기를 수 있다. 공자가 소와 염소를 잘 기를 수 있었던 것은 그가 자신을 잘 기를 수 있는 사람이었기 때문이라는 것이다.

백리해는 우(虞)나라 사람이다. 우나라가 진(晉)나라에 망하고 초(楚)나라의 포로가 되어 소를 기르고 있었는데, 진(秦)나라 목공(穆公)이 그가 어질다는 소문을 듣고, 양가죽을 주어 속죄(贖罪)시킨 다음 국정을 맡겼다. 그러자 백리해는 송나라에 가 있던 건숙(蹇叔)을 추천하여 상대부로 삼게 하였고, 서융(西戎)의 유여(由余)와 진(晉)나라의 공손지(公孫支)를 데려와 중용하게 하였다. 진 목공은 이들의 도움을 받아 마침내 오패(五霸) 가운데 하나가 되었다. 백리해가 소를 잘 길렀던 것은 자신을 잘 기르는 사람이었기 때문이며, 그러므로 소뿐만 아니라 나라도 잘 다스려서 온 천하를 편안하게 한 것이다.

그런데 자신을 잘 기르는 사람은 어떤 사람인가? 권근은 말한다. '나에게 겸손하기 때문에 남에게 얻음이 있고, 집에서 검소하기 때문에 나라를 풍족하게 하는 사람'이라고. 그 사람은 바로 겸손하고 검소한 사람이다. '태평성대'를 이루겠다는 큰 포부를 지닌 공자가 승전이라는 말단관직을 맡아 최선을 다할 수 있었던 것도, 우나라에서 대부를 지낸 백리해가 초나라에서 소를 기르며 만족하였던 것도 그들이 겸손했기 때문이다. 가슴속에 커다란 포부를 지녔을지언정 한 톨의 사사로운 욕심도 없었으므로 주어진 자리에서 최선을 다한 것이다.

나라가 왜 풍족하지 못한가? 다른 나라와의 무역경쟁에서 실패했기 때문인가? 다른 나라 기업에게 기술을 도둑맞고, 다른 나라 노동자들에게 일자리를 빼앗겼기 때문인가?

진(晉)나라에 가뭄이 들어 혜공(惠公)이 도움을 요청하자, 백리해는 "하늘의 재해는 돌고 돌아 각 나라마다 번갈아 당하기 마련이다. 재앙을 구해 주고 이웃 나라를 돌보는 것이 도(道)인데 도를 행하면 복을

받는 법이다"라고 하였다. 그는 적국이 될지도 모를 나라를 도왔지만
진(秦)나라를 부강한 나라로 만들었다. 나라의 풍족함은 다른 나라를
이겨서 얻는 것이 아니다. 스스로를 잘 기르는 사람이 모두를 잘 길러
서 함께 더불어 풍요로워지는 것이다.

第二十二 知北遊

| 탈현대 문명 |

탈현대 노인상

[초(楚)나라] 대사마(大司馬) 밑에 띠쇠[帶鉤]를 두들겨 만드는 장인(匠人)이 있었다. 나이가 80이나 되었어도 조그만 실수도 없었다. 대사마가 "그대는 [재주가 정말] 교묘하구나. 무슨 [특별한] 방법이라도 있는가?" 하고 물으니까 대답했다. "저는 [별다른 방법이 있는 게 아니고] 다만 마음에 지키는 바[의 도]가 있습니다. 저는 스무 살 때부터 띠쇠를 만드는 일이 좋아 다른 것은 거들떠보지도 않고 띠쇠가 아니면 쳐다보지도 않았습니다." 이것은 기술을 사용할 때 마음을 딴 일에 쓰지 않음으로써 늙어서도 그 기술을 사용할 수가 있었다는 말이다. [그런데] 하물며 마음을 전혀 쓰지 않을 뿐만 아니라, 그 쓰지 않는다는 마음까지도 일으키지 않은 채 자연의 도에 맡기는 자야 더욱 그러할 것이 아닌가!

大馬之捶鉤者 年八十矣 而不失豪芒 大馬曰 子巧與 有道與 曰 臣有守也 臣之年二十而好捶鉤 於物无視也 非鉤无察也 是用之者 假不用者也 以長得其用 而況乎无不用者乎 物孰不資焉

주위를 돌아보면, 자신이 하는 일에 뛰어난 사람들이 있다. 필자가 좋아하는 식당에 근무하는 매니저는 그중 한 사람이다. 전화로 예약을 할 때면 필자가 원하는 좌석을 미리 알아 친절하게 안내한다. 방문할 때는 문밖에서부터 친절히 응대한다. 조용히 움직이면서, 손님이 필요로 하는 것을 재빨리 알아채고, 요청하기 전에 처리해 준다. 늘 웃음 띤 얼굴로 손님을 대하니, 식당에 머무는 동안 편안하다.

초나라 때 띠쇠를 만드는 장인과 이 식당의 매니저 간에는 유사점이 있다. 그들은 자신이 하는 일을 좋아하며, 그들이 하는 일 속에서 행복하다. 스스로 행복하기에 그들은 주위 사람들에게 행복을 준다. 날이 갈수록 그들은 자신의 분야에서 점점 더 뛰어난 존재가 된다. 이들이 바로 탈현대인이다.

양치질을 하는 것을 좋아하는 사람은 양치질 속에서 행복하며, 점점 더 양치질을 잘하게 될 것이다. 음악 감상을 좋아하는 사람은 음악 감상 속에서 행복하며, 날이 갈수록 음악과의 깊은 만남을 이룰 것이다. 〈바람의 전설〉이란 영화에서 주인공은 춤추는 것을 정말 좋아하며, 춤추면서 황홀하다.

띠쇠를 만드는 일, 식당 매니저, 양치질, 음악 감상, 춤은 서로 다른 영역이다. 그러나 그들은 각자의 일 속에서 우주와의 만남을 이룬다. 탈현대 세계관의 관점에서 보면, 모든 존재는 우주의 도(道)를 품고 있다. 그러므로 우리는 무엇을 통해서나 우주의 도를 만날 수 있다. 띠쇠를 통해서 만나건 거문고를 통해서 만나건 그것은 똑같은 우주의 도이다.

띠쇠를 만드는 노인은 80세가 되어서도 훌륭하게 띠쇠를 만들 수 있다. 아니 젊은 시절보다 훨씬 훌륭하게 띠쇠를 만들 수 있다. 사실은 이렇다. 젊은 시절에 만든 띠쇠와 80세 노인이 만드는 띠쇠는 같은 것이 아니다. 질적인 측면에서 같은 것은 젊은 시절에 만든 띠쇠와 젊은 춤꾼의 춤이다. 또한 80세 노인이 만드는 띠쇠와 80세 노인이 추는 춤이다.

80세 노인이 만드는 띠쇠와 노인의 춤에는 '노인과 우주의 하나 됨'이 있다. 그래서 우리는 노인의 띠쇠와 또 다른 노인의 춤을 통해 우주와의 만남을 이룰 수 있고, 깊은 감동의 전율을 느낄 수 있다. 길이 끊어지는 그곳에서 모든 곳과 통하는 길이 열린다. 귀먹기 전의 베토벤의 음악도 훌륭하지만 귀먹고 난 후의 베토벤은 천상의 음악을 들려준다.

탈현대 사회의 노인은 띠쇠를 만드는 80세 노인과 같은 사람이다. 그들은 우주와 하나 됨을 이룬 사람들이다. 그래서 그들의 모든 행위에는 깊이가 있고 감동이 있다. 그들은 자신의 존재와 삶을 통해 젊은이들에게 빛을 던진다.

대득(大得)의 방법

저 도(道)에 도달하려는 지인은 말을 하지 않으니 말하면 (도에) 도달하지 못하기 때문입니다. (도가) 분명하게 보이는 자는 (도를) 만나지 못할 것이니 말 잘하는 것이 침묵만 못합니다. 도는 들을 수 없으니 듣는 것이 귀를 막으니만 못하니 이것을 대득(大得)이라 합니다.

彼 至則不論 論則不至 明見無値 辯不若黙 道不可聞 聞不若塞 此之謂大得

사람들은 저마다 자기만의 방식으로 삶을 살아간다. 어떤 사람은 자신의 방식을 다른 사람에게 뽐내면서 자기가 잘 살고 있다는 것을 드러내고자 애를 쓰고, 또 어떤 사람은 소소하게 다른 사람의 삶과 비교하면서 자기는 그런대로 잘 살고 있다고 위안을 얻으려고 한다. 이들은 모두 끊임없이 분별하는 마음으로 삶을 꼼꼼히 따지고 설명하려고 한다. 자기가 안다고 생각하는 삶의 방식을 기준으로 다른 사람의 삶을 평가하고 그것을 전수하려고 애를 쓰기도 한다.

이런 사람들에게 장자는 도를 아는 사람이라면 말로 뽐내거나 분별하지 않을 것이라고 한다. 왜냐하면 말로는 도에 도달할 수 없기 때문이다. 심지어 말 잘하는 것보다는 침묵이 오히려 낫다고 한다. 말을 앞세우는 것은 그만큼 도에 다가가는 데에 걸림돌이 될 수 있다는 것이다. 말로 설명하고, 말로 설득하려 하며, 말로 자기 존재감을 확인하기 좋아하는 사람들에게 장자는 말로는 절대 안 된다는 것을 강조하고 있다.

장자는 도가 분명하게 보이는 자는 도를 만나지 못한다고 한다. 도란 분명하게 보이는 것이 아니기 때문이다. 또, 도는 들을 수 없는 것이기 때문에 듣는 것이 귀를 막느니만 못하다고 한다. 도를 분명하게 보려 하고, 도를 듣고, 도를 말하려는 것은 모두 부질없는 짓이라는 뜻이다. 장자가 이렇게 말하는 이유는 도란 개념이나 논리로 규정할 수 있는 것이 아니기 때문이며, 그리고 사람들이 자기가 도를 안다는 생각으로 보고 듣고 말해서 얻을 수 있는 것이 아니기 때문이다. 장자가 말하는 대득의 노하우를 생각하며, 더 이상 긴 말은 부질없음을 절실히 느낀다.

인본주의 교육의 극복

사물을 사물로 있게 하고 이를 지배하는 도는 사물과 동떨어져 있소. 그리고 사물과 사물 사이에 저것과 이것의 구별이 있음은 말하자면 상대적 구별이라는 거요. 사물과 떨어지지 않는 도가 상대적으로 구별되는 사물들을 낳는다면 서로 구별된다고 여겨지는 사물들도 결국 도이며 도의 입장에서 볼 때 구별이 없는 하나이고 따라서 사물과 사물 사이에는 정말 차별이나 대립은 없게 되오.

物物者與物无際 而物有際者 所謂物際者也 不際之際 際之不際者也

동곽자(東郭子)가 장자에게 도가 어디 있느냐고 묻자 장자는 없는 곳이 없다고 말해 주었다. 동곽자가 좀 더 분명하게 말해 달라고 하자 장자는 땅강아지나 개미에게 있다고 말하고, 동곽자가 어째서 그렇게 낮은 것에 있느냐고 반문하자 이번에는 돌피나 피에 있다고 하고, 동곽자가 어째서 점점 더 낮아지느냐고 하자 이번에는 기와나 벽돌에 있다고 말하고 마침내 똥이나 오줌에 있다고 말한다.

이처럼 도는 모든 곳에 편만하여 존재한다. 그런데도 우리는 이것과 저것을 구별하여 이것이 저것보다 우월하다고 말한다. 이런 평가는 어디서 오는 것일까? 물론 그것은 만물의 척도가 되어 버린 인간의 지각과 인식에서 비롯된다. 그렇기 때문에 인류가 처한 모든 문제의 근원은 바로 인본주의라고 할 수 있다. 인본주의는 말 그대로 인간이 모든 것의 중심이라는 생각이기 때문이다.

인본주의 하면 흔히 르네상스 인본주의를 떠올린다. 르네상스 인본주의가 신 중심의 중세사회를 극복하고 신 대신 인간을 그 중심에 세웠기 때문이다. 그러나 인간이 세상의 중심이고 인간 이외의 존재는 모두 인간을 위해 봉사하기 위해 존재한다는 생각은 르네상스 인본주의 이전부터 존재해 왔다. 성경에서 하나님이 아담과 이브를 만든 뒤 세상에 존재하는 모든 동식물들을 다스리고 이용할 수 있는 권리를 준 것이나, 유학에서 기(氣)로 구성된 모든 존재 중 인간이 가장 맑고, 밝고, 깨끗한 기로 구성되어 오상(五常)을 모두 갖추고 있다고 한 것 역시 인본주의라고 말할 수 있다.

오늘날 인본주의는 모든 교육의 바탕이자 기본 전제다. 근대교육을 포함한 근대 문명은 인간의 존엄성과 천부 인권을 바탕으로 하는 인본주의에서 출발하였기 때문이다. 물론 인본주의 교육은 인간 이성의 발현을 통한 과학기술의 발전과 하층 계급 사람들의 해방에 크게 기여한 바 있다. 그러나 그러한 기여에도 불구하고 인본주의 교육은 인간을 모든 존재의 최정상에 놓음으로써 불가피하게 다른 생명이나 비생명의 억압과 희생을 초래하였다. 온생명의 관점에서 보면 인간을 포함한 지구상의 모든 존재는 온생명의 '입출력 장치'에 지나지 않는다. 장자의 말과 같이 모두 서로 다르지만 평등한 가치를 갖고 있는 것이다.

인본주의의 극단적인 형태는 최근 인공지능과 첨단과학의 발전에 따른 트랜스휴머니즘이다. 1998년 옥스퍼드 철학자 닉 보스트롬의 주도 아래 결성된 세계트랜스휴머니스트협회(WTA)는 다음과 같이 선언했다.

> 트랜스휴머니즘은 응용이성을 통하여, 다시 말해서 노화를 제거하고 인간의 지적, 신체적, 심리적 능력을 대폭 향상시키는 데 두루 이용될 수 있는 기술의 개발을 통하여 인간의 조건을 근본적으로 개선할 가능성과 희망을 높여 주는 지적이고 문화적인 운동이다.

인공지능 시대를 맞이하여 인류가 해결해야 할 가장 시급한 과제는 인본주의를 극복하는 것이다. 인본주의로부터 벗어나지 못한다면 특이점(singularity) 이후는 인류가 지금까지 경험하지 못한 극단적인 양극화와 자연의 파괴를 겪게 될 것이기 때문이다. 그리고 수많은 공상과학 영화에서 보여 주듯이 철저히 파괴된 지구의 종말을 경험하게 될 것이다. 인본주의 극복 교육이 시급히 이루어져야 하는 까닭이 바로 이것이다.

세상은 잠시 머무는 곳

높은 산과 깊은 숲을 보고 늪지의 땅을 보았는가. 나와 친함이 없지만 나로 하여금 기뻐하면서 즐기게 하는구나. 그러나 그 즐거움이 아직 다하지 않았을 때에 슬픔이 또 이어진다. 슬픔과 즐거움이 오는 것을 내가 막을 수 없고, 슬픔과 즐거움이 가는 것을 내가 붙잡을 수 없다. 슬프다. 세상 사람들은 다만 외물을 맞이하고 보내는 여관일 뿐이로구나. 山林與皐壤與 與我無親 使我欣欣然而樂與 樂未畢也 哀又繼之 哀樂之來吾不能禦 其去不能止 悲夫世人 直爲物逆旅耳

"천지는 만물이 쉬어 가는 여관이요, 세월은 백대의 지나가는 나그네라. 뜬구름 같은 인생은 꿈만 같으니 즐거움이 얼마나 되겠는가〔夫天地者 萬物之逆旅 光陰者 百代之過客 而浮生若夢 爲歡幾何〕, 춘야연도리원서(春夜宴桃李園序)〕." 어느 따뜻한 봄날, 친지들을 불러 모아 연회를 연 이백(李白)은 인생의 덧없음을 이렇게 노래하며 삶을 즐기라고 강변했다. 거기에는 암투로 얼룩진 당시 정계에 대한 환멸과 그 속에서 신음하는 백성들을 향한 연민이 있었을 것이다. 그 또한 한때는 청운의 꿈을 품었지만, 권력다툼에 휩쓸리며 정계를 떠나야 했다.

장자는 공자의 입을 빌려 말했다. "슬픔과 즐거움이 오는 것을 내가 막을 수 없고, 슬픔과 즐거움이 가는 것을 내가 붙잡을 수 없다. 슬프다. 세상 사람들은 다만 외물을 맞이하고 보내는 여관일 뿐이구나."

천지는 만물이 쉬어 가는 여관이고, 세상 사람 또한 외물이 잠시 머무는 여관에 불과하다. 그러니 권력을 가진들 무엇을 할 것이며, 지금 즐겁다고 즐겁다 할 수 있겠는가? 가진 것은 언젠가 잃기 마련이고, 즐거움이 다하면 슬픔이 찾아오는 법, 사람이 할 수 있는 것은 오는 것을 맞이하는 일과 가는 것을 배웅하는 일뿐이다.

그런데도 어리석은 사람들은 잡을 수 없는 권력을 잡으려 하고, 쌓을 수 없는 부를 쌓으려 하며, 허물뿐인 이름을 남기려 한다. 권력만큼 쉽게 사라지는 것이 있을까? 이름만큼 쉽게 더럽혀지는 것이 있을까? 어제 권력을 잡았던 이가 오늘은 영어(囹圄)의 몸이 되고, 어제 사람들의 칭송을 받던 이가 오늘은 비난의 표적이 된다. 인간은 내일을 알 수 없고 그저 자신에게 닥치는 일을 겪고 또 겪을 뿐이다.

훌륭한 통치자란 어떤 사람인가? 천지가 만물이 쉬어 가는 여관임을 아는 사람이다. 그러므로 그는 권력이 주어져도 휘두르지 않고, 권력이 사라져도 원망하지 않으며, 옳다고 옳은 것에 집착하지 않고, 그르다고 그른 것을 배척하지 않는다. 천지는 잠시 머무는 곳에 불과하니 권력이 어찌 내 것이 될 수 있을 것이며, 옳고 그름이 영원할 수 있겠는가?

훌륭한 통치자란 어떤 사람인가? 사람이란 외물이 잠시 머무는 여관에 불과한 존재라는 것을 아는 사람이다. 그러므로 그는 모욕을 당해도 분노하지 않고, 칭송을 받았다고 기뻐하지 않는다. 분노와 기쁨 또한 내게 잠시 머물다 지나가는 외물에 불과함을 알기 때문이다.

모든 것은 잠시 머물다 지나갈 뿐이라는 것, 나 또한 머물다 지나가는 존재이며, 내게 일어나는 온갖 일 또한 그저 잠시 머무는 것에 불

과하다는 것을 알기에, 그는 자기를 버리고 백성을 따르며 도와 하나
되는 정치를 펼칠 수 있는 것이다.

雜
篇

第二十三 庚桑楚

내려놓아라

남영주(南榮趎)는 [그 말을 좇아] 식량을 등에 지고 이레 동안 밤낮을 도와 노자(老子)가 있는 곳에 이르렀다. 노자가 말했다. "당신은 경상초 (庚桑楚)에게서 왔지!" 남영주가 "네, 그렇습니다." 하고 대답했다. 노자 가 말했다. "당신은 어째서 여러 사람과 함께 왔소?" 남영주는 놀라 뒤 를 돌아보았다.

南榮趎贏糧 七日七夜至老子之所 老子曰 子自楚之所來乎 南榮趎曰 唯 老子曰 子何與人偕來之衆也 南榮趎懼然顧其後

엄양존자(嚴陽尊者)가 조주선사(趙州禪師)를 친견하고 물었다. "한 물 건도 갖고 오지 않았을 때는 어찌합니까?" 그러자 조주는 "내려놓아 라[放下着]"고 답했다. 이에 엄양이 다시 물었다. "한 물건도 갖고 오지 않았는데 무엇을 내려놓으라는 말인지요?" 조주가 답했다. "그럼 들고 있어라[着得去]."

현대인은 남영주나 엄양보다 훨씬 많은 짐을 들고 살아간다. 베케트(Samuel Barclay Beckett, 1906~1989)의 『고도를 기다리며』는 인간 존재의 부조리성을 고발하는 희곡이다. 등장인물 중 한 사람인 럭키(Lucky)는 언제나 수많은 가방을 들고 다닌다. 럭키는 현대인의 존재양태를 상징한다.

현대인은 수많은 욕심의 가방을 들고 살아간다. 현대인은 수많은 생각의 가방을 들고 살아간다. 현대인은 수많은 감정의 가방을 들고 살아간다. 그래서 현대인이 내딛는 한 걸음 한 걸음은 힘겹다. 승부욕, 내가 옳다는 생각, 분노심, 출세욕, 원망하는 마음, 이기적인 생각, 짜증, 불안, 우울, 생명에 대한 집착 등 현대인의 마음속은 수많은 짐가방으로 가득하다.

내 마음속이 이런 잡동사니로 가득 차 있으니, 네가 내 마음속으로 들어올 수 없다. 하늘과 구름도, 친구도, 심지어 아내나 남편까지도…. 나는 아름다운 미소를 지을 수 없다. 나에게는 여유로움이 없다. 나에겐 사랑과 생생한 삶의 기쁨이 없다.

우리 마음을 가득 채우고 있는 가방을 내려놓지 못한다면, 우린 탈현대로 나아갈 수 없다. 그래서 가방을 내려놓는 일에 인류 문명의 미래가 달려 있다. 어떻게 짐가방을 내려놓을 것인가?

마음속 소음이 사라지면, 감사한 마음이 우리 안으로 들어온다. 또한 감사한 마음을 느끼면, 마음속 소음이 사라진다. 마음속 소음이 사라지면, 배려하는 마음이 우리 안으로 들어온다. 또한 배려하는 마음을 키우면, 마음속 소음이 사라진다. 마음속 소음이 사라지면, 나와 상대편을 진심으로 존중하고 존경할 수 있다. 또한 나와 상대편을 진심으로 존중하고 존경하는 연습을 하면, 마음속 소음이 사라진다.

이런 노력을 마음공부라고도 하고, 사랑의 알통 키우기 연습이라고도 하며, 수행 또는 수도라고도 한다. 이런 노력의 결과로 우린 점점 더 행복하고 아름다운 사람이 되어 갈 수 있다. 우리 안에 생생한 삶의 기쁨이 솟아날 때, 우린 비로소 우리 주위에 기쁨을 선물할 수 있는 존재가 될 수 있고, 인류사회의 어둠을 밝히는 빛과 같은 존재가 될 수 있다. 이런 사람을 탈현대인이라고 한다. 각각의 사람이 탈현대인이 되는 것과 현대로부터 탈피해서 탈현대 사회로 나아간다는 것은 하나이다.

현대인이여! 무거운 짐가방을 내려놓아라!

생명을 지키는 법칙

"대저 지인(至人)이란 [뭇사람들과] 함께 이 땅에서 먹고 살며 천지의 자연을 함께 즐기오. [그러기 위해서는] 사람이나 사물, 이익이나 손해에 의해 마음이 어지럽혀지지 않고, 남달리 괴이한 짓을 하지 않으며, 서로 무슨 술책을 꾀하지 않고, 또 무슨 일을 하려 하지 않은 채 유유히 스스로를 텅 비게 하고 살아가오. 이것이 바로 생명을 보위(保衛)하는 법칙이오." 남영주(南榮趎)가 물었다. "그럼 그것으로 충분합니까?" [노자가 말했다.] "아직 충분하지 못하오. 내가 전에도 당신에게 어린애처럼 되라고 했지만, 어린애는 몸을 움직여도 무엇을 하겠다는 생각이 없고 걸어가도 어디로 가는지를 모르오. 몸은 마치 마른 나뭇가지 같고 마음은 꺼진 재와도 같소. 이와 같은 자는 화(禍)도 미치지 않고 복(福)도 찾아들지 않소. 화나 복이 없으니 어찌 인간의 재화(災禍)를 입는 일이 있겠소!"

夫至人者 相與交食乎地 而交樂乎天 不以人物利害 相攖 不相與爲怪 不相與爲謀 不相與爲事 翛然而往 侗然而來 是謂衛生之經已 曰 然則是至乎 曰 未也 吾固告汝 曰 能兒子乎 兒子 動不知所爲 行不知所之 身若槁木之枝 而心若死灰 若是者 禍亦不至 福亦不來 禍福 無有 惡有 人災也

세상 사람들은 이익을 따지고 다투느라 스스로를 해치기도 하고 다른 사람을 고통스럽게 만들기도 한다. 이익과 손해, 옳고 그름을 서로 다투는 과정에서 상대에게 상처를 줄 뿐만 아니라 자기 자신도 상처 입기를 마다하지 않는다. 자기만 눈치 채지 못하는 괴이한 행동을 투사처럼 하고 없던 일을 만들어 내서 상대를 공격하기도 한다. 그렇게 다투면서 자기 자신을 지키겠다고 몸부림을 치지만 결국엔 모든 것을 잃게 된다.

그래서 나는 어떤 일이든 이익과 손해를 따지지 않고, 다른 사람의 옳고 그름을 평가하지 않으려고 노력하면서 잘 살고 있다고 생각했다. 다른 사람과 다툴 일을 모르는 척 피하고, 다른 사람이 억울하게 공격하더라도 무덤덤하게 공격을 받으면서, 따지고 공격으로 맞서지 않는 자신을 대견하게 여겼다. 무엇인가를 얻기 위해서 일을 만들어 내거나, 내 편을 만들기 위해서 이 사람 저 사람의 환심을 얻으려고 애쓰지 않는 것이 내 삶을 온전히 잘 지키는 일이라고 자부했었다.

그러나 지극한 덕은 이런 것이 아니라고 한다. 장자는 노자의 말을 통해서 지극한 덕이란 '어린아이처럼 행동할 수 있는 것'이라고 한다. 무엇을 해야 할지, 어디로 가야 할지 모르는 어린아이의 행동이 바로 지극한 덕이라는 말이다. 이런 어린아이는 '몸뚱이는 시든 나뭇가지와 같고 마음은 불 꺼진 재와 같다.' 즉, '나'라는 생각이 없는 경지이다. 이러한 경지에 이르게 되면 화(禍)와 복(福)이 오지 않는다고 한다. 사람들이 화(禍)와 복(福)을 만나게 되는 이유는 대부분 '나'라는 생각에 사로잡히기 때문이다.

이익과 손해를 따지지 않고 다른 사람의 행동을 평가하지 않았지만, 언제나 그렇게 하지 않는 '나'에 대해 '내가 옳다'는 생각을 가지고 있었던 것 같다. 그리고 다른 사람과 다투지 않았지만, 더러우니까 피한다는 자기방어 기제를 작동했었다. 그렇게 외적으로는 아무런 문제없이 내 삶과 생명을 잘 지키며 사는 것 같았지만, 내적으로는 싫고 피하고 싶은 것이 있었던 삶이 피곤했었다.

아! 이제야 눈이 번쩍 떠지는 것 같다. 내 안에 '나'라는 생각을 가득 채우고서는 삶을 온전히 지켜 낼 수 없다는 것을.

내어 맡김

자기가 놓인 처지에 편히 머물면서 모든 일을 자연에 맡기는 것이요. 남의 일에 마음 쓰지 않고 스스로를 온전히 지키며 늘 유유하게 스스로를 텅 비게 한 채 마치 어린애와 같이 있으면 되오.

能止乎 能已乎 能舍諸人而求諸己乎 能翛然乎 能侗然乎 能兒子乎

잠을 잘 못 자서 그런지 아니면 의자에 너무 오래 앉아 있어서 그런지 며칠 전부터 허리가 아프기 시작했다. 며칠이 지나도 통증이 줄어들지 않아 병원에 가서 비싼 MRI 검사를 받았다. 폐소공포증이 있어 기계에 들어가는 것도 힘들었는데 MRI 기계에서 흘러나오는 각종 소음은 정말 견디기 어려웠다. 힘든 검사를 끝내고 의사 앞에 가자 의사는 대단한 것이 아니라는 듯 물리치료와 소염진통제를 처방해 주었다.

물리치료를 받고 소염진통제를 먹음으로써 통증은 많이 완화되었다. 그런데 통증이 완화된 더 큰 원인은 물리치료나 소염진통제보다는 통증을 대하는 자세의 변화가 더 크게 작용하였다. 즉 통증에 대해 저항하지 말고 통증에 있는 그대로 내어 맡김으로써 통증이 크게 완화된 것이다. 통증에 내어 맡기는 일은 두 단계로 진행된다. 첫 단계는 붓다가 말한 '두 번째 화살'을 쏘지 않는 것이다. 통증이 일어나는 것이 첫 번째 화살이라면, 이 통증이 계속 지속될 것이고 또 더 심해질 수도 있다는 두려움이 두 번째 화살이다. 의식적으로 두 번째 화살을 쏘지 않자 앉았다가 일어나거나 걸음을 걸을 때마다 두려움으로 인해 긴장하던 근육이 많이 이완되어 통증이 완화되었다.

『기쁨의 천 가지 얼굴』에서 바이런 케이티는 다음과 같이 말했다. "모든 두려움은 이와 같습니다. 자기의 생각을 믿기에 두려움이 일어납니다. 그 이상도 이하도 아닙니다. 그것은 언제나 미래의 이야기입니다. 사람들은 묻습니다. 만일 아무것도 의미가 없고 나는 아무도 아니라면, 내가 어떻게 살아갈 수 있느냐고. 대답은 단순합니다. 우리는 살아지고 있습니다. 우리가 사는 게 아닙니다." 이처럼 두려움은 삶의 본질적인 부분이기 때문에 그것에 대한 저항은 삶에 대한 저항과 같다. 그렇기 때문에 마음속 두려움이나 고통과 직접 대면하여 그 두려움과 고통에 내어 맡길 때 우리는 비로소 두려움과 고통에서 벗어나 자유로 가는 관문에 서 있게 되는 것이다.

내어 맡김의 다음 단계는 통증이 일어나는 것은 반드시 나쁜 일이 아니라 자연이 나에게 어떤 선물을 주려는 것일 수도 있음을 깨닫는 것이다. 소노 아야코는 『약간의 거리를 둔다』에서 "보이지 않는 눈이 갑작스레 보이게 되었다는 건 기적의 참된 의미가 아니다. 보이지 않는 불행 속에서 그 불행을 이겨 내고도 남을 만큼의 축복을 발견해 내는 것, 그것이 진짜 기적이다"라고 썼다. 그녀의 말은 모든 장애와 통증에 적용할 수 있다. 그러므로 장자는 다음과 같이 말한다.

마음에 노여움이 일어나도 노하지 않으면 그 노여움은 노여움이 되지 않으며, 무슨 일을 하려 하면서도 하지 않으면 작위(作爲)는 작위가 되지 않는다. 안정하고 싶으면 기를 평탄하게 하면 된다. 신(神)처럼 무심하고 싶으면 마음을 자연에 맡겨 두면 된다. 스스로 일을 하여 도와 하나가 되고 싶으면 어쩔 수 없는 자연스러운 처지에 따라 하면 된다. 그렇듯 어쩔 수 없는 처지에서 행동하는 것이 성인의 도이다.

위선과 망언

뜻을 흔들어 어지럽히는 것을 없애고, 마음을 묶는 속박을 풀며, 타고 난 덕을 번거롭게 하는 것을 제거하고, 도를 막는 방해물을 소통시켜야 할 것이니, 신분의 높음, 재부, 출세, 권세, 명성, 이익의 여섯 가지는 사 람들의 뜻을 어지럽게 하는 것이고, 용모, 동작, 표정, 피부, 생기, 의욕 의 여섯 가지는 사람의 마음을 속박하는 것이며, 증오, 욕망, 환희, 분 노, 비애, 열락의 여섯 가지는 타고난 덕을 번거롭게 한다. 또 사직, 취 임, 착취, 은혜, 지혜, 능력의 여섯 가지는 근원의 도를 막는 것이다.

徹志之勃 解心之謬 去德之累 達道之塞 貴富顯嚴名利六者 勃志也 容 動色理氣意六者 繆心 也惡欲喜怒哀樂六者 累德也 去就取與知能六者 塞道也

장자는 말한다. "지극한 예는 남과 구별하지 않고, 지극한 의로움은 사물과 구별 짓지 않으며, 지극한 어짊에는 새삼스러운 친근함이 없 고, 지극한 믿음은 금옥을 저당잡히지 않는다."

예는 신분의 높고 낮음을 밝히려는 것이 아니며, 용모를 아름답게 꾸미고 행동을 고상하게 보이려는 것이 아니다. 의로움은 의롭지 못 한 상대를 증오하는 것이 아니며, 자신의 불우한 처지에 분노하는 것 도 아니다. 덕은 은혜를 입은 자에게 보은하는 데 있는 것이 아니며,

은혜를 입고도 감사하지 않는 자를 꾸짖는 데 있는 것도 아니다. 믿음이란 그냥 믿는 것이지 그 사람의 능력을 보고 믿는 것이 아니다. 진정으로 타인을 사랑하는 의로운 자라면 그의 교만함을 용서하고 어리석음을 감싸줄 것이며, 은혜 입은 사람의 잘못을 가슴 아파하고, 적에게 받은 모욕을 감내하려 할 것이다.

내가 그 자리에 있어야만 의로움을 바로 세울 수 있다는 생각, 은혜를 입었으니 어떻게든 보은해야 한다는 생각, 모욕을 당했으니 갚아야 한다는 생각, 나에게 능력이 있으니 반드시 세상에 쓰여야 한다는 생각… 과연 그 생각들은 의롭고 덕 있는 사람의 것일까? 과연 그런 생각들이 저 도(道)와 합치할 수 있을까?

주자는 말했다. "스스로를 기만하는 자는 스스로를 기만하고 있다는 사실조차 알지 못한다"라고. "오직 도와 합치된 사람만이 자신을 속이지 않을 수 있다"라고.

세상에는 의로운 사람, 덕 있는 사람, 지혜로운 사람이 넘쳐난다. 그러나 만약 그렇게 많은 사람들이 의롭고, 덕 있고, 지혜로웠다면 어떻게 세상이 지금처럼 혼탁할 수 있겠는가? 그들의 의로움은 의로움이 아니었고, 그들의 덕은 덕이 아니었으며, 그들의 지혜는 지혜가 아니었다. 의로움 속에 가려진 욕망, 덕이라는 이름으로 불린 어리석음, 지혜로움 속에 감추어진 칼날, 뜻은 어지럽고, 마음은 속박당하고 있으며, 덕은 하찮은 감정들로 번잡할 뿐이니 그들이 스스로를 속인들 어떻게 알아차릴 수 있겠는가?

정치가의 위선과 망언이 일상이 되었다. 그러나 누가 그들을 탓할 수 있겠는가? 우리 또한 기회만 주어진다면 언제라도 잘못을 저지를 사람인 것을. 그들을 탓하기 전에 고요히 자신의 마음을 들여다보고,

어리석은 욕망에 가려진 본성을 지켜본다면, 모든 것은 그들의 잘못이 아니라 우리의 잘못이라는 것을 알 수 있음이니, 예와 의와 덕을 말하기 전에 먼저 자신을 마주보아야 한다.

第二十四 徐無鬼

| 탈현대 문명 |

동작 그만!

백성을 잘 다스리는 자는 벼슬을 얻어 그 몸을 영예롭게 하며, 무력(武力)이 있는 자는 난관(難關)을 맞아 스스로를 자랑하고, 용감한 자는 화환(禍患)을 만나 분발(奮發)하며, 전략가는 전쟁을 즐기고, 산속에 숨어 사는 자는 청렴이라는 명성(名聲)을 바라며, … 농부는 밭갈이할 일이 없으면 마음이 편치 않고 상인은 장터에서 매매할 일이 없으면 편치 않다.

中民之士榮官 筋力之士矜難 勇敢之士奮患 兵革之士樂戰 枯槁之士宿名 … 農夫无草萊之事則不比 商賈无市井之事則不比

현대인은 끊임없이 무엇인가를 도모하고자 하고, 이루고자 하며, 되고자 한다. 오늘날 인공지능 로봇의 사용이 확산되면서, 사람이 해야할 일이 줄어들자, 현대인은 오만상을 찌푸리며, 땅이 꺼져라 한숨을 내쉰다. 그리고 하이에나가 시체를 찾아 헤매듯이 일자리를 찾아 헤맨다.

무엇인가를 끊임없이 해야 한다는 현대적인 강박관념, 무엇인가 그 럴듯한 존재가 되어야 한다는 강박관념, 무엇인가를 이루어 내어야 한다는 강박관념이 현대인을 지배하고 있다. 그리고 이런 강박관념에 사로잡혀 분주한 삶을 살아가는 현대인에 의해 문명 위기는 고조되고 있고, 끝내 멈추지 못한다면, 우린 문명의 종말을 맞게 될지도 모른다.

새 시대가 요구하는 것은 어떤 사람일까? 아무것도 도모하지 않고, 아무것도 이루고자 하지 않으며, 아무것도 되고자 하지 않는 사람이다. 침대 위에서 하루 종일 뒹굴거리면서 아무렇지도 않은 일 속에서 새로움과 기쁨을 발견할 수 있는 사람이다. 사랑의 천수답이 되어, 끊임없이 누군가로부터의 사랑과 인정을 갈구하는 사람이 아니라, 사랑의 자가발전을 할 수 있어서 자신 안에서 생겨난 기쁨과 행복을 주위 사람들에게 선물할 수 있는 사람이다.

'동작 그만!' 이것이 탈현대가 비정상적인 분주함에 빠져 있는 현대에 던지는 메시지이다. 장자는 이미 이천 년 전에 분주한 삶에서 헤어나지 못하는 동시대인들에게 경고 메시지를 날리고 있다. 틱낫한 스님은 "우리는 이미 집에 당도했습니다(We have already arrived at home)"라고 말한다.

우리가 하나의 파도가 아니라 바다임을 자각하는 순간, 우린 더 이상 갈 곳이 없다. 우린 이미 도착해 있기 때문이다. 그래서 우린 유유하게 바다로서의 나를 즐길 뿐이다. 바다로서의 나를 즐기는 삶이 탈현대적 삶이며, 바다로서의 나를 즐기는 사람들로 구성된 사회가 탈현대 사회이다.

우리가 하찮은 하나의 파도에 불과하다는 현대의 망상에서 깨어나
는 순간, 무엇을 하고자, 무엇을 이루고자, 무엇이 되고자, 강박적으로
몸부림치는 현대적인 삶도 끝나게 된다. 우린 비로소 '아무 일도 없는
세계'에 들어서게 되며, 깊은 평화로움과 끝없이 샘솟아나는 기쁨에
몸을 담그게 된다.

'동작 그만!'

본연의 자기로 돌아오는 삶

지략을 일삼는 자는 변란으로 지모(知謀)를 쓸 일이 없으면 즐겁지 않고, 변설(辯舌)이 능란한 자는 제 의견을 말할 기회가 없으면 즐겁지 않으며, 엄하게 일을 살피는 자는 말다툼을 해서 상대방에게 이기지 않으면 즐겁지 않다. 이들은 모두 외물에 사로잡혀 있는 자이다.

知士無思慮之變 則不樂 辯士無談說之序 則不樂 察士無淩誶之事 則不樂 皆圂於物者也

이 구절은 사람들이 온갖 외물에 사로잡혀서 본연의 자기로 돌아오지 못하는 슬픈 현실을 말한다. 사람들은 외물에 사로잡혀 있는 사실을 모른 채 지략가는 꾀를 쓸 일에 즐거워하고, 말을 잘하는 사람은 의견을 말할 기회에 즐거워하며, 엄하게 일을 살피는 사람은 말다툼에 이기는 것에 즐거워한다. 이러한 즐거움에 사로잡히고 매몰되어서 죽을 때까지 본래 자기로 돌아오지 못한다.

지혜를 쓰는 것, 말을 잘하는 것, 엄하게 일을 살피는 것은 오늘날 사람들이 가지고자 하는 재능이다. 현대인들은 자신을 더 지혜로운 사람, 뛰어난 언변으로 상대를 설득할 수 있는 사람, 어떤 일을 엄하게 살펴서 말다툼에 이기는 사람이 되고 싶어 한다. 이러한 것들에 집착하는 것은 자신의 내면이 아니라 밖에서 의미를 찾는 것이다. 결국 본연의 자기를 잃어버리게 된다. 이런 위험한 선택을 자기 생명줄이라고 생각하고 붙들고 늘어지는 경우가 허다하다.

세상 사람들이 알아줄 만한 재벌이 더 큰 돈을 위해서 온갖 추잡한 방법을 쓰면서 즐거워하고, 세계 군사력 1위인 미국은 온 세상을 파괴할 수 있는 무기를 보유하고도 더 강력한 무기를 개발하는 데 투자하면서 즐거워하며, 중국을 쥐락펴락하는 권세를 누리고 있는 시진핑은 더 절대적인 권력을 위해서 오래된 동지를 숙청하면서 즐거워하고, 한때 시대를 대표하는 아름다운 여배우가 방부제 미모를 꿈꾸며 성형하면서 즐거워한다.

그러나 이들이 즐거움을 찾는 것으로는 본연의 자기로 돌아오지 못할 것이라고 쉽게 예측할 수 있다. 시선을 자신에게로 돌려 보면 참담하다. 삶에 거의 흔적이 남지 않을 작은 이익이라도 좇으며 이익이 되는 일에 즐거워하고, 누가 조금이라도 알아주고 칭찬을 하면 한껏 기분이 좋아지며, 무슨 일에든 영향을 미칠 수 있으면 힘을 써서 마음대로 하고 싶어하고, 내면보다는 보이는 모습에 온통 신경을 곤두세우며 산다.

이런 삶이 본연의 자기로 돌아올 수 없도록 한다는 사실을 몰랐다니!
몹시 슬프고 괴롭다.

소극적 교육

동자가 대답했다. "대저 천하를 다스리는 방법이란 말을 키우는 것과 무엇이 다르겠습니까? 그저 말을 해치는 것을 제거하는 일뿐입니다."

小童曰 夫爲天下者 亦奚以異乎牧馬者哉 亦去其害馬者而已矣

황제가 구자산(具茨山)으로 대외(大隈)라는 지인(至人)을 만나러 갔다. 대외는 만나지 못하고 작은 목동을 만나 천하를 다스리는 방법에 대해 묻자 그 목동이 위와 같이 대답했던 것이다. 이 말을 들은 황제는 목동에게 두 번 큰 절을 하고 그를 '하늘의 스승[天師]'이라고 부른 뒤 물러났다고 한다.

천하를 다스리는 일 속에 물론 교육도 포함된다. 무엇을 가르치고 주입하는 것이 아니라 다만 학생을 해치는 것을 제거하는 것이 진정한 교육이다. 학습자에게 무엇을 가르치고 주입하는 '적극적 교육(Positive Education)'과 대비하여 이를 '소극적 교육(Negative Education)'이라고 부른다. 그런데 소극적 교육에는 두 종류가 있다. 가르치고 주입하는 대신 학생이 가지고 있는 재능과 잠재력을 개발하고 발현시키는 소극적 교육이 있고, 위에서 동자가 말하는 것과 같이 말 그대로 학생의 천성을 해치는 환경을 제거해 주는 소극적 교육이 있다. 전자를 유위(有爲)의 소극적 교육이라고 이름 붙일 수 있고, 후자는 무위(無爲)

의 소극적 교육이라고 말할 수 있다.

장자의 관점에서 보면 유학의 교육은 유위의 소극적 교육이다. 유학은 학습자가 가지고 있는 인의(仁義)의 본성을 개발하고 발현시키는 것을 목적으로 삼기 때문이다.『맹자』「공손추」에는 '물망(勿忘) 물조장(勿助長)'이라는 말이 있다. 잊어서도 안 되고 조장해서도 안 된다는 말이다. 맹자는 "천하에 벼 싹이 자라도록 억지로 조장하지 않는 자가 적으니, 유익함이 없다 해서 버려 두는 자는 벼 싹을 김매지 않는 자요, 억지로 조장하는 자는 벼 싹을 뽑아 놓는 자이니, 이는 비단 유익함이 없을 뿐만 아니라 도리어 해치는 것이다"라고 하여, 조장하는 것이 잊는 것보다 더 나쁘다고 주장하였다. 또『논어』「술이편」에서 공자는 "알고 싶어 안달하지 않으면 열어 줄 수 없고, 애태우지 않으면 말해 줄 수 없다. 한 모퉁이를 예로 들어 주었는데 나머지 세 모퉁이를 알지 못하면 다시 일러 주지 않노라"라고 하여 교육에서 학습자의 자발성을 무엇보다도 중시하였다.

서무귀(徐無鬼)가 위나라 무후(武侯)를 만났을 때 무후는 서무귀에게 "선생을 오랫동안 보고 싶어 했소. 나는 백성을 사랑하고 또 의를 위해 전쟁을 그만두려고 하는데 어떻게 생각하오?" 하고 물었다. 이에 서무귀는 다음과 같이 대답했다.

안 됩니다. 백성을 사랑하는 것은 백성을 해치는 시초입니다. 또 의를 위해 전쟁을 그만두는 것은 오히려 전쟁을 일으키는 근원이 됩니다. 대저 훌륭한 일을 하겠다는 것부터가 악의 바탕이 됩니다. 임금님께서 인의를 실천하려고 함은 결국 자기 명성에 구애되어 거짓된 짓을 하는 겁니다. 명성을 얻으려는 유위의 마음이 거짓된 형체가 되고 그것이 모양을 갖추면 자랑하게 되며 자랑하는 마음이 있으면 변란이 있을 때 남과 싸우게 됩니다.

눈이 사물을 볼 때 밝으면 위태롭고, 귀가 소리를 들을 때 밝으면 위태로우며, 마음이 지혜로우면 역시 위태로운 것은 모두 본심에서 벗어났기 때문이다. 무위(無爲)란 눈에 비치는 대로 사물을 보고, 귀에 들리는 대로 들으며, 마음이 움직이는 대로 하되 모두 본심으로 돌아오는 것이다. 장자가 추구하는 지인은 총명과 지혜와 용기를 버리고 천지자연과 하나가 되어 대자유를 누리는 자이다. 총명과 지혜와 용기는 간직하고 있으면 있을수록 위태로운 법이다. 그럼에도 많은 사람들이 이런 지혜와 용기를 자신의 보물이라고 여기고 있으니 어찌 슬픈 일이 아닌가?

사랑과 평화

무후가 말했다. "선생을 뵙고자 한 지 오래되었소. 내 백성을 사랑하고 정의를 위해 전쟁을 멈추고자 하는데 할 수 있겠습니까?" 서무귀가 대답했다. "불가능할 것입니다. 백성을 사랑하겠다는 것은 오히려 백성을 해치는 근본이며, 정의를 위해 전쟁을 멈추려 하는 것은 전쟁을 일으키는 근본이 됩니다."

武侯曰 欲見先生 久矣 吾欲愛民而爲義偃兵 其可乎 徐無鬼曰 不可 愛民害民之始也 爲義偃兵 造兵之本也

"나는 백성을 사랑하며, 정의를 위해 전쟁을 멈추고자 한다." 서무귀를 만난 왕은 자신의 통치를 이렇게 자랑했다. 그러자 서무귀는 말했다. "백성을 사랑하겠다는 것이 도리어 백성을 해치는 첫걸음이고, 정의를 위해 전쟁을 멈추겠다는 것이 전쟁을 시작하는 근본입니다."

백성을 사랑하는 것, 전쟁을 멈추는 것, 서무귀는 왜 그것이 도리어 백성을 해치고, 전쟁을 일으키는 근본이 된다고 보았던 것일까? 그 어느 것도 자연스러운 본성에서 나온 것이 아니기 때문이다.

왜 백성을 사랑하는 것이 백성을 해치는 일이 되겠는가? 사랑을 보여 주려고 하기 때문이다. 보여 주기 위한 사랑은 겉모습을 포장하지 않을 수 없고, 겉모습을 포장한 사랑은 이미 사랑이 아니다.

세계의 무수한 통치자들을 보라. 어느 한 사람 국민을 사랑한다고 말하지 않는 통치자가 있는가? 그런데도 왜 약한 자는 핍박받고, 세상은 늘 가진 자의 것이기만 하겠는가? 그들의 사랑은 위선에 불과하고, 어리석은 백성은 위선에 취하여 어리석은 선택을 하기 때문이다.

어떻게 전쟁을 멈추려는 것이 전쟁을 일으키는 근본이 되는가? 전쟁으로 전쟁을 멈추려 하기 때문이다. 세계의 수많은 나라들을 보라. 어느 한 나라, 평화를 외치지 않는 나라가 있는가? 그러나 평화를 외치는 나라 가운데 군비를 증강하고 국방력을 과시하지 않는 나라는 없다. 평화라는 이름 아래 전쟁을 준비하면서 그 길만이 평화를 지키는 길이라고 하니 어찌 어리석지 않겠는가?

식민지 시대의 강제징용 배상 판결에 항의하여 경제 보복 조치를 시작한 일본은 이 보복조치가 자국의 '안보'를 위한 수출관리일 뿐이라고 주장했다. 경제적 힘을 무기 삼아 상대국을 침략함으로써 자국의 안보를 확보하겠다고 하니 그것이야말로 서무귀가 "전쟁을 멈추는 것이 전쟁을 일으키는 근본이 된다"라고 한 그대로가 아닌가?

한국은 일본 불매운동을 선두로 지소미아의 종료, 일본 화이트국가 배제 조치 등 일본이 한국에 했던 일을 그대로 되갚아 주고 있다. 말 그대로 전쟁이 시작되었다. 부동의 수입맥주 1위 자리를 차지하던 아사히 맥주가 98% 매출 감소를 겪었고, 때아닌 호황을 누리던 자동차, 의류업계도 타격을 입었으며, 한국인이 즐겨 찾던 관광지 업주들은 도산위기에 내몰렸다. 그런데도 이 전쟁을 '한국 의존도를 줄일 절호의 기회'라며 일본 국민의 68%가 지지한다고 하니 아베정권은 인간의 어리석음을 통찰한 현명한 정권인 것일까?

양국의 경제 전쟁이 심화될수록 고통받는 것은 힘없는 서민들일진

대 그 서민들 또한 이 경제전쟁을 기꺼워하니 그래서 사랑은 사랑이
아니고 평화는 평화가 아닌 것이다.

第二十五 則陽

| 탈현대 문명 |

웃음이 넘치는 사회

"그럼 제[戴晉人]가 임금님[惠王]을 위해 실제 사실을 예로 들어 말씀드
려 보겠습니다. 임금님께선 이 사방 위아래의 공간에 끝이 있다고 생각
하십니까?" 하고 물었다. 혜왕이 "끝이 없는 거요"라고 하니까, [대진인
은] "그럼 정신을 무한한 공간에서 노닐게 할 줄 알면서, 이 유한한 땅을
돌이켜 본다면 [이 나라 따위는] 있을까 말까 한 [아주] 하찮은 것이 아
니겠습니까!" 하고 대답했다.

曰 臣請爲君實之 君以意在四方上下有窮乎 君曰 無窮 曰 知遊心於無窮
而反在通達之國 若存若亡乎

　개미의 눈으로 보면, 사방 십 리 땅이 무척 광대한 것으로 여겨질
것이듯이, 인간의 눈으로 보면, 사방이 수천 리에 달하는 나라는 무
척 큰 것처럼 여겨진다. 그러나 무한한 공간에 빗대어 본다면, 나라라

는 것은 먼지 하나도 되지 않는 하찮은 것이다. 그런데 나라의 왕은 자신이 왕인 것을 대단히 여기며, 나라의 재상인 자는 자신이 재상이라는 사실에 우쭐거린다. 이 어찌 우습지 않겠는가!

유머란 영원한 시간과 무한한 공간에 빗대어 에고가 경험하는 감정, 생각, 욕망을 바라볼 때 터져 나오는 웃음이다. 웃음이 터져 나오는 순간, 우린 에고의 감옥에서 풀려난다. 요즘 새로 지은 절에 가 보면, 중국에서 들여온 듯한 조잡하고 거대한 포대화상의 조형물을 설치해 놓은 곳이 많다. 포대화상은 커다란 배를 움켜지고 배꼽에서부터 터져 나오는 웃음을 터트리고 있다. 그가 짓고 있는 것이 바로 에고의 꿈에서 깨어나는 순간 터져 나오는 큰 웃음이다.

에고의 삶을 살아가는 현대인에겐 모든 것이 심각하다. 현대 사회 중에서도 한국 사회는 특히 유머공간이 없다. 사람들은 사소한 자극에도 맹렬하게 화를 낼 준비가 되어 있는 듯하다. 기차 객실 옆자리에 앉은 사람이 조금만 큰 소리를 내어도 곧바로 화가 치민다. 느리게 가는 앞차에도 화가 나고, 약속된 시간에 조금만 늦어도 화가 난다. 잘 씻지 않는 남편에게도 화가 치밀고, 건망증이 심한 아내에게도 화가 솟구친다. 얼마 전 기차 객실에서 차양을 내려야 할지 말지를 두고 다툼이 일어나 서로 욕설을 퍼부으면서 싸우다가, 결국 함께 내려 경찰서를 향하는 모습을 목격한 적이 있다.

한국 사회에 유독 유머공간이 부족한 이유는 무엇일까? 여유로운 모습, 웃음 띤 얼굴, 평화로운 발걸음이 한국 사회에 유독 드문 이유는 무엇일까? 한국인의 경우, 에고에 더 깊이 함몰되어 있기 때문이다. 특히 노인들의 경우는 미소 띤 얼굴을 찾아보기 힘든데, 에고에 더 깊이 함몰되어 있기 때문이다. 검찰개혁을 외치며 서초동 집회에 나와 있는 사람들과 조국사퇴를 외치며 광화문에 모인 사람들 간에는 정치적인 대화를 나누는 것 자체가 거의 불가능하다. 각자 '내가 너무 옳기 때문'이다.

탈현대인과 탈현대 사회에는 심각한 일이 없다. 어떤 일이 일어나도 그들은 미소 짓는다. 예쁘다며 뻐기는 나와 너를 향해 미소 짓고, 외모 콤플렉스를 갖고 있는 나와 너를 향해 미소 짓는다. 합격했다고 기뻐하는 나와 너를 향해 미소 짓고, 낙방했다고 움츠려드는 나와 너를 향해 미소 짓는다. 돈과 권력을 차지하고 으스대는 나와 너를 향해 미소 짓고, 가난하고 힘없다고 기죽어 있는 나와 너를 향해 미소 짓는다.

위(魏) 혜왕(惠王)은 자신이 위나라의 임금이라는 사실에 자신이 대단한 사람인 것처럼 느끼고 있었다. 대진인(戴晉人)의 말을 듣고, 그는 비로소 스스로를 대단하게 여기는 자신을 향해 미소 지을 수 있었다. 대단함으로부터의 자유를 얻은 것이다. 탈현대인은 대자유인이며, 탈현대 사회는 웃음소리가 그치지 않는 사회인 것이다.

다스림의 기술

장오(長梧)의 국경지기가 자뢰(子牢)에게 말했다. "임금이 정치를 할 때 조잡해서는 안 되고 백성을 다스릴 때 되는 대로 아무렇게나 해서도 안 된다. 옛날 내가 벼농사를 지었을 때 흙을 조잡하게 갈았기 때문에 드물게 달린 벼이삭을 나는 거두어야 했다. 또 잡초 뽑기를 되는 대로 아무렇게나 했더니 역시 듬성듬성 달린 벼이삭을 거두어야만 했다. (그래서) 이듬해에 방법을 바꾸어 땅을 깊이 갈고 김을 잘 맸다. 그러자 벼이삭이 많이 달려서 나는 일 년 내내 싫도록 먹었다."

長梧封人 問子牢 曰 君 爲政焉 勿鹵莽 治民焉 勿滅裂 昔予爲禾 耕而鹵莽之 則其實 亦鹵莽而報予 芸而滅裂之 其實 亦滅裂而報予 予來年 變齊 深其耕而熟耰之 其禾繁以滋 予終年厭飧

정치를 할 때 함부로 해서는 안 되며, 백성을 아무렇게나 다스리려고 해서는 안 된다. 정치처럼 농사를 할 때도 거칠게 함부로 하면 그 결과가 자신에게 돌아온다. 정치나 농사를 예로 들지 않더라도 무엇인가를 다스리고자 하면서 아무렇게나 하면 결과가 좋지 못할 것은 쉽게 예측할 수 있다. 그러나 다스리는 상황에 처하면, 아무렇게나 하는 것인지도 모르는 채 함부로 하기 십상이다. 다스린다는 것 자체에 급급하다 보면 거칠고 함부로 하는 일이 비일비재하게 일어날 수 있다.

정치나 농사를 아무렇게나 하지 않는 것처럼 자기 본성을 함부로 다루지 말아야 한다. 본성을 함부로 다스리지 않는 것은 무엇을 말하는 것일까? 자신의 타고난 기질이나 성격을 인위적으로 억압하거나 어떤 쪽으로 바꾸려고 하지 않는 것이다. 사람들은 저마다의 기질과 성격이 있고 그 자체로써 가치를 평가할 수 있는 것은 아니다. 하지만 세상이 좋고 나쁨의 잣대로 기질과 성격을 평가하는 경향이 있다. 이러한 잣대에 자신을 맞추려고 하고 자기를 변화시켜서 그 기준에 도달하려고 하는 것은 자신을 아무렇게나 다루는 지름길이다. 또 자기를 얕잡아 보고 어떤 일에 부딪치면 '나는 여기까지야!'라고 선을 긋고, 두렵고 싫은 생각이나 기분이 시키는 대로 하는 것도 아무렇게나 자신을 다루는 것이다.

드라마 〈동백꽃 필 무렵〉의 주인공 동백은 일곱 살에 엄마에게 버림받고, 8살 아들을 가진 미혼모로 옹산게장골목에서 '까멜리아'를 운영하고 있다. 동백은 자신을 향한 '박복한 여자'라는 편견에 짓눌리지 않고, 세상으로부터 불친절을 당하지만 사람들에게 한없이 친절하고 다정하다. 소심하고 온순하지만 무례한 손님에겐 '노매너 노서비스'를 확실히 말하는 소신파이기도 하다. 양파를 너무 많이 썰어서 손목 보호대를 해야 할 지경이고, 아들 필구는 48만 원 때문에 야구 전지훈련을 포기하려고 한다. 그렇게 열심히 일하고 필구와 행복하기만을 바라지만, 세상의 편견은 동백을 아무렇게나 대하려고 한다. 그러나 동백은 자신을 아무렇게나 다루지 않는다.

동백은 담담히 제 길을 간다. 누구에게도 자신의 삶을 보여 주기 위해서 살지 않는다. "센 척하지 않고 조곤조곤 자신을 지키고, 얌전히 강단 있고 원칙이 있다. 소심하지만 소심한 자신을 탓하지 않는다. '소심한 게 왜 나빠. 그래도 소심한 사람은 남에게 상처는 안 줘.' … 제대로 대접을 받아 본 적 없어도 남을 대접할 줄 아는 사람. 제대로 사랑받아 본 적 없어도 사랑을 베풀 줄 아는 사람." 동백은 그렇게 자기 본성을 활짝 꽃피우며 산다.

머리, 가슴, 배

거백옥(蘧伯玉)은 나이 육십에 육십 번 변화했다. 처음에는 옳다고 했던 일도 나중에는 잘못이라고 물리쳤다. 지금 옳다고 생각하는 일도 지난 59년 동안 잘못이라고 했던 일인지도 모른다. 만물은 생겨나지만 그 근원을 볼 수가 없고, 모두 죽지만 그 나가는 문을 볼 수가 없다. 사람들은 인간의 지력으로 알 수 있는 것은 존중하지만 지력이 알지 못하는 것에 의거한 것은 알려 하지 않는다. 이 어찌 커다란 어리석음이라 하지 않을 수 있겠느냐?

蘧伯玉行年六十而六十化, 未嘗不始於是之而卒詘之以非也, 未知今之所謂是之非五十九非也. 萬物有乎生而莫見其根, 有乎出而莫見其門. 人皆尊其知之所知而莫知恃其知之所不知而後知, 可不謂大疑乎!

어느 초등학교 시험문제에 "곤충을 세 부분으로 나누면 ( ), ( ), ( )이다"라는 문제가 출제되었다. 어느 학생이 (죽), (는), (다)라고 답을 썼다. 교사가 의도한 답은 머리, 가슴, 배였다.

곤충만 그런 것이 아니라 인간도 머리, 가슴, 배로 나눌 수 있다. 머리는 분별하고 계교하는 역할을 하고, 가슴은 호오(好惡)나 희로애락과 같은 감정을 담당하고, 그리고 배는 쾌, 불쾌와 같은 욕망을 담당한다. 플라톤은 『국가』에서 국민을 머리, 가슴, 배의 세 부분으로 나누어 배는 생산자 계급을, 가슴은 무사 계급을 그리고 머리는 철학자 왕들인 통치자 계급을 나타낸다고 하였다. 각 계급에 필요한 덕목이 있는데 욕망을 추구하는 배에 필요한 덕목은 절제이고, 가슴에 필요한 덕목은 용기이며, 머리에 필요한 덕목은 지혜라고 하였다.

플라톤의 영향 때문인지 우리는 머리, 가슴, 배 중에서 머리를 가장 중시한다. 예컨대 배가 무엇을 원하든 관계없이 영양소를 골고루 고려한 식단을 짜고, 잠이 오지 않아도 매일 일정한 시간에 잠을 자려고 애쓴다. 감정을 변화무쌍한 것으로 여겨 무시하고 가급적 머리가 감정에 의해 영향을 받지 않으려고 한다.

그러나 위에 인용한 거백옥과 같이 변하지 않는 것은 없다. 몸은 매일 매일 변하고 가슴도 끊임없이 변한다. 변하지 않는 것은 우리의 고정된 관념뿐이다. 우리는 한 번 옳다고 생각한 것은 좀처럼 바꾸려고 하지 않는다. 별로 중요하지 않은 주장도 일단 입에서 뱉어 낸 후에는 그 말을 자신과 동일시하여, 누가 조금이라도 반대되는 말을 하면 무시당했다고 생각하고 화를 낸다. 자신의 말과 자신을 동일시하는 것이야말로 어리석은 일이 아닌가?

노자는 성인의 다스림은 그 마음을 비우고 그 배를 채우며[虛其心 實其腹], 그 뜻을 약하게 하고 그 뼈를 강하게 하는 것[弱其志 强其骨]이라고 하였다. 마음과 뜻이 바로 머리가 주로 하는 일이며, 배를 채우고 뼈를 강하게 하는 것은 바로 몸, 곧 자연을 따르는 것이다. 우리는 건강에 뜻을 두고 끊임없이 건강에 좋은 것을 찾아 먹고 실천하려 하지만 실은 그것은 건강에 전혀 도움이 되지 않는다. 건강의 비결은 자연의 이치에 따라 살아가는 데 있지, 머리로 따지고 비교하는 데 있지 않다.

플라톤은 머리가 가슴과 배를 지배하고 통제해야 한다고 생각했지만 바로 그러한 생각이 인류를 점점 도(道)와 멀어지게 하였다. 어느 선사가 머리에서 가슴까지 내려가는 데 평생이 걸렸다고 했지만 가슴에 그쳐서는 안 된다. 시간이 얼마나 걸릴지 모르지만 가슴에서 다시 배까지 내려가도록 해야 진정 도와 하나가 될 수 있다. 장자는 도를 배에서 찾는다면 온종일 말해도 도에 어긋나지 않지만, 머리로 도를 구하거나 말한다면 온종일 말해도 도에서 벗어나게 된다고 하였다. 지금이라도 우리는 머리의 역할은 최소화하고, 가슴은 보다 더 자유롭게 활동할 수 있도록 하고, 무엇보다도 배가 삶의 중심이 되는 삶을 살아야 한다.

구리(丘里)의 말

언덕이나 산은 낮은 흙과 돌을 쌓아서 높아졌고, 강이나 냇물은 작은 흐름이 합쳐져서 크게 된 것이며, 대인은 만물의 사사로움을 합쳐서 공평하게 한다. 그러므로 (대인은) 밖에서 들어오는 남의 의견이 있을 때는 자기의 주관이 확립되어 있어도 어느 하나를 고집하지 않으며, 안에서 나오는 자기 의견이 있을 때에도 그것이 옳다고 하여 남의 의견을 막지 않는다.

丘山積卑而爲高 江河合水而爲大 大人合竝而爲公 是以自外入者 有主而不執 由中出者 有正而不距

소지(少知)가 태공조(太公調)에게 '구리의 말'이란 무엇을 이르는 것인지 물었다. 태공조가 답했다. 구리란 '열 가지 다른 성(姓)과 백 가지 다른 이름을 가진 사람들'이 어울려 살아가는 곳, '구리의 말'이란 곧 그 '열 가지 다른 성과 백 가지 다른 이름을 가진 사람들'의 제각기 다른 말들이 하나로 합쳐진 것이라고.

장자는 말한다. "성인은 만물의 분규를 달관하고 모든 것을 하나로 여긴다." 같다는 것은 무엇이고, 다르다는 것은 또 무엇인가? 잘게 나누면 세상에는 같은 것이 없으니, 같은 성을 가진 사람들의 생각 또한 제각기 다르며, 넓게 뭉뚱그리면 세상에는 다른 것이 없으니, 백

가지 다른 이름을 가진 사람이 하나의 고을을 이루고, 하나의 나라를 이루며, 마침내 하나의 천하를 이룬다. 그러므로 만물의 사사로움을 합쳐서 공(公)을 이루는 자를 대인(大人)이라 하는 것이다.

훌륭한 통치자란 어떤 사람인가? 말[馬]이 말 아닌 것의 결합체이듯, 나도 '나' 아닌 것의 결합체임을 아는 사람이다. 서로 '다른 소리'가 어울려 한 목소리를 이루듯이, '나의 생각'이란 '나의 생각'이라고 할 수 없는 조각들의 결합체, 세상에는 '내 생각'이 아닌 것도 없고, 또 '내 생각'인 것도 없다는 것을 아는 사람이다. 그러므로 그는 자신의 주관이 뚜렷하다 하여 고집하지 않고, 자신의 의견이 옳다고 하여 다른 사람의 견해를 배척하지 않는다. 대인이 높은 산에서 작은 돌멩이를 보고, 작은 시냇물에서 광활한 바다를 보듯이, 그는 만물의 사사로움 속에서 공(公)을 보고 공을 이룬다.

세상이 황폐해지고 있다. 자본이 세상을 지배하고, 물질적 풍요로움이 인간의 마음을 잠식하면서, 부자는 더 부자가 되기를 원하고, 누릴 수 있는 것이 많은 사람일수록 더 많은 것을 누리기를 원한다. 어떤 사람은 살기 좋은 세상을 만들기 위해 빈부의 격차를 해소하라고 하고, 어떤 사람은 기업을 키워 나라를 부강하게 해야 살기 좋은 세상이 된다고 한다. 어떤 사람은 세계는 하나이며 국경은 없어져야 한다고 하고, 어떤 사람은 일자리를 뺏는 외국인을 내쫓기 위해 국경에 담장을 쌓으라고 한다. '구리의 말'은 이분, 삼분 분열하여 무엇이 '구리의 말'인지조차 모르게 되었다. 그러나 사람들이 다투는 것은 세상이 황폐해졌기 때문이다. 그런데도 세상을 보지 않고 다투는 사람만을 보면 '공'은 사라지고 사사로움만이 남는다.

한국의 '구리의 말'은 분열을 거듭하며 첨예하게 대립하고 있다. 누군가 이 분열과 대립을 달관하여 하나로 합칠 수 있는 사람이 있다면 그가 바로 대인이요, 한국을 이끌어 갈 지도자이다.

第二十六 外物

| 탈현대 문명 |

유유자적하는 사회

장자(莊子)가 말했다. "사람이 자적(自適)할 수 있으면 또 [언제나] 유유
(悠悠)하지 않겠는가!"

莊子曰 人有能遊 且得不遊乎

'아! 현대를 살아가는 사람들의 삶이 모두 우리나라처럼 팍팍한 것
이 아니었구나!' 삼십여 년 전 첫 지중해 여행을 했을 때, 마음속에서
터져 나온 탄성이었다.

그리스 아테네에는 하루에 다섯 번의 러시아워가 있었다. 출근 시
간, 시에스타(siesta)를 즐기기 위해 집으로 가는 시간, 시에스타를 즐
기고 직장으로 돌아오는 시간, 퇴근 시간, 퇴근 후 저녁식사를 위해
바닷가로 나가는 시간. 수평자세를 유독 좋아하는 필자의 눈에는 부
럽기 짝이 없는 풍경이었다. 유적지를 방문하면 문이 잠겨 있기 일쑤

였다. 필자의 마음을 사로잡은 것은 한없이 길어 보이는 저녁식사 시간이었다. 간단한 식사와 포도주 한 병을 시켜 놓고 사람들은 밤이 깊도록 대화를 나누며 자리에서 일어나지 않았다. 바쁜 걸음으로 거리를 걷는 사람도 없었고, 앞차가 느리게 간다고 경적을 울리는 자동차도 없었다.

고등학교 3학년 학생들은 잠도 제대로 못 자고, 새벽부터 밤늦은 시간까지 충혈된 눈으로 하루를 보낸다. 주말도, 공휴일도, 명절도 없다. 전생에 무슨 죄를 지었기에 이들은 이렇게 고통스러운 청소년기를 보내야 하는가!

아들이 오늘 2박 4일의 미국 출장을 마치고 돌아온다. 얼마 전 출산휴가를 받았는데, 휴가 중에도 집에서 회사업무를 봐야만 했다. 산모가 산후조리원에 있어, 두 살 난 첫아이를 돌보랴, 밥해 먹으랴, 산후조리원에 들리랴, 회사 일 하랴, 아들은 엄청 힘든 출산휴가 기간을 보냈다.

그러나 직장 진입에 실패한 청년들은 더 큰 고통을 겪는다. 그들은 무능한 존재라는 사회의 차가운 시선을 받아야 한다. 직장에서 조기 퇴출된 중년들이 겪어야 하는 고초도 만만치 않다. 일터에서 물러난 노인들은 스스로를 쓸모없는 존재라고 여기고, 세상으로부터도 푸대접을 받으면서, 고통스럽고 긴 노년기를 보낸다.

이렇게 청소년도, 청년도, 중년도, 노인도 살아가는 것이 만만치 않다. 그리스, 스페인, 이탈리아 같은 지중해 국가들보다 한국 사회는 소득수준도 높고 정치적으로도 더 민주화되어 있는데, 한국 사회를 살아간다는 것은 왜 이리 헉헉한 것일까? 한국인은 유독 '에고가 나'라고 하는 현대 인간관에 깊이 빠져 있기 때문이다.

에고를 나라고 생각하면, 내 삶의 목표는 에고의 파도를 더 높이 솟구치게 하는 것이다. 유유자적(悠悠自適)한 삶과는 거리가 멀어진다. 탈현대 사회는 어떤 사회일까? '유유자적한 삶'이라는 장자의 꿈이 실현된 사회이다.

틱낫한 스님이 쓴 글에 이런 구절이 나온다. "한 사람이 말을 타고 어디론가 바삐 가고 있었다. 그를 본 사람이 물었다. '어딜 그리 급하게 가시오?' '말에게 물어보시오.' 말을 탄 사람이 헉헉하며 이렇게 대답했다."

우린 어딜 그리 급하게 가고 있는 것일까?

삶의 고수

가만히 앉아서 수행하는 정좌법(靜坐法)은 병자의 기운을 북돋울 수 있고 지압법은 늙음을 멈추게 할 수 있고, 호흡법은 심장박동이나 호흡이 어지러이 뛰는 것을 멈추게 할 수 있다. 비록 그렇지만 이와 같은 일들은 몸을 인위적으로 괴롭히는 사람이나 하는 일일 뿐 마음을 편히 하는 사람은 그 앞을 지나가면서 한번 묻지도 않는 것이다.

靜然可以補病 眥可以休老 寧可以止遽 雖然 若是 勞者之務也 佚者之所未嘗過而問焉

사람들은 삶을 위해서 인위적으로 무엇인가를 해야 한다고 생각한다. 무엇인가를 하여 삶을 능수능란하게 다루는 능력을 발휘하고 싶어 한다. 사람들은 무엇인가를 하고 채우는 방법으로 삶의 고수가 되려고 하는 것이다. 하지만 장자는 진정한 삶의 고수란 그런 방식으로는 불가능하다고 한다. 마음을 편히 하는 사람은 정좌법, 지압법, 호흡법 등을 물을 필요가 없다. 그럼에도 불구하고 사람들은 정좌법, 지압법, 호흡법 등의 인위적인 방법으로 편안해지려고 한다.

요즘 베스트셀러 목록에는 자기계발서가 많이 포함되어 있다. 어떤 방법을 배워서 삶의 고수가 되고 싶은 현대인의 욕구가 반영되고 있다. 최근 텔레비전 예능 프로그램의 트렌드에도 이러한 경향이 나타난다. 단순한 웃음을 주는 예능 프로그램보다는 뭔가를 배울 수 있고 정보를 얻어서 삶에 유용하게 쓸 수 있는 콘텐츠에 대중들이 반응하고 있다. 집을 구하는 정보를 제공하는 프로그램, 스테디셀러 책을 쉽게 설명해 주는 프로그램, 요리 프로그램은 아니지만 레시피에 대한 정보를 얻을 수 있는 예능 프로그램이 관심을 끌고 있다.

뭔가를 함으로써 삶의 고수가 될 수 있다는 확신은 삶을 더욱 부자유스럽고 피곤하게 만든다. 내 생각이 점점 커져서 상대가 점점 마음에 들지 않기 시작하면서, 사람을 만나는 일이 힘들게 느껴졌다. 심지어 마음의 소리를 숨기지 못해서 상대를 공격할 수도 있겠다는 두려움도 생겼다. 그런 내 삶의 해법으로 매끄러운 인간관계를 위해서는 누가 무슨 말을 하더라도 '그렇네요', '그러게요', '어쩌죠' 등의 대사만 해야겠다는 다짐을 한 적이 있다. 결과는 매끄러운 관계가 아니라, 관계로부터 도피였다. 매끄러운 관계를 위해서 뭔가를 해서 삶의 고수가 되겠다는 생각은 실패했다.

소음을 피하기 위해서 음악을 크게 틀기도 하고, 수업시간에 학생들이 떠들면 큰 소리로 말하게 된다. 그러나 소음을 이기려는 큰 음악은 스트레스가 될 뿐이고, 큰 소리로 말한다고 떠들던 학생들이 집중하지는 않는다. 차라리 아무것도 하지 않으면 소음이 나를 괴롭히는 강도가 낮아질 수 있고, 낮은 소리로 말하면 떠들던 학생들이 집중하게 된다. 이보다 더욱 고수라면 소음이 있더라도 있다는 것을 문제 삼지 않거나, 떠드는 학생들이 발랄하게만 느껴질 것이다.

그렇다. 매끄러운 관계란 뭔가를 한다고 얻을 수 있는 것이 아니다. 내가 할 일은 어떤 방법으로 매끄러운 관계를 만들려고 하는 것이 아니라, 상대를 마음에 들어 하지 않는 나를 자각하고 인정하는 것이다. 매끄러운 관계를 자유자재로 만드는 삶의 고수가 되는 방법을 묻지 않자, 삶을 있는 그대로 편하게 받아들일 수 있는 능력을 선물 받았다.

삶으로서의 교육

> 갓난애가 태어날 때 훌륭한 스승이 없이도 말을 할 수 있게 됨은 그저 말을 할 수 있는 부모와 함께 살고 있기 때문이다.
>
> 嬰兒生无石師而能言 與能言者處也

    인공지능 시대의 도래와 함께 우리는 언제 어느 곳에서라도 원하는 지식을 얻을 수 있게 되었다. 궁금한 것이 있으면 언제든 네이버나 구글을 통해 확인할 수 있게 된 것이다. 또한 똑똑해진 인공지능으로 인해 많은 일자리가 사라지게 되었다. 현대 학교는 노동력을 생산하기 위한 목적으로 탄생했기 때문에 일자리가 사라진 시대의 학교는 더 이상 쓸모가 없어질 것이다. 이런 변화 때문에 많은 사람들은 학교가 곧 사라질 것이라고 예언한다.

    그러나 학교가 교육이라는 범주에서 차지하는 부분은 극히 적다. 장자는 이를 다음과 같이 설명한다. 우리가 땅 위를 걸을 때 발이 밟는 부분은 땅 전체에 비해 지극히 적다. 그렇지만 만약 발에 닿는 땅만 두고 나머지 땅을 모두 파 버려 천 길 낭떠러지로 만든다면 사람들이 과연 그 길을 걸을 수 있을까? 학교는 다른 교육이 있기에 쓸모가 있는 기관이지 다른 교육이 없으면 전혀 쓸모가 없는 곳이다. 그 다른 교육 중 가장 중요한 부분이 바로 부모와 조부모에 의한 교육이다.

교육과 삶의 관계도 마찬가지다. 현대 교육이 교육의 쓸모를 노동력 생산에 두었기 때문에 인공지능이 노동력을 대신하는 탈현대 사회에는 교육이 더 이상 쓸모가 없다고 생각하는 것은 잘못이다. 듀이가 말했듯이 교육은 곧 삶이고 경험이다. 살아가는 일, 살아가면서 경험하는 모든 것이 교육이다. 삶이 존재하는 한 교육도 사라지지 않는다.

한 아이를 키우기 위해서는 마을 전체가 필요하다는 말이 있다. 또한 마을 공동체에서 노인은 모든 지혜와 지식을 가진 존재이기 때문에 노인 한 사람이 죽는 것은 도서관 한 개가 사라지는 것과 같다는 말도 있다. 인류학에는 '할머니 가설'이라는 것이 있다. 인간과 들쇠고래, 그리고 범고래를 제외한 대부분의 동물은 죽기 전까지 새끼를 낳는다. 코끼리는 수명이 60~70년인데 60대에도 여전히 새끼를 낳는다. 그런데 사람은 평균 38세에, 들쇠고래는 36살에 그리고 범고래는 48세에 출산을 마치고 약 20년을 더 산다. 즉 자신의 번식 능력을 포기하는 대신 자식이나 손주를 도와 자신의 유전자의 생존확률을 높인다는 것이 할머니 가설이다. 실제로 서아프리카 간비아 마을의 경우 외할머니가 있는 집의 1~2세 유아는 외할머니가 없는 집의 유아보다 생존 가능성이 두 배 높았다고 한다.

그러나 할머니 가설은 몇몇 포유류에 한정되지 않는다. 중국 사천성 팬더연구소에서는 할머니 가설을 이용하여 팬더의 개체를 늘리는 일에 성공하였다. 즉 팬더가 새끼를 출산하면 인간이 대신 돌보아서 키우는 것이다. 동물은 새끼를 낳으면 새끼가 완전히 독립할 때까지 다음 새끼를 갖지 않는다. 그런데 팬더는 자신의 새끼를 인간이 대신 키워 주기 때문에 다시 새끼를 갖고 출산을 한다는 것이다. 이렇게 해서 많은 경우 10번의 출산을 한 팬더가 있다는 것이다.

할머니 가설은 두 가지 사실에 근거하고 있다. 그 한 가지는 아이를 대신 키워 주는 존재, 그것이 사람이든 제도든 그것이 있으면 출산율을 높이고 생존확률을 높인다는 것이다. 또 한 가지는 젊은 사람보다 노인들이 가진 삶에 대한 지식과 지혜가 자식과 손자들의 생존에 더 크게 도움을 준다는 것이다.

인공지능 시대가 좀 더 진척되어 인간과 인공지능이 결합한 안드로이드가 나타나게 되면 모든 지식과 경험이 직접 뇌에 입력될 수도 있을 것이다. 그렇게 되면 학교가 필요 없어질 뿐 아니라 부모와 조부모에 의한 교육도 쓸모가 없어지는 것이 아닐까? 그러나 삶이 교육이고 교육이 곧 삶이기 때문에 교육은 결코 사라지지 않을 것이다.

보답 없는 선행

세상일은 반드시 자기 뜻대로 되지 않는다. 그 때문에 관용봉과 비간이 주륙을 당했고, 기자가 미치광이 노릇을 했으며, 악래가 죽었고, 걸주가 망했다. 군주는 자기의 신하가 충성스럽지 않기를 바라는 이가 없지만 충신이 반드시 믿음을 얻는 것은 아니다. 그 때문에 오자서는 시신이 강물에 떠내려간 것이다. 또 장홍은 촉에서 죽었는데 촉 사람들이 그가 흘린 피를 보존하였더니 삼 년 만에 변하여 벽옥이 되는 일이 생긴 것이다.

外物不可必 故龍逢誅 比干戮 箕子狂 惡來死 桀紂亡 人主莫不欲其臣 之忠 而忠未必信 故伍員流於江 萇弘死于蜀 藏其血三年而化爲碧

관용봉은 걸왕의 충신이고, 비간과 기자는 주왕의 충신이다. 모두 폭정을 멈추라고 간하다가 관용봉과 비간은 주살되었고, 기자는 미친 척하여 겨우 목숨을 건졌으나 노예가 되었다. 오자서는 합려(闔閭)를 도와 초나라를 함락시키고 오나라의 공신(功臣)이 되었지만, 아들 부차와 반목하여 결국 자결의 형에 처해졌다. 현인(賢人)은 현인인 채 주살되고, 공신은 공신인 채 버려진 것이다.

악래는 은나라의 이름난 장사, 외뿔소를 맨손으로 때려잡을 정도로 힘이 세고 용맹하였지만, 남을 헐뜯기를 좋아하여 왕과 충신 사이를 이간질하였으니, 후대 사람들은 그를 나라를 망친 간신이라 비난하였다. 그러나 그 또한 주나라 무왕과의 전투에서 패배하여 처형되었다.

후세 유가들에 의해 태평성대를 이룩한 성인으로 추앙받는 요임금에게는 불초한 아들 단주가 있었고, 대효(大孝)라 일컬어지며 요임금에게 왕위를 선양받은 순임금에게는 어리석은 아버지 고수가 있었다.

누가 선(善)이 선으로 보답 받고, 악(惡)이 악으로 보답 받는다고 하였는가? 충신이 반드시 임금의 믿음을 얻는 것은 아니며, 효자가 반드시 부모의 사랑을 받는 것도 아니다. 어리석은 아버지에게 뛰어난 아들이 태어나고, 지혜로운 아버지에게 미련한 자식이 태어나니 세상 일체의 행위에는 그저 우연만이 존재할 뿐이다.

그런데도 사람들은 사필귀정(事必歸正)이라 하고, 인과응보(因果應報)라 하며, 천벌(天罰)을 말한다. 대립과 모순, 갈등과 혼란, 그리고 거듭되는 악(惡)의 승리를 목도하면서, 힘없고 가난한 사람들이 할 수 있는 것은 무엇이었을까? 선에 대한 믿음, 선(善)이 선으로 보답 받고, 악이 악으로 응징되는 것이 아니었을까? 그래서 사람들은 미치광이 기자를 왕으로 섬기고자 하였고, 억울하게 죽은 장홍의 피를 갈무리하였던 것이다.

맹자는 말한다. "대인은 말을 할 때 반드시 믿어 주기를 바라지 않고, 행동할 때 반드시 결과가 따르기를 바라지 않는다. 오직 의로운가를 생각할 뿐이다." 요임금이 초가집에 살고 겨울에도 녹피 한 장으로 추위를 견뎠던 것은 백성이 자신을 추앙하기를 바랐기 때문이 아니었다. 오히려 그는 백성들이 부르는 격양가를 들으며 비로소 만족하였던 것이다.

선이 선으로 보답 받기를 원하는 자는 진정으로 선한 자가 아니다.

사람들이 기리고 갈구하는 자는 그것이 선한 일이기 때문에 어쩔 수
없이 행하는 자이다.

第二十七 寓言

| 탈현대 문명 |

겸겸군자(謙謙君子)의 사회

노자가 대답했다. "너는 눈초리를 크게 치켜뜨고 오만한 모습을 하고 있다. 그런데 누가 함께 있으려 하겠느냐!"

老子曰 而睢睢盱盱 而誰與居

　　오만은 아무리 마음 깊은 곳에 감추어도 누구나 바로 볼 수 있다. 양자거(陽子居)는 오만을 깊이 감추고 겸손의 모양을 취했으나, 사람들은 그를 멀리한다. 그래서 그는 친구가 없고, 외로워졌다.

　　내 마음속을 들여다보면, '오만'이라는 교목(喬木)이 관목(灌木)들 사이에서 멀리서도 눈에 확 띈다. '나의 무엇이 그리 잘났단 말인가!' 곰곰 생각해 보니, 나의 오만의 중심에는 '외모에 대한 자신감'이 자리하고 있는 것 같다. 눈두덩이 볼록한 것이 봉안(鳳眼)의 모양을 하고 있고, 코는 우뚝하고, 입술은 얇다. 육십이 넘은 나이에도 머리숱이 제법 많이 남아 있고, 몸매는 균형이 잡혀 있다.

'아이 참! 외모가 이렇게 수려한데 어떻게 겸손하라는 거야! 그건 너무 힘들어!' 이런 생각이 든다. 그러나 또 이런 마음도 든다. '굳이 육체의 무상을 체득하는 수행법인 백골관(白骨觀)을 떠올리지 않더라도, 백 년 뒤면 이 멋진 육체가 문드러져서 구더기가 칠공(七孔)을 드나들 텐데, 외모에 대한 오만한 마음이 무엇이란 말인가!'

에고를 나라고 간주하면, 나는 '오만과 비굴', '우월감과 열등감'의 쳇바퀴를 끊임없이 돌게 된다. 그래서 나는 상처를 받고, 상처를 주는 고통스러운 세계를 벗어날 수 없다. 때론 나를 너무 대단하게 여겨서 나의 오만을 향해 웃을 수 없고, 때론 나를 너무 하찮게 여겨서 짓밟히는 나를 구경만 하게 된다.

나를 대단하게 여기는 것도 나를 하찮게 여기는 것도 나에 대한 존경심이 아니기에 나는 나를 존경할 수 없다. 너를 대단하게 여기는 것도 너를 하찮게 여기는 것도 너에 대한 존경심이 아니기에 나는 너를 존경할 수 없다. 그래서 현대는 콤플렉스의 세계에 빠져든다. 서로가 서로에게 상처를 주면서 고통스러운 세계가 끊임없이 확대재생산된다.

심지어는 교육이 이루어져야 하는 교실에서조차, 학생들은 선생님을 존경하지 않고, 선생님은 학생을 존중하지 않는다. 각자는 오만의 갑옷을 입고, 무례의 칼을 휘두른다. 이런 상황을 일컬어 교실붕괴라고 한다. 교실이 붕괴되면, 교육이 이루어질 수 없을 뿐만 아니라 교실에서는 많은 고통이 생겨난다. 선생님과 학생은 서로에게 상처를 주어야만 하는 적이 아닌데, 왜 우리는 이렇게 상처를 입히고 상처를 입어야 하나!

이런 이해할 수 없는 현실, 오만과 무례가 판치는 현실, 그 밑바닥에 '나와 너는 모두 영원한 시간과 무한한 공간으로부터 분리된 고립적인 개체'라고 하는 생뚱맞은 현대가 만들어 낸 생각이 있다. 그러나 '나와 너 모두가 영원한 시간과 무한한 공간을 품고 있는 우주적인 존재'임을 자각하는 순간, '콤플렉스의 세계', '환(幻)으로서의 세계'가 사라지고, 겸겸군자(謙謙君子)의 사회가 열리게 된다.

나는 어떤 양자거일까?

너는 눈초리를 크게 치켜뜨고 오만한 모습을 하고 있다. 그런데 누가 함께 있으려 하겠느냐! 정말 청렴한 사람은 오히려 더러워 보이고 참으로 덕을 갖춘 인물은 오히려 모자란 듯이 보이는 법이다.

而睢睢盱盱 而誰與居 大白若辱 盛德 若不足

양자거는 노자에게서 가르침을 받을 기회를 원했다. 마침내 여행을 가던 노자를 만날 기회를 얻은 양자거는 함께 걷던 중에 노자의 탄식을 듣게 된다. 노자는 양자거를 가르칠 보람이 있는 사람으로 생각했는데, 지금 보니 아무래도 안 되겠다고 말한다. 노자는 배움을 얻고자 하는 양자거에게 왜 이렇게 냉정하게 말했을까? 노자는 '눈 부릅뜨고 노려보면서 뻐겨 대는' 양자거의 태도에 실망했던 것이다.

양자거가 처음 여관에 갔을 때, '함께 묵은 나그네가 전송하고 맞아들이며, 여관 주인이 방석을 들고 오며, 그 아내가 수건이나 빗을 갖다 놓으며, 나그네들은 자리를 피하고, 부엌에서 불을 때던 자도 피해 버렸다. 위압적이고 교만한 양자거를 편안하게 맞이할 사람은 없었다. 양자거는 덕이 부족한 사람이었고, 다른 사람을 무시하고 얕잡아 보았다.

그는 노자의 가르침을 배우려는 뜻을 가지고는 있었지만, 노자의 지혜가 무엇인지는 전혀 알지 못했다. 하늘이 양자거를 버리지 않은 덕분에 그는 자신의 문제를 노자에게 물을 기회를 얻었고, 노자의 가르침을 받고 완전히 다른 사람이 되었다. 노자의 가르침을 받은 양자거가 여관에 묵을 때에는 나그네들과 자리를 다툴 정도로 편한 사람이 되었다.

살다 보면 함께하기에 불편한 사람을 만날 수밖에 없다. 어떤 사람은 존재 자체만으로 분위기를 가라앉게 하고 함께하는 사람이 조심스러워지도록 만들기도 한다. 그런 사람이 있으면, 평상시와 달리 행동이나 말에 신경을 쓰게 되고 얕잡아 보지 못하게 하려고 온몸에 힘을 가득 넣고 긴장하게 된다. 우리는 아주 예민하고 날카로운 잣대를 가지고 있어서 누가 양자거인지 아닌지 귀신처럼 구분해 낼 수 있다. 그러나 우리는 자신이 양자거처럼 다른 사람에게 행동하는 것이 아닌지 돌이켜 보는 일에는 그리 예민하지 않다.

"설마 내가?"

자신을 양자거와 같은 사람이라고 상상하지 않을 가능성이 크다. 그러나 우리는 의도치 않게 양자거가 될 수 있다. 특히 우리가 권력이나 지위를 가지고 있을 때, 어리석은 양자거와 같이 행동하기 쉽다. 주변 사람이 난로의 따뜻한 자리를 자신에게 양보하도록 만드는 사람인지, 난로에 둘러앉아 함께 따뜻함을 나누고 싶도록 하는 사람인지, 스스로에게 질문해 보자.

진부(陳腐)한 노인

나이만 들었지 올바른 사리와 순서를 헤아리지 못한 채 공연히 나이에
만 의지하는 자는 선각자가 아니다. 연장자이면서 남에 앞서는 덕을 갖
추지 못했으면 사람의 도를 잃은 자이며 사람의 도가 없는 자를 진부한
사람이라 한다.

年先矣 而无經緯本末以期年耆者 是非先也 人而无以先人 无人道也 人
而无人道 是之謂陳人

　　정년을 2년 앞두고 모처럼 안식년을 갖게 되었다. 그러나 집에서는
안식하기가 어려워 매일 학교에 출근하여 연구실에서 빈둥거리고 있
었다. 이번 학기 우리 학과에 신임교수가 한 사람 새로 부임하였다. 그
런데 한 주가 다 되도록 신임교수는 내 방에 인사를 하러 오지 않았
다. 신임교수의 연구실은 내 연구실 바로 한 칸 건너에 있었다. 괘씸
한 생각이 점차 커질 무렵 장자의 윗글을 읽게 되었다. 그리고 바로
신임교수의 연구실 문을 두드리고 내가 먼저 인사를 했다. 그리고 나
니 정말 마음이 편해졌다.

　　신임교수가 나에게 인사를 하러 오는 것은 지극히 당연한 일이라고
는 할 수 없지만 상당히 어려운 일임에는 분명하다. 내가 신임교수 시
절에 나이가 많은 원로교수 연구실을 방문하는 것이 얼마나 어려운

일이었던가?

장자는 나이가 많으면서도 그에 걸맞은 덕을 갖추지 못한 노인을 진부한 자라고 하였다. 그렇지만 나이에 걸맞은 덕을 갖추기란 얼마나 어려운 일인가? 오히려 많은 노인들은 나이가 들수록 덕은커녕 젊은 시절보다도 더 자아에 집착하는 모습을 보여 준다. 이런 노인의 집착과 욕심을 노추라고 부른다.

우리나라는 특히 나이에 민감하다. 아마 지하철이나 버스에 경로석이 있는 나라는 우리나라가 유일할 것이다. 그러나 노인에 대한 공경은 노인을 배려하는 것과는 다르다. 노인이 사회적 약자이기 때문에 국가와 사회로부터 우선적으로 도움을 받는 것은 지극히 당연하다. 특히 우리나라와 같이 노인빈곤율과 노인자살률이 높은 경우 여타 사회적 약자에 비해 노인들에 대한 배려는 더욱 세심하게 이루어져야 한다. 그렇지만 노인에 대한 공경은 젊은이들에 대한 교육만으로는 이루어질 수 없다.

경로는 노인 스스로의 노력을 필요로 한다. 지하철에서 경로석에 앉아 있는 젊은이들에게 호통을 치는 것으로 경로가 이루어질 수 있는 것은 아니다. 『순자』「유좌(宥坐)편」에서 공자는 "어려서는 힘써 배우지 못하고, 늙어서는 가르칠 것이 없다면 나는 이를 부끄럽게 여긴다"라고 하였듯이 노인 스스로의 공부와 노력이 없이는 경로가 이루어질 수 없다.

노인은 매사에 겸손해야 한다. 성 아우구스티누스는 "만일 그대가 '이제 충분하다 나는 완전함에 도달했다'라고 말한다면 모든 것을 잃는다. 왜냐하면 자신의 불완전성을 알게 만드는 것이 완전함의 기능이기 때문이다"라고 하였다. 또 에티엔 질송 박사는 "겸손을 수행함으로써 공포를 자비로 바꾸는 것, 거기에 성 베르나르가 말씀하신 자기 단련의 전부, 그 시작과 발달 및 종결이 있다"라고 하였다. 노인은 세상 사람들이 추구하는 학식이나 재물, 권력, 인기와 같은 것들을 더 이상 추구하지 않는다. 더 이상 미래를 생각하지 않는 노인은 이런 것들이 얼마나 하찮고 무상한 것인지 잘 알기 때문이다. 경로는 노인 스스로 범사(凡事)에 감사하고 사랑에 충만한 존재가 되려고 노력함으로써만 이루어질 수 있다.

참된 변화

장자가 혜자에게 말했다. "공자는 살아온 나이 육십이 되도록 육십 번 변화해서 처음에 옳다고 한 것을 마침내 그르다고 부정하였다. 그러니 육십이 된 지금 옳다고 하는 것이 그동안 쉰아홉 번 잘못되었다고 한 것과 마찬가지의 잘못이 아니라고 확신할 수 없다."

莊子謂惠子曰 孔子行年 六十而六十化 始時所是卒而非之 未知今之所謂是之非五十九非也

  '대인호변(大人虎變), 군자표변(君子豹變), 소인혁면(小人革面)', '대인은 호랑이가 변하듯이 변하고, 군자는 표범이 변하듯이 변하며, 소인은 얼굴만 고친다'는 뜻으로, 『주역』「혁괘(革卦)」에 나온다.

  『주역』의 핵심은 '변화'이다. 세상은 끊임없이 변화하고 있으므로, 그 세상을 살아가는 인간 또한 끊임없이 변화하지 않으면 안 된다. 때가 되면 털갈이를 하여 일신의 무늬가 아름답게 변하는 호랑이와 표범을 보며, 사람들은 때로는 부패한 구제도를 혁파하여 새로워진 나라의 모습을, 때로는 스스로를 숨기고 움츠려 있던 군자가 자신의 재능을 드러내며 나라의 인재로 거듭나는 모습을, 또 때로는 자신의 과오를 뉘우치고 스스로를 갈고닦아 나날이 새로워지는 선비의 모습을 상상하였던 것이다. 그것은 설령 잘못된 길이라 할지라도 권력을 위해서라면 뜻을 굽히고 순응하여 가는 소인의 변모와는 다른 것이었다. 「혁괘」는 『주역』의 64괘 가운데 그 변화의 이치를 가장 잘 설명한 것으로 진정한 변화가 무엇인지 일깨워 주고 있다.

장자는 말했다. "공자는 나이 육십이 되도록 육십 번 변화해서 처음에 옳다고 했던 것을 나중에 그르다고 하였다." 그것이야말로 어제의 나를 버리고 오늘 새롭게 태어나는, 나날이 변해 가는 군자의 모습이 아닐까? '옳은 것'은 중요하다. 어지러운 세상을 바로잡는 것, 그 어지러운 세상에 옳은 것을 추구하고 실현하는 것이야말로 공자의 소명이었다. 그러나 누구보다 치열하게 옳은 것을 추구했기 때문에 역으로 공자는 자신이 그르다는 것 또한 자각하지 않을 수 없었을 것이다.

장자는 말한다. "그러니 지금 옳다고 하는 일이 내일 또 그른 일이 되지 않을 것이라 할 수 있겠는가?" 그러나 공자는 말할 것이다. 어제 옳았던 일이 오늘 그른 일이 되었다 하여, 오늘 그른 일을 어떻게 옳다고 할 수 있겠는가? 과오는 쉽 없이 되풀이된다. 그러나 그렇다하더라도 어제의 과오를 깨닫고 오늘 새롭게 자신을 바로잡는 것, 그것이 공자가 추구한 군자의 삶이 아니었을까?

2020년 총선을 앞두고 한국의 정치계는 요동치기 시작했다. 어제의 적이 오늘의 동지가 되고, 어제의 동지가 오늘의 적이 되어 서로를 비방하고 있다. 낯빛을 바꾸어 과거의 자신이 틀렸다고 말하기도 하고, 오늘의 자신은 어제의 자신과 다르다고 말하기도 한다. 잘못을 바로잡는 것은 옳은 일이다. 또 과거에 저지른 자신의 과오를 반성하는 것 또한 아름다운 일이다. 다만 그들이 얼굴빛을 고쳐서 자신의 과오를 말하는 것이 다음 총선에서 승리하기 위해서라는 것, 총선에서 승리하기 위해서라면 몇 번이고 과오를 인정하며 낯빛을 바꿀 수 있다는 것, 그것이 문제인 것이다. 그래서 그들은 군자가 아니며, 아무리 아름다운 말을 하여도 호랑이나 표범이 될 수 없는 기껏해야 소인인 것이다.

第二十八 讓王

탈현대의 마음이 머무는 곳

중산(中山)의 공자모(公子牟)가 첨자(瞻子)에게 말했다. "[나의] 몸은 바닷가에 은거하면서 마음은 위(魏)의 궁문(宮門)에 머물러 있습니다. 어찌하면 좋겠습니까?"

中山公子牟謂瞻子曰 身在江海之上 心居乎魏闕之下 奈何

삼십 년 전쯤 필자는 경주 동쪽 깊은 골짜기에 위치한 작은 절에서 한 달 동안 머문 적이 있었다. 그곳은 TV조차 없는 외딴 산골이었다. 첫 며칠은 무척 좋았다. 사방이 고요하고, 방안에서 혼자 뒹굴며, 겨울 산을 이리저리 거닐며 좋았다. 그런데 사흘 정도 지났을까 '심심하다'는 생각이 들었다. 한번 '심심하다'는 생각이 들자, 하루하루가 너무 길게 느껴졌고, 힘이 들었다. 매일 맛없는 똑같은 반찬과 함께 하는 세 끼 식사도 나를 힘들게 했다. 나는 깊은 산속에 머물고 있었지만 내 마음은 휘황찬란한 불빛이 번쩍거리는 도시를 배회하고 있었던 것이다.

현대인은 수많은 자극에 중독되어 있다. 대학생들은 수업시간에도 스마트폰을 만지작거린다. 만일 그들에게 스마트폰 없이 열흘만 지내보라고 한다면 그것은 큰 형벌이 될 것 같다. 좋아하는 드라마 상영 시간이 되어 가는데 드라마를 볼 수 없는 상황이라면, 꼭 보고 싶은 스포츠 중계를 볼 수 없는 상황이라면, 마음속은 항상 안절부절이다. 게임 중독에 걸린 사람은 게임을 꼭 해야 하고, 쇼핑 중독에 걸린 사람은 쇼핑을 꼭 해야 하며, 유튜브 중독에 걸린 사람은 유튜브를 꼭 보아야 한다. 길을 걸어가는 사람들은 때론 위험한 상황에서도 목을 구부정하게 하고 스마트폰을 내려다보고 있다.

탈현대인은 꼭 깊은 산속이나 한적한 바닷가에 거주하는 사람이 아니다. 일본의 한 고승은 유명해져서 삶이 번잡해졌다. 번잡한 일상 속에서 그는 말했다. '마음은 점점 깊은 산속에 머물고 있는 것 같다.' 몸은 궁문(宮門)에 머물고 있지만 마음은 한적한 바닷가에 머물고 있는 것이다.

틱낫한 스님은 정열적으로 격동의 삶을 살아왔다. 젊은 시절엔 베트남 전쟁의 한가운데서 반전운동을 벌였고, 수십 권의 책을 집필했으며, 승려나 일반 대중들을 상대로 수많은 설법을 하고, 난민들을 돕기 위한 적극적인 노력을 기울였으며, 세계의 분쟁 해결을 위해서도 헌신했다. 그는 누구보다 분주한 삶을 살아왔지만, 그의 마음속을 들여다본다면 이럴 것이다. '아무 일도 없다.'

바다의 표면에는 끊임없이 크고 작은 파도가 생겨났다 사라진다. 그러나 태풍이 휘몰아치는 순간에도 바다 밑바닥은 고요하다. 바다

밑바닥, 이곳이 바로 탈현대의 마음이 머무르는 곳이다. 그래서 탈현대 사회는 고요한 사회이고, 평화로운 사회이다. 미륵반가사유상이 짓고 있는 아름다운 미소를 우린 탈현대인의 얼굴에서 발견한다.

만족할 줄 아는 삶

만족할 줄 아는 자는 이욕(利慾) 때문에 스스로를 번거롭게 하지 않고 자득(自得)함을 깨달은 자는 이득을 잃어도 두려워하지 않으며 정신의 수행을 쌓은 자는 지위가 없어도 부끄러워하지 않는다.

知足者不以利自累也 審自得者失之而不懼 行修於內者無位而不怍

2019년 가을 수목 밤을 따뜻하게 만들어 주었던 〈동백꽃 필 무렵〉에 등장한 제시카는 만족을 모르는 현대인이다. 그녀는 현대인이 모두 부러워하는 SNS 스타이다. 어마어마한 팔로워가 그녀의 일상에 '좋아요', '예뻐요', '부러워요', '좋겠다', '멋있다'로 반응한다. 그러나 정작 그녀의 삶은 불행하다. 끊임없이 다른 사람의 부러움과 관심을 얻기 위해서, 49kg 강박에 시달리고, 관심 밖으로 밀려날까 봐 안절부절못한다. 그녀의 삶은 남의 눈에는 행복하지만 외롭고 고되다. 그녀의 삶은 모든 것이 관상용이 되어 버린다.

우리는 자신의 삶에 만족하면서 살고 있을까? 더 많이 가지기 위해서, 더 인정받기 위해서, 더 욕망을 충족하기 위해서, 자신을 번거롭게 하지는 않을까? 더 많이 가지려고 하고, 더 인정받으려고 하며, 더 욕망을 충족하기 위해서 사는 것이 당연하다고 믿고 달리지는 않았을까? 지금 있는 그대로의 삶에 만족하지 못해서 언제나 자신을 번거롭게 하고, 손에 쥔 것을 잃을까 봐 불안해하며, 지위가 없는 것이 부끄러웠는지도 모른다.

누구나 자신은 제시카와는 완전히 다른 부류의 사람이라고 생각할 수도 있다. '설마 내가 제시카처럼 산다고?' 하며 놀랄 수 있지만, 현대인은 누구나 제시카와 같은 삶을 살기 십상이다. 오늘날 현대인이 느끼는 불행의 원인은 절대적인 결핍이나 어려움에서 오는 것이라기보다는 만족을 모르기 때문일 가능성이 크다. 물론 현대 사회에도 절대적인 빈곤, 전쟁, 차별로 고통을 겪는 사람이 있다. 그들의 이야기는 다른 식으로 해소할 방법을 찾아야 할 것이다.

삶에 만족할 줄 아는 사람은 감사하는 삶을 살 수 있다. 그리고 그 삶은 사랑으로 충만한 삶이다. 이러한 삶이 바로 행복한 삶이다. 삶에 만족할 때 주변을 기웃거리면서 뭔가 더 얻기 위해서 스스로 피곤하게 할 필요가 없고, 세상의 모든 것이 스스로 얻는 것임을 깨달으면 잃는 것을 두려워하지 않고 용기 있고 당당하게 살게 되며, 마음공부를 하여 내면이 꽉 찬 사람은 지위가 있고 없음에 휘둘리지 않는다.

궁함과 통함

공자가 말했다. "그게 무슨 소리냐? 군자가 도에 통하고 있음을 통(通)이라 하고, 도에 궁하고 있음을 궁(窮)이라고 한다. 지금 나는 인의(仁義)의 도를 품고 난세의 재난을 만났다. 그게 어찌 궁하다고 할 수 있느냐? 때문에 마음에 돌이켜 보아 도에 궁함이 없고 이 재난을 만나도 덕을 잃지 않는다. 추위가 닥치고 눈서리가 내려야 비로소 소나무와 잣나무의 무성함을 안다. 진(陳)과 채(蔡)에서의 재난은 내게 오히려 다행이다."

孔子曰 是何言也 君子通於道之謂通 窮於道之謂窮 今丘抱仁義之道以
遭亂世之患 其何窮之爲 故內省而不窮於道 臨難而不失其德 大寒旣至
霜雪旣降 吾是以知松柏之茂也 陳蔡之隘 於丘其幸乎

누구를 진정으로 사랑했다면 이별은 아름다운 것이다. 진정으로 사랑한 사람은 연인과 헤어질 순간이 오면 가슴 전체로 안녕이라고 말한다. 그러나 진정으로 사랑하지 못한 사람들은 연인이 떠나겠다고 하면 그제야 허둥지둥하면서 그(그녀)를 아름답게 보내지 못한다. 연인이 떠난다고 하는 말을 듣고 나서야 자신이 그동안 무언가 핵심적인 것을 놓치고 있었음을 깨닫게 되었기 때문이다.

사랑은 기쁘고 행복하기만 한 것은 아니다. 사랑 속에는 기쁨도 있지만 슬픔도 있고, 행복도 있지만 고통도 있다. 기쁨과 슬픔, 고통과 행복을 함께 경험했다면, 슬픔과 고통이 있었기에 기쁨과 행복이 있었음을 알게 된다. 낮은 밤이 있기에 더욱 환하고 밝은 것이다. 따라서 우리는 행복한 순간뿐만 아니라 고통스러운 순간에도 감사를 느껴야 한다. 고통이 없으면 행복도 존재할 수 없기 때문이다. 삶은 고통과 행복 모두를 포함하고 있기에 살 만한 것이다.

공자가 천하주유를 하다가 진나라와 채나라 사이에서 포위되어 궁지에 빠졌다. 무려 7일이나 제대로 먹지도 못하고 굶는 상황이 되었는데 공자는 태연하게 방안에서 거문고를 타고 있었다. 이 부분까지는 『논어』와 『장자』의 이야기가 같다. 그러나 그 이후의 이야기는 서로 다르다. 먼저 『논어』에서는 공자의 제자인 자로가 성난 얼굴로 방에 들어가 공자에게 따졌다. "군자도 궁할 때가 있습니까?" 공자가 대답했다. "군자는 진실로 궁한 것[固窮]이니 소인은 궁하면 넘친다." 넘친다는 것은 무슨 일이든지 할 수 있다는 것이다. '고궁'이라는 말은 주자에 의하면 곤경에 처해서도 원망하거나 후회하는 바가 없다는 뜻이다.

『장자』의 이야기는 다르다. 공자가 방안에서 거문고를 타고 있자 밖에서 채소를 다듬고 있던 자로와 자공이 공자가 부끄러움을 모른다고 험담한다. 안회가 두 사람의 험담을 공자에게 고자질하니, 공자가 자로와 자공을 불러 말한 것이 바로 위의 인용문이다. 공자는 『논어』와 같이 군자는 진실로 궁한 것이 아니라 궁함이 없다고 말한다. 궁함이란 도에 통하지 못함을 뜻하는데 공자는 자신이 도에서 떠난 적이 없기에 궁한 일이 없다고 말하는 것이다. 그리고 오히려 이런 고통을 통해 자신의 도가 더욱 분명하게 드러난다고 말한다.

공자가 설명을 마치고 다시 거문고를 안고 노래하자, 자로는 신바람이 나서 방패를 잡고 춤을 추었다. 그것을 보고 자공이 말했다. "나는 하늘 높은 줄은 알아도 땅이 낮은 줄은 몰랐다. 옛날 도를 터득한 자는 궁해도 즐기고, 통해도 즐겨 그 즐김에 궁도 통도 없었다. 이처럼 도를 터득하면 궁과 통은 마치 추위와 더위, 바람과 비의 변화처럼 되어 버린다." 도에 통해서 즐김이 하늘 높은 것을 아는 것이라면, 궁해서 즐기는 것은 땅이 낮음을 아는 것과 같다. 이처럼 자공은 스승의 말에서 한 걸음 더 나아가 군자에게는 궁함도 통함도 없음을 깨달았던 것이다.

천하에 가장 소중한 것

정말 생명을 존중하는 자는 비록 부귀하다 하더라도 의식주 때문에 몸을 다치게 하지 않고, 비록 가난하고 천한 자라 하더라도 이득 때문에 몸을 괴롭히지 않는다. (그러나) 요즈음 고위 고관으로 있는 자는 모두 의식주 따위에 마음이 빼앗겨 그것만 소중히 여기며, 이익만을 보고 경솔하게 그 몸을 망쳐 버린다. 어찌 미혹이 아니라 할 수 있겠는가?

能尊生者 雖富貴不以養傷身 雖貧賤不以利累形 今世之人 居高官尊爵者 皆重失之 見利輕亡其身 豈不惑哉

"백성을 부양하기 위한 땅 때문에 백성의 목숨을 버릴 수는 없다." 오랑캐들이 쳐들어와 빈(邠)나라의 땅을 요구하자 대왕 단보(亶父)가 한 말이다. 천하에 가장 소중한 것은 무엇인가? 그것은 백성의 목숨이다. 단보가 오랑캐에게 빈의 땅을 넘기고 떠나려 하자 백성들은 수레를 끌고 그의 뒤를 따라가 마침내 기산(岐山)에 나라를 세웠다. 백성의 목숨을 가장 소중하게 여기니 그가 바로 성군(聖君)이 아니겠는가?

사람들은 나라를 '다스려야 한다'라고 하고, 또 천하를 '태평하게 해야 한다'라고 한다. 나라를 다스리기 위해서는 무엇을 해야 하고, 천하를 태평하게 하기 위해서는 무엇을 해야 하는가? 또 다스려진 나라란 어떤 나라이며, 태평한 천하란 어떤 모습인가?

어떤 이는 잘 다스려진 나라는 의식주가 넉넉한 나라라 하여 나라를 부유하게 하는 데 힘써라 하고, 어떤 이는 군대가 강한 나라가 잘 다스려진 나라라 하여 군대를 강하게 하는 데 힘써라 한다. 그러나 나라의 의식주가 넉넉하다 하여도 그 의식주가 고관대작의 집안에 머물고, 나라의 군대가 강하다 하여도 그 군대로 다른 나라를 침략하는 데 힘쓰면, 그 나라는 다스려진 나라가 아니며, 그 천하는 태평한 천하가 아니다. 그러므로 장자는 말한다. "참된 도로 몸을 다스리고, 그 나머지로 나라와 집을 돌보며, 그 찌꺼기로 천하를 다스린다"라고. 백성의 한 몸을 지키지 못하는데 어찌 나라가 있고, 천하가 있겠는가?

"먼저 군사를 버리고, 그다음에 양식을 버려라. 백성의 믿음이 없으면 설 수 없다." 정사(政事)를 묻는 자공에게 "양식을 넉넉히 하고, 군사를 풍부히 하며, 백성이 믿도록 하라"라고 대답한 공자는 다시 그 가운데 하나를 버려야 한다면 무엇을 먼저 버려야 하는가를 묻는 제자에게, 정치를 하는 데 가장 중요한 것은 백성의 믿음이라고 했다. 뿔뿔이 흩어져 무너져 가는 나라를 재건하기 위해 공자는 가장 먼저 백성의 믿음을 얻고자 하였던 것이다. 백성의 믿음이 있으면 그 나라는 무너지지 않는다. 공자에게는 나라를 지키는 것이 곧 백성의 삶을 지키는 것이기도 했다.

그러나 장자는 나라는 중요하지 않다고 하였다. 나라를 지키는 것이 백성의 삶을 위협하는 것이라면 그 나라를 버려라. 하지만 나라를 버린 단보는 다시 백성을 얻어 기산에 나라를 세웠다. 단보야말로 군사를 버리고, 양식을 버리는 대신 백성의 믿음을 얻었던 것이 아닐까? 백성의 믿음을 얻었기에 단보는 기산에 새로운 나라를 세울 수 있었던 것이다.

지금 세상은 나라를 다스리려는 자들로 넘쳐나고 있다. 나라를 다스리려면 백성의 믿음이 필요하다는 것은 알았던지 온갖 미혹된 말 또한 넘쳐나고 있다. 그러나 백성의 삶은 내팽겨 둔 채 그 믿음을 얻으려고만 하니 어찌 어리석지 않겠는가? 또 어찌 서글프지 않겠는가?

第二十九 盜跖

나만 소중해

요(堯)와 순(舜)이 제위에 올라 그 자리를 주려한 것은 천하에 인혜(仁惠)를 베풀려고 한 짓이 아니다. 천자라는 명리에 의해 자기의 성명(性命)을 해치지 않기 위해서이다. 제위를 물려주어도 선권(善券)이나 허유(許由)가 받지 않았지만 이는 까닭 없는 공연한 사양이 아니다. 자기 이외의 사물에 의해 본성을 해치지 않도록 생각해서 한 일이다.

堯舜爲帝而雍 非仁天下也 不以美害生也 善卷許由得帝而不受 非虛辭讓也 不以事害己

필자는 거의 매일 앞산을 걷는다. 많은 사람들이 나처럼 산길을 걷는다. 필자도 그 사람들도 모두 건강과 장수를 위해 산길을 걷는 것 같다. 주변 사람들을 둘러봐도 헬스, 수영, 요가, 춤 등 건강을 위해 운동에 힘을 쏟는 사람들이 많다.

건강을 위해 운동을 하는 것은 좋은 일일까? 좋은 일이다. 그런데 이것은 '부자가 되기 위해 돈을 벌기 위해 노력하는 것은 좋은 일일까?'라는 질문과 같은 것 같다. 부자가 되기 위해 돈을 벌기 위해 노력하는 것은 좋은 일일까? 좋은 일이다. 노력하는 것도 좋고, 그 결과로 부자가 되는 것도 좋다.

그러나 만일 부자가 되는 것이, 건강해지는 것이 궁극적인 삶의 목표라면, 문제는 달라질 것 같다. 부자가 되는 것이, 건강해지는 것이 내가 도달하고자 하는 궁극적인 삶의 목표라면, 내 삶은 소외되었다고 평가하는 것이 맞을 것이다. 왜냐하면 부자가 되는 것이나 건강해지는 것이 인간답고 행복한 삶의 기초가 될 수는 있지만 궁극적인 목적이 될 수는 없기 때문이다.

틱낫한 스님도 운동을 좋아하고 많이 하셨다. 걷기 운동을 특히 좋아하고, 채마전을 가꾸는 일에도 열심이셨다. 그러나 틱낫한 스님에게 건강은 궁극적인 목적의 자리를 차지하고 있는 것 같지는 않다. 스님은 몸에 깊은 관심을 기울이고, 감사하는 마음을 갖고 있다. 또 몸을 잘 돌봐 준다. 풀과 땅의 관계와 같이, 스님은 몸을 잘 돌봐 주고, 몸은 스님이 사랑의 삶을 살아가실 수 있도록 도움을 준다.

『장자』「도척(盜跖)」은 후대의 위작이 확실시되는 장이다. 모든 큰 가르침들이 훗날 변질되고, 본래의 정신에서 벗어나게 되는데, 도가사상의 경우 그런 사상적인 쇠락이 특히 심한 것 같다. 도가사상이라고 불릴 수 있는 것은 노자와 장자 사상에 국한되고, 이후 이들의 진수를 이어받지 못한 후계자들의 종교를 도교라고 부른다.

도교는 인간의 욕망에 부응하면서 중국사회에서는 지배적인 영향력을 갖게 되지만, 미래 사회 건설을 위한 사상적인 자원이라고 하는 측면에서 보면 보잘것없는 종교이다. 도교가 특히 발전(?)시킨 것은 양생술이다. 어떻게 하면 오랫동안 생명을 부지할 수 있겠는가에 대한 궁리가 그 안에 담겨 있다. 우리는 그것을 양생의 도(道)라고 부르지 않고, 양생의 술(術)이라고 부른다. 도교 양생술의 한 형태인 단전호흡이 현대인에게 잘 받아들여지는 것은 자연스러운 현상이라고 하겠다.

행복한 부자

부(富)를 바라고 이득을 좇기 때문에 마음의 장애가 담처럼 빙 둘러쳐
졌는데도 피할 줄을 모르며 기(氣)가 성해서 그치려 하지 않는다면 욕
(辱)되다고 할 만하다. 재물이 모여도 함부로 쓰지 않고 재물을 쌓는 데
에만 열중하기를 그치지 않으며 마음속은 번민으로 막히면서도 더욱
재산을 모으려고 하기를 그치지 않으니 걱정거리라고 할 만하다.
爲欲富就利 故滿若堵耳 而不知避 且馮而不舍 可謂辱矣 財積而無用
服膺而不舍 滿心戚醮 求益而不止 可謂憂矣

　요즘 젊은이에게 장래희망이 무엇인지를 물으면, 매달 또박또박 월
급이 입금되는 직장을 몇 년 다니다가 건물주가 되어서 놀고먹는 것
이라고 하는 경우가 많다. 젊은이가 바라는 미래를 그렇게 답하게 만
든 기성세대로서의 미안함이 크지만 그런 장래희망을 가지면 행복하
기 참 힘들 것 같다는 걱정이 앞선다. 궁극적인 목표가 놀고먹는 것이
라고 해서가 아니라 실현 가능성이 매우 희박한 목표를 꿈꾸기 때문
이다. 게다가 거기까지 가기 위해서 얼마나 치열하고 소외된 삶을 살
아야 할까를 생각하면 안타깝기 그지없다.
　위의 구절에서는 부와 이득을 좇는 삶이란 마음의 장애가 담처럼
빙 둘러쳐지는 것이라고 한다. 현대인은 대다수가 부와 이득을 좇는

다. 경쟁의 늪에 빠져서 자신의 모든 것을 불사르고 더 많은 부와 이득을 얻기 위해서 끊임없이 번민하는 일상을 보낸다. 2019년 12월 대한민국에는 20대와 30대까지 부동산 투자 열풍이라는 소식이 있는가 하면, 부동산 가격을 잡으려는 정부의 부동산 대책이 다주택 소유자뿐만 아니라 무주택자의 비판을 받는 뉴스가 인상을 찌푸리게 한다. 부동산이 많은 사람은 많아서 속을 끓이고, 가지지 못한 사람은 가격이 더 올라서 영원히 무주택자가 될까 봐 화가 나는 것 같다.

정부의 부동산 대책이 아무리 강력하더라도 사람들이 부동산을 통해서 부와 이득을 좇아야 한다고 생각하는 이상 실질적인 효과를 거두기는 힘들지 않을까? 물론 부동산을 활용한 부와 이득을 추구하는 사회적 분위기를 완화하고 집이란 무엇인가에 대한 새로운 문화를 만드는 변화의 시도는 될 수 있을 것이다. 자본주의 정신이 압도적인 힘을 과시하고 있는 오늘날에는 용기를 내야 하는 시도가 될 수 있겠지만, 부와 이득을 좇는 삶이 욕될 수밖에 없으며 재산을 모으려는 것 자체가 걱정거리가 되어서 삶을 좀먹고 있다는 것을 자각해야 한다.

마태복음에서 낙타가 바늘귀로 들어가는 것이 부자가 천국에 가기보다 쉽다고 한 말은 부자를 버리는 카드로 전락시킨 것이 아님을 우리는 알고 있다. 부자가 되면 부와 이득을 좇는 삶에 빠지기가 더 쉽기 때문이다. 그렇게 부와 이득에 집착하면 절대로 천국에 갈 수 없다. 즉 행복할 수 없다. 행복한 부자가 되는 방법은 너무 쉽다. 내가 가진 것을 나누고 베풀면 바로 행복한 부자가 된다. 이 방법은 누구나 쉽게 아는 것이지만, 누구나 쉽게 실천하기는 어렵다.

자, 지금 당장 행복한 부자가 되어 보는 것은 어떨까?

청렴과 탐욕의 차이

청렴한가 탐욕스러운가 하는 일은 찾는 외물에 의해 정해지지 않는다.
찾는 마음의 정도에 따라 판단된다.
廉貪之實 非以迫外也 反監之度

『논어』에 보면 공자가 "인하지 못한 사람은 오랫동안 곤궁한 데 처할 수 없으며, 장기간 즐거움에도 처할 수 없다. 인한 사람은 인을 편안히 여기고[安仁] 지혜로운 사람은 인을 이롭게 여긴다[利仁]"라는 구절이 있다. 안인의 세계에 있는 사람은 모든 것을 사랑으로 바라본다. 그러나 지자(知者)는 아는 사람이다. 무엇을 아는가? 부귀(富貴)의 이익보다는 공명(功名)의 이익이, 공명의 이익보다는 인의(仁義)의 이익이 더 낫다는 것을 아는 사람이다.

장자는 「도척(盜跖)」에서 유가의 충신(忠信)과 인의(仁義)를 비판하면서 충신과 인의를 추구하는 것 역시 자신의 천성과 자연의 도리를 벗어나는 것이라고 주장한다. 은나라 충신인 비간(比干)이 주왕의 폭정을 간언하다가 가슴이 찢기고, 오자서(伍子胥)가 자결하면서 자신의 눈을 도려내 동문 위에 걸어 달라고 한 것은 충(忠)에만 사로잡혔기 때문이요, 직궁(直躬)이 아버지가 남의 양을 훔친 것을 증언하고, 미생(尾生)이 사랑하는 여자와의 약속을 지키려다가 물에 빠져 죽은 것은 신(信)에만 사로잡혔기 때문이라는 것이다. 또 공자가 천하주유를 하느라 어머니의 임종을 보지 못하고, 제나라 사람인 광자(匡子)가 아버지에게 간하다가 쫓겨난 뒤 평생 아버지를 만나지 못한 것은 인의(仁義)를 추구하다가 생긴 잘못이라고 하였다.

이들은 모두 충신 인의라는 명목을 추구하다가 죽음을 가볍게 여겼고, 결과적으로 본성을 벗어나 수명을 보존하지 않는 잘못을 저질렀다. 장자는 탐욕이란 추구하는가, 추구하지 않는가에 달려 있지, 무엇을 추구하느냐에 달려 있는 것은 아니라고 말한다. 따라서 재물보다 공명을 추구하는 것이 더 낫고, 공명보다 인의를 추구하는 것이 더 이익이 된다는 것을 아는 것은 진정한 지혜가 아니다. 자신이 지금 여기에서 무엇을 추구하고 있는지를 아는 것이 진정한 지혜이고, 그것을 아는 즉시 그 추구를 내려놓을 줄 아는 것이 진정한 용기이고 청렴이다. 그리고 이것은 공자가 말하는 안인의 세계로 들어가는 문과 다르지 않다.

장자는 공자가 인의를 추구한다고 비판했지만 안인에 대한 사씨(謝氏)의 주석에서 '안인은 하나요, 이인은 둘[安仁則一 利仁則二]'이라고 하였듯이 어떤 것이 이익인지 따져 보고 추구하는 것으로는 결코 안인의 세계로 들어갈 수 없다. 이는 다시 바다로 돌아가기를 추구하는 파도와 같다. 자신이 바다와 분리되어 있다는 생각이 다시 바다와 하나가 되고 싶다는 추구를 만들어 낸다. 하지만 그러한 추구로는 결코 바다와 하나가 될 수 없다. 오히려 바다와 하나가 되겠다는 추구를 멈추었을 때, 비로소 자신이 한 번도 바다와 분리된 적이 없다는 것을 깨달을 수 있는 것이다.

우리는 언제나 전체에서 분리된 적이 없다. 단지 분리되어 있다는 꿈을 꾸고 있을 뿐이다. 분리 독립된 개체라는 꿈속에서 우리는 자유의지를 가지고 부귀와 명예 대신 인의를 선택한다고 생각한다. 바로이 꿈에서 깨어나야 한다. 꿈에서 깨어나면 분리 독립된 '나'는 더 이상 존재하지 않는다. 나를 중심으로 자신의 삶이 돌아가고 있다는 생각, 내가 이 모든 일을 하고 있다는 생각이 사라진다. 그리고 그냥 삶이 살아지고 있을 뿐이라는 것을 깨닫게 된다. 이것이 장자가 말하는청렴의 세계이고, 공자가 말하는 안인(安仁)의 세계다.

족(足)함을 아는 것

참된 지자의 행동이란 백성의 마음을 마음으로 삼고 그들과 같은 정도의 생활을 한다. 그래서 늘 만족하고 있으므로 남과 다투지 않고, 무엇을 하려는 생각이 없으므로 아무것도 찾지 않는다. (그러나 그들처럼 이득을 좇는 자는) 늘 부족하므로 찾아다니며 도처에서 싸우고, 스스로는 그것을 탐욕스럽다고 생각하지 않는다. 청렴한가, 탐욕스러운가 하는 일은 찾는 외물에 의해 정해지지 않는다. 찾는 마음의 정도에 따라 판단된다.

知者之爲 故動以百姓不違其度 是以足而不爭 无以爲故不求 不足故求之 爭四處而不自以爲貪 有餘故辭之 棄天下而不自爲廉 廉貪之實 非以迫外也 反監之度

인조시대의 문인, 장유(張維, 1587~1638)의 사직소에는 다음과 같은 구절이 있다.

총리(寵利)의 자리를 오래 차지하면 안 되는 법이니, 사적으로는 족함을 알아야 한다[知足]는 경계를 범하는 것이 되고, 공적으로는 현능(賢能)한 사람들의 길을 막는 결과가 되기 때문입니다.

정묘호란과 병자호란이라는 전대미문의 국난의 시대, 봉림대군의 장인으로서 권력의 중심에 있었던 그는 정묘호란에는 왕을 호종(扈從)하였고, 병자호란 때는 남한산성에서 최명길과 함께 강화론을 주장하기도 했다. 이 사직소가 쓰일 무렵, 그는 쇄송(刷送), 즉 청나라에 포로로 끌려간 백성들 가운데 탈출하여 조선으로 돌아온 사람들을 다시 청으로 되돌려 주어야 한다는 여론에 반대하여 안팎의 비난에 직면해 있었다.

고향으로 돌아오기 위해 목숨을 걸고 탈출한 사람들을 다시 적국으로 되돌려 보내는 일은 천리·인정(天理·人情)에 맞지 않을 뿐 아니라, 나라가 백성을 버리면 백성은 더 이상 나라를 위해 목숨을 바치지 않을 것이라고 그는 호소했다. 천리 인정이란 주자가 즐겨 쓰던 말로, 인정 가운데 순선(純善), 또는 하늘조차 거스를 수 없는 인간의 마음을 가리킨다. 결국 그의 호소는 받아들여지지 않았고, 고향으로 돌아온 포로들은 다시 청으로 끌려가야 했다.

'족함을 안다'는 『도덕경』 44편, "족함을 알면 욕되지 않고, 그칠 줄을 알면 위태롭지 않다[知足不辱 知止不殆]"에 보인다. 강화론자로서 명분보다는 백성의 삶을 지키고자 했던 그는 또 청에 맞서더라도 백성들의 목숨을 보호하고자 했던 것이다. 백성을 지키지 못한 위정자, 그런 위정자가 총신의 자리를 보존하는 것은 스스로를 욕되게 하는 것이며, 스스로를 위태롭게 하는 것이다. 그는 죽기 직전에 내려진 우의정을 사직하는 것으로, 사직으로 일관하던 삶을 마쳤다. 백성의 마음으로 세상을 보았기에 족함을 알았고, 족함을 알았기에 욕되지 않은 삶을 살 수 있었던 것이다.

나라가 어지럽지 않은 시대가 있을까? 또 나라가 어렵지 않은 시대가 있을까? 인간의 마음이 위태롭듯이, 나라가 위태로운 것 또한 자

연스러운 일이다. 그러나 그렇다고 하더라도 나라를 위기로 내모는 것
또한 인간이다. 그래서 사람들은 늘 그 위태로움 속에서 자신을 지켜
줄 위정자를 원했고, 또 위정자들은 그 위태로움으로부터 백성들을
지켜 주겠다고 약속했다. 그러나 그 약속을 지킨 위정자는 과연 몇이
나 될까? 더 높은 자리, 더 강한 권력, 더 많은 부, 그들이 추구한 것
이 기껏해야 부와 권력이었기에 그들은 족함을 알지 못했고, 족함을
알지 못했기에 스스로를 욕되게 하고 나라를 위태롭게 했던 것이다.

第三十 說劍

탈현대 문명 |

'지금 여기'에 머무는 사회

옛날, 조(趙)의 문왕(文王)은 칼싸움을 좋아하여 문하(門下)에 모여 식객 (食客)이 된 검사(劍士)가 삼천 명이 넘었다. 밤낮으로 어전(御前)에서 칼싸움을 하여 죽고 다친 자가 한 해에 백 명이 넘었다. [그러나 문왕은] 진력을 안 내고 좋아하여 이와 같은 상태가 삼 년이나 계속되다 보니 나라의 형편이 쇠약해지고 제후(諸侯)가 공략하려고 노리게 되었다.

昔趙文王喜劍 劍士夾門而客三千餘人 日夜相擊於前 死傷者歲百餘人 好之不厭 如是三年 國衰 諸侯謀之

조 문왕은 칼싸움 중독자였다. 왕이 칼싸움에 중독되어 정사를 돌보지 않으니, 나라 형편은 쇠약해지고, 주위 제후들이 조나라 침공을 호시탐탐 노리게 되었다. 정사를 논의하는 자리에서도 그의 마음은 칼싸움에 가 있었을 것이고, 내궁에서 가족들과 지내는 시간에도 그의 마음은 칼싸움에 가 있었을 것이다. 그 결과, 조나라의 정치도 엉망이 되고, 가족생활도 엉망이 되었을 것이다.

지난번에 공부모임 사람들과 독일에서 연구를 수행했는데, 그때 한 사람이 나에게 이렇게 말했다. "선생님과 함께 지내는데도 선생님은 지금 여기 함께 있지 않은 것 같아요." 난 이 말을 듣고 깜짝 놀랐다. 그 말이 내 마음의 정곡을 찔렀기 때문이다. 그 당시 나는 주식에 온통 관심이 가 있었다. 그래서 독일에서 연구를 진행하는 동안에도 내 마음은 주식에 가있었던 것이다. 공부모임을 함께 하는 분들이 워낙 훌륭한 분들이었기에 망정이지, 그렇지 않았다면 나는 연구도 공부모임 분들과의 관계도 망쳐 버렸을 것이다.

현대인은 대부분 중독에 걸려 있다. 일중독이나 게임중독과 같이 흔한 중독도 있고, 꽃 이름 외우기 중독이나 어항을 수십 개나 집에 두고 물고기를 기르는 물고기 중독과 같이 희귀한 중독도 있다. 중독의 세계에도 예수님의 말씀이 들어맞는 것 같다. 내 눈 안에는 들보와 같이 커다란 중독이 들어 있는데, 내 눈 안의 들보는 잘 보이지 않고, 상대편 눈 안에 들어 있는 티끌과 같이 작은 중독은 너무 잘 보이는 것이었다.

실제로 중독에 걸려 있는 상태는 꿈을 꾸고 있는 상태와 흡사한 것 같다. 중독에 걸려 있으면 현실과의 접촉이 어려워진다. 아내가 지금 기분이 좋은지 나쁜지도 알지 못하고, 자녀나 부모님께 어떤 근심이 있는지도 모르며, 함께 대화를 나누고 있는 사람이 말하는 내용도 잘 알아듣지 못한다.

마음이 머물러 있는 곳이 실재 우리가 있는 곳이다. 마음이 중독 대상에 머물고 있다면, 나는 지금 여기 있지만 없는 것이다. 턱낮한 스님은 끊임없이 마음다함(Mindfulness)을 강조했다. 마음을 다한 걷기, 마음을 다한 숨쉬기, 마음을 다한 설거지 등. 틱낫한 스님의 말씀대로 우리 마음이 '지금 여기'에 머물 때, 비로소 밝은 미래 사회의 문이 열리게 될 것이다.

사랑이라는 진심의 힘

지금 대왕께선 천자의 자리에 계시면서 서인의 검을 좋아하고 계십니다. 저는 황송하오나 대왕을 경멸하고 있습니다.

今大王有天子之位而好庶人之劍 臣竊爲大王薄之

장자는 칼싸움을 좋아하는 조(趙)의 문왕에게 세 가지 검 이야기를 한다. 왕이 쓰는 검은 서인의 검으로 도(道)를 잃어버린 것이라고 직설적으로 비판한다. 천자의 자리에 있으면서 어찌 서인의 검을 좋아하느냐고 면전에서 말하는 장자의 용기가 놀랍다. 더 놀라운 것은 왕의 반응이다. 왕이 천자로서의 검도를 알기를 바라는 장자의 진심을 있는 그대로 들은 것이다. 자신에 대한 비판에 초점을 맞춘 것이 아니라 자신을 자각한 것이다.

왕이 장자의 말을 진심으로 들을 수 있었던 것은 아마 장자는 자신이 왕보다 검도를 더 잘 안다는 것을 뽐내기 위해서, 왕에게 천자의 검, 제후의 검, 서인의 검을 이야기한 것이 아니기 때문이다. 장자는 진심으로 왕이 천자의 자리에서 검도를 실현하여 백성을 사랑하는 천자가 되기를 바라는 마음으로 이야기했을 것이다. 그랬기 때문에 장자의 직언은 왕의 마음에 공명을 일으킬 수 있었다. 장자는 탈현대인이며 사랑의 존재이다. 그래서 그에게는 '나'라는 생각이 없다.

그렇기에 어떤 말을 해도 그 말은 공격이 되지 않는다.

살다 보면 자신은 진심으로 위하는 이야기라고 했지만, 상대방은 비난이라고 느끼는 오해를 받을 때가 있다. 자기 안에 '나다'라는 생각이 강할수록 그런 오해를 받을 가능성이 크다. 어쩌면 진심으로 위한다는 자신의 생각이 착각일지도 모른다. 그냥 자기가 옳다는 것을 진심이라는 것으로 포장해서 말하고 싶었던 것은 아닐까? 포장을 아무리 멋지게 해도 '나다'라는 생각은 감출 수가 없으며, 관계를 고통으로 몰고 갈 것이다.

진정한 사랑이 아니라 자기가 옳다는 생각으로 섣불리 건네는 진심은 상대에게 공격 이상 그 무엇도 아니다. 우리가 살면서 해야 할 일이 사랑 외에 무엇이 있을까? '나다'라는 생각으로 상대를 바로잡으려는 마음이 올라오면 정신을 바짝 차리자. 나는 사랑하기 위해서 이 세상에 왔을 뿐, 누군가를 바로잡으려고 이 세상에 온 것이 아니다.

사랑의 검술

대저 칼싸움이란 먼저 이 쪽의 허점을 보여서 이(利)로 상대방을 유인하고 상대보다 늦게 칼을 뽑으면서 상대보다 먼저 공격하는 것입니다.
夫爲劍者 示之以虛 開之以利 後之以發 先之以至

『장자』「설검(說劍)」에 나오는 이야기이다. 말 그대로 칼싸움에서 이기는 방법을 장자가 조나라 임금인 문왕에게 설명하고 있다. 상대에게 허점을 보이고, 내 몸을 열어 상대를 유리하게 한다는 것은 「응제왕(應帝王)」에서 호자(壺子)가 계함(季咸)을 만나 "나는 아직 나의 근본에서 떠나지 않은 자연 그대로의 모습을 보여 주었다. 나는 마음을 비우고 욕심이 전혀 없는 모습으로 그를 대했다[吾示之以未始出吾宗 吾與之虛而委蛇]"라고 한 것과 같다. 상대보다 늦게 칼을 뽑으면서 상대보다 먼저 공격한다는 것은『老子』제67장에 "몸을 뒤에 두지 않으면서 앞에 나서려고 하면 죽는다[舍後且先 死矣]"는 구절과 같다.

장자는 설검을 통해 천자의 검과 제후의 검, 그리고 서인의 검이 있다고 하였다. 즉 문왕이 추구하는 검은 서인의 검이니 그런 칼싸움은 그만두고 천자의 검이나 제후의 검을 쓸 것을 요구한 것이다. 장자가 말하는 천자의 검은 결국 사랑의 검이다. 천자는 사랑의 검술로 모든 생명을 감싸 안아야 한다. 사랑이 없는 통치자는 오직 자신의 욕망만을 추구할 뿐이다. 그리고 그의 욕망은 사람들의 숨겨진 욕망을 일깨울 것이고 마침내 세상을 욕망 투쟁의 장으로 만들 것이다.

노자는 자신이 가진 보물이 세 가지가 있는데 그 첫 번째가 사랑이고, 두 번째가 검소함이요, 세 번째가 사람들 앞에 나서지 않는 것이라고 하였다. 설검에서 말하는 서인의 검은 노자의 뜻을 빌면 사랑이 없는데도 용감하며, 검소하지 않은데도 넓으려 하고, 몸을 뒤에 두지 않으면서 앞에 나서려고 하는 것과 같다. 진정한 용기는 사랑 속에 자신을 온전히 내어 맡기는 데에서 나온다. 이것저것 따져서 두려워하는 것은 진정한 사랑이 아니기 때문이다. 모든 것을 걸고, 심지어 목숨까지도 내어놓을 수 있는 사랑을 경험한 사람에게는 두려움이 존재하지 않는다. 그래서 사랑으로 싸우는 사람은 결코 이길 수 없고, 사랑으로 지키는 사람에게는 빼앗을 것이 없다.

검소하기 때문에 넓다고 하는 것은 이미 가지고 있는 것으로 충분하기 때문에 마음에 걸리는 것이 없다는 뜻이다. 예수가 말했듯이 어디를 가도 아버지 집인 것이다. 스스로 우쭐대며 남 앞에 나서지 않는 것은 에고를 버렸기 때문이다. 강이나 바다가 모든 골짜기의 임금이 되듯이 에고를 버린 자만이 진정으로 우두머리가 될 수 있다. 사랑이 없는 용기, 검소하지 않은 만족, 에고에 가득 차 우두머리가 되려는 것은 오직 죽음을 재촉할 뿐이다.

아이들에게 진정한 용기를 가르치려면 사랑을 가르쳐야 한다. 목숨을 거는 사랑을 할 때 그는 이 세상에서 가장 용감한 사람이 될 수 있다. 목숨을 거는 사랑은 실천하는 것이며, 살아 움직이는 것이며, 그 사랑을 통해 마침내 스스로가 사랑의 존재로 변하는 것이다. 그래서 사랑한다고 말하면서도 자신의 전부를 주지 않는다면 그것은 사랑이 아니다. 사랑한다고 말하면서도 자존심을 내세운다면 그것 역시 진정한 사랑이 아니다. 진정한 사랑 속에는 내가 없다. 내가 없는 사랑[無我之愛]이 진정한 사랑이다.

명검(名劍)의 조건

장자가 말했다. "제후의 검은 지혜와 용기 있는 사람을 칼날 끝으로 삼고, 욕심이 없는 사람을 칼날로 삼고, 현명하고 어진 사람을 칼등으로 삼고, 충의와 성덕이 있는 사람을 칼자루의 테로 삼고 재지(才知)가 뛰어난 호걸을 칼자루로 삼으니, … 이 칼을 한번 사용하면 마치 천둥 번개의 진동과 같아서 사방 국경 안의 모든 백성들이 그 누구도 공물을 들고 와서 복종하여 임금의 명령에 따르지 않는 자가 없습니다.

莊子曰 諸侯之劍 以知勇士爲鋒 以淸廉士爲鍔 以賢良士爲脊 以忠聖士爲鐔 以豪桀士爲夾 … 此劍一用 如雷霆之震也 四封之內 無不賓服 而聽從君命者矣

검(劍)은 뜻을 나타내는 도(刀)와 음을 나타내는 첨(僉)이 결합된 형성문자이다. 도(刀)와 검(劍)은 우리말로 읽으면 모두 칼이지만, '도'가 칼 몸이 휘어지고 한쪽에만 날이 있는 것에 비해, '검'은 칼 몸이 곧고 양쪽에 날이 있다는 점에서 차이가 있다. 본래 칼은 제사에 사용되는 의례용에서부터 장식용 패물에 이르기까지 그 용도가 다양하지만, 양날을 지닌 검이 병기로서 더욱 활용되었음은 말할 필요도 없을 것이다.

검이 언제부터 병기로 사용되었는지는 정확하지 않지만, 명나라 때의 이승훈(李承勛)은 그의 『명검기(名劍記)』에서 황제가 만든 동검(銅劍), 즉 헌원검(軒轅劍)을 그 시초라 하였다. 이는 『광황제본행기(廣黃帝本行紀)』의 "황제는 수산의 구리를 캐어 검을 만들고, 천문고자(天文古字)로써 거기에 이름을 새겼다"라는 구절에 근거한 것이다.

황제의 시대는 제후들의 맹주격인 염제(炎帝) 신농(神農)씨의 힘이 미약하여 제후들이 앞 다투어 패권경쟁에 뛰어들며 자웅을 겨누던 시기였다. 황제는 창과 방패를 만들어 침략을 일삼는 제후들을 정벌하였고, 연합군을 형성하여 가장 포악하였던 치우(蚩尤)를 제압함으로써 세상에 평화를 가져왔다. 이에 황제의 명성은 널리 알려지고 마침내 '천자'로 추대되었던 것이다.

그러나 황제의 검이 명검으로 일컬어진 것이 단순히 치우와의 싸움에서 승리를 거두었기 때문이었을까? 치우 또한 "과(戈=창)·수(殳=날이 없는 창)·극(戟=쌍날창)·존모(尊矛=세모진 창)·이모(夷矛)의 다섯 가지 병기를 만들었다"라고 하였으니, 검이 아니라 하더라도 그 또한 뛰어난 병기를 창제하였던 것이다.

삼황오제 가운데 한 명인 황제는 후세에 『황제내경(黃帝內經)』을 전했듯이, 의술을 연구하여 백성을 병으로부터 구하고자 하였고, 또 창힐(蒼頡)로 하여금 문자를 만들게 하였으며, 영륜(伶倫)에게는 악기, 대요(大撓)에게는 십간십이지(十干十二支)를 만들게 하였다. 이때에 이르러 백성들은 비로소 안락한 삶을 누릴 수 있게 되었으니, 그의 검이 명검이었던 것은 사람을 잘 베었기 때문이 아니라 그 검으로 수많은 사람들의 목숨을 구하고 그 삶을 편안하게 하였기 때문이었다.

장자는 말했다. 검에는 천자의 검, 제후의 검, 서민의 검이 있다고. 사람들은 제각기 지위가 높으면 높은대로, 지위가 낮으면 낮은대로 저마다의 칼을 가지고 있고, 자신의 칼을 더 날카롭게 벼리려 한다. 그러나 그 칼날이 날카로워 사람을 잘 베기만 하면 그것으로 명검이 될 수 있을까? 황제는 어질고 지혜로운 창힐과 영륜, 대요를 자신의 칼로 삼았으니, 천하무적이 되어 세상이 그에게 복속하였고 천자로 추대되었던 것이다.

2020년 총선을 앞두고 사람들은 자신들의 칼을 갈기 시작했다. 그러나 날카롭게 벼려 적을 잘 베기만 하면 좋은 칼일까? 자신이 가진 검이 진정한 명검인지를 되돌아보는 사람은 아직 나타나지 않았다.

第三十一 漁父

대도약인가 대파국인가

> 공자는 두 번 절하고 일어나 말했다. "저는 어려서부터 학문을 닦아 왔
> 으며 그렇게 하여 지금 예순 아홉 살에 이르렀습니다. 하지만 아직도 지
> 극한 가르침을 듣지 못했습니다. 그러니 [부디 선생님의 가르침을 듣기
> 위해] 어찌 삼가 마음을 비워 놓지 않겠습니까?"
>
> 孔子再拜而起曰 丘少而修學 以至於今 六十九歲矣 无所得聞至敎 敢不
> 虛心

이 구절은 공자를 칭송하기 위해 써진 것이 아니다. 그러나 공자
와 유가에 비판적인 입장이었던 도가 사상가들의 눈에도 진심을 다
해 진리를 구하는 공자의 모습만은 진실되게 비쳐졌던 모양이다. 예순
아홉이라면 당시로는 죽음을 앞둔 나이일 텐데, 공자는 두 번이나 절
을 해 가면서까지 왜 그렇게 간절히 진리를 구했던 것일까?

필자의 소견으로는 고통받고 있는 백성들의 안위를 위해서였을 것이라고 생각된다. 깨달음을 통해 모든 의문이 해소되고, 자신의 마음과 삶이 편안해지는 것은 공자에게는 부차적인 것이 아니었을까 싶다. 필자는 바로 여기에 공자와 유가의 위대함이 있다고 믿는다.

『장자』 곳곳에서 공자와 유가에 대한 힐난과 조롱을 볼 수 있다. 이런 비판은 몇 가지 점에서 공감을 얻을 수 있다. 입신양명을 구한다거나 궁극적인 진리에 이르지 못함 등이 그런 점들이다. 하지만 필자의 입장에서 보자면, 도가에 대해서도 정당한 비판을 할 수 있다고 본다. '혼란에 빠진 천하와 고통받고 있는 백성들의 삶에 대한 무관심'이 바로 그것이다. 비사회성, 때로는 반사회성이 도가 사상의 무책임함을 보여 주는 일면이 아닐까 싶다. 그리고 이것이 후대에 이르러 유가보다 도가가 더 심하게 타락하는 원인이 되지 않았을까 짐작한다.

필자는 도가를 폄훼하고 유가를 두둔하고자 하는 것이 아니다. 문명은 지금 탈현대 문명으로의 대도약과 문명의 대파국의 갈림길에 서 있다. 그리고 낡은 현대 세계관에 고착되어 있는 현 인류는 자꾸만 대파국의 길을 향해 발길을 내딛고 있다. 지금은 다른 입장을 가진 학파들이 서로의 단점을 비판할 때가 아니라 서로의 장점을 합쳐서 인류의 존재 혁명과 탈현대 문명으로의 도약을 이루어 내어야만 할 때이다.

나그네의 갈 길은 먼데 해는 저물어 가고 있다. 유비가 공명에게 간절히 출사를 권했다. 거듭된 간청에도 공명이 세상에 나설 뜻이 없음을 밝혔다. 이에 유비는 한참이나 연하인 공명 앞에서 무릎을 꿇고 머리를 조아리며 말한다. '선생께서 나서 주시지 않으신다면 고통 속에 신음하는 저 백성들은 어쩐단 말입니까!'

우리는 지금 왜 진리를 구하는가?

우리는 지금 왜 깨달음을 얻고자 하는가?

우리는 지금 왜 공부하는가?

삶의 허물

제가 할 일도 아닌데 그 일을 하는 것을 총(摠)이라 하고, 임금이 돌아보지도 않는데 굳이 진언(進言)하는 것을 영(佞)이라 하며, 남의 기분에 영합(迎合)하여 말하는 일을 첨(諂)이라 하고, 일의 시비(是非)를 가리지 않고 말하는 것을 유(諛)라 하며, 즐겨 남의 결점을 말하는 것을 참(讒)이라 하고, 남의 교제를 끊거나 친한 사이를 갈라놓는 것을 적(賊)이라 하며, 일부러 남을 칭찬하며 속여서 악(惡)에 밀어 넣는 일을 특(慝)이라 하고, 선악(善惡)을 가리지 않고 다 받아들여 안색(顔色)을 살피며 상대방이 좋아하도록 장단을 맞추는 것을 험(險)이라 하오. 이 여덟 가지 허물은 밖에서는 사람들을 어지럽히고 안에서는 몸을 상하게 하오.

非其事而事之 謂之摠 莫之顧而進之 謂之佞 希意道言 謂之諂 不擇是非而言 謂之諛 好言人之惡 謂之讒 析交離親 謂之賊 稱譽詐僞 以敗惡人 謂之慝 不擇善否 兩容顏適 偸拔其所欲 謂之險 此八疵者 外以亂人 內以傷身

　　장자는 사람들이 가지고 있는 여덟 가지 허물에 대해서 말하고 있다. 장자가 말하는 삶의 여덟 가지 허물은 자기 일이 아닌데도 나서는 것, 임금이 듣지 않는데 말하는 것, 상대의 기분에 맞추어서 말하는 것, 옳고 그름을 판단하지 않고 말하는 것, 다른 사람의 결점을 말하는 것, 다른 사람의 사이를 갈라놓는 것, 의도적으로 남을 칭찬하는 것, 선악을 가리지 않고 무조건 받아들이고 상대가 좋아하도록 하는 것이다.

현대인의 삶을 살펴보면 장자가 말한 여덟 가지 허물을 쉽게 발견할 수 있다. 현대인은 어떤 일이든 나서고, 들을 마음이 없는 사람에게도 자기 의견을 말하려고 하며, 상대의 눈치를 보고, 비위를 맞추려고 하며, 남의 결점을 까발리고, 칭찬으로 남을 속이기도 하고, 상대가 좋아하도록 장단을 맞춘다. 이렇게 사는 것이 어느 정도는 인간관계에서 어쩔 수 없는 선택이라고 생각하면서 자기합리화를 하기도 한다. 그러나 이런 삶은 삶의 본질을 잃게 만든다.

현대인은 왜 이런 피곤한 삶을 살 수밖에 없는 것일까? 현대인의 삶의 관심은 내면이 아니라 외면에 맞추어져 있기 때문이다. 다른 사람에게서 자신의 존재감을 확인하기 위해서 끊임없이 자기를 주장하고 상대의 마음을 얻기 위한 노력을 기울이려고 한다. 자기 일이 아닌데도 나서고 아무도 듣기를 원하지 않는 말을 하는 이유는 바로 자기 밖에서 자기가 살아 있다는 것을 확인하려고 하기 때문이다.

밖으로만 향하는 관심은 다른 사람의 마음을 사로잡기 위해서 상대의 기분을 살피고 상대가 좋아할 말만 하는 것으로 드러난다. 그러는 사이에 옳고 그른 것도 판단하지 못하게 되고, 남의 결점을 떠벌리고, 사람들을 이간하면서 다른 사람을 해치고 자신을 망가지게 한다. 이렇게 한 번뿐인 소중한 삶을 허물로 가득 채우는 것이 남의 일이기만 할까? 자신에게 질문해 보자.

내가 할 일은 뒤로하고 매 순간 가족이나 친구의 일에 이래야 한다 저래야 한다고 나서기를 좋아하지 않는지, 누가 묻지 않아도 굳이 자기 의견을 말하려고 마음이 분주하게 움직이지는 않는지, 늘 상대의 기분에 맞추기 위해서 눈치를 보고 듣기 좋아할 만한 말만 하려고 살얼음판을 걷듯이 살지 않는지, 다른 사람의 결점을 슬쩍 까발리면서 쾌감을 느끼지 않는지, 상대의 마음을 얻으려고 거짓 칭찬으로 상대를 속이지는 않는지, 선악 구분도 없이 무조건 장단을 맞추지 않는지.

참된 본성

공자는 다시 수심어린 투로 말했다. '무엇을 참된 본성이라고 합니까? 부디 알고 싶습니다. 어부가 대답했다. 참된 본성이란 정성의 극치요, 정성이 없으면 남을 감동시킬 수 없소. … 참된 본성이란 하늘에서 받으며 인위에 의지하지 않는 자연스러운 것이므로 바꿀 수가 없소.

孔子愀然曰 請問何謂眞 客曰 眞者 精誠之至也 不精不誠 不能動人 … 眞者 所以受於天也 自然不可易也

공자가 어부에게 참된 본성이 무엇인지 묻는 장면은 처연하다. 첫 구절에서 공자는 살구나무 아래에서 거문고를 타고 노래를 부른다. 그때 수염과 눈썹이 새하얀 어부가 공자의 연주를 듣고 있다가 곡이 끝나자 자로와 자공에게 연주자가 누구인지 묻는다. 자공이 대답하기를 공자는 본성은 충신(忠信)을 일삼고, 몸은 인의(仁義)를 실행하며, 예악을 수식(修飾)하고, 오륜의 도를 정하며, 위로는 임금에게 충성하고, 아래로는 백성을 교화하여 천하에 복리를 가져다주려는 사람이라고 한다. 이에 어부는 공자를 자기 그림자와 발자국을 두려워하는 사람에 비유하여, 아무리 빨리 달려도 그림자는 몸에서 떨어지지 않고 발자국 소리에서도 벗어날 수 없다고 하였다. 그늘에 있으면 그림자가 없어지고 발자국이 생기지 않듯이 자신의 참된 본성을 지켜 외물 따위는 그것을 준 자에게 돌려보내고 본래 자기로 돌아와야 한다고 조언해 준다.

어부가 말하는 참된 본성은 자연 그 자체와 같다. 자연 속에서 모든 동식물은 조화를 이루며 살아간다. 오직 인간만이 그 조화에서 벗어나 자신을 독립된 개체로 여김으로써 결국 그림자와 발자국 소리에 쫓겨 더욱 빨리 쉬지 않고 달리다가 힘이 빠져 죽는다. 어부가 말하는 참된 본성은 본능과 다르지 않다. 따라서 이런 주장은 결국 문명 이전의 자연 상태로 돌아가자는 주장으로 귀결된다.

맹자가 말하는 본성 역시 그 근원은 자연이다. 사람들이 우물에 빠지려는 아이를 달려가 구하고, 범고래에 잡혀 먹히는 어린 고래를 혹등고래가 구해 주는 것은 자연에서 비롯된 본성이다. 맹자는 이런 본성은 본능적 이기심과 구별된다고 주장한다. 더 나아가 오히려 본능적 이기심을 이길 수 있는 것은 오직 본성뿐이라고 주장하는 것이다.

스티븐 미슨은 『마음의 역사』에서 인간의 마음은 구석기 시대의 오랜 채집 생활을 통해 형성된 것이며, 이런 마음은 나면서부터 마음속에 영구회로로 새겨져 있으며 모든 사람의 마음에 보편적으로 존재한다고 주장하였다. 그가 말하는 영구회로가 곧 본성이라고 할 수 있는데 그는 마음을 성당 건물에 비유하여 설명하였다. 즉 일반적 지능이라는 큰 회당이 가운데 있고 그 부속 건물로 기술지능, 언어지능, 사회적 지능, 자연사 지능이 분리된 형태로 존재한다는 것이다. 촘스키가 아이들의 마음속에 언어 학습을 전담하는 유전적으로 고정된 '언어습득 장치'가 있으며 그 속에 문법을 위한 청사진도 이미 갖추어져 있다고 주장하는 것과 마찬가지로 인간에게는 수렵채취와 도구개발의 본능과 친족에 대한 인식, 나아가 사회적 행동을 예측하는 인간관계에 대한 본성이 있다는 것이 미슨의 주장이다.

미슨의 주장에서 한 발 더 나아가 로버트 그린은 『인간 본성의 법칙』에서 인간 본성은 우리의 뇌 구조가 이미 특정한 방식으로 구조 지어져 있는 데서 비롯되며, 신경계의 구성이나 인간이 감정을 처리하는 방식도 거기에 영향을 미친다고 주장한다. 이것은 인간이라는 종(種)이 500만 년에 걸쳐 진화하는 동안 서서히 만들어지고 발달한 것인데, 그린은 시기심 넘치고, 자기애에 사로잡히고, 과대망상적인 내면의 충동과 동기를 포함한 모두 18가지 인간 본성의 법칙을 제시하고 있다.

스티븐 미슨이나 로버트 그린이 주장하는 인간 본성은 본능과 다르지 않다는 점에서 어부의 본성과 같다. 그러나 두 가지 본성이 근본적으로 다른 것은 어부의 본성은 깨달은 이후의 자연적 본성이고 미슨과 그린의 본성은 현실 속에서의 본성이라는 점이다. 무슨 말인가 하면 깨달은 이후의 자연은 약육강식과 우승열패의 자연이 아니라 모든 존재가 평화롭게 공존하는 자연인 것이다. 예수가 천국을 묘사할 때 사자와 같은 육식동물과 사슴과 같은 초식동물이 평화롭게 공존하는 모습을 그렸듯이, 인간이 분리 독립된 '나'를 벗어나 전체와 하나가 되었을 때 그 전체는 모든 존재가 상즉상입(相卽相入)하는 화엄(華嚴)의 자연인 것이다. 이런 자연 속에서 나타나는 인간의 참된 본성은 무엇일까? 바로 사랑이다.

진심과 가식

참된 본성이란 정성의 극치요, 정성이 없으면 남을 감동시킬 수 없소. 그래서 억지로 남의 죽음을 슬퍼하며 소리 내어 우는 자는 슬픈 체해도 슬프게 보이지 않고, 억지로 노하는 자는 엄숙한 체해도 위압을 느끼지 않으며, 억지로 친한 체하는 자는 웃어도 화락한 마음이 생기지 않소.

眞者 精誠之至也 不精不誠 不能動人 故强哭者 雖悲不哀 强怒者 雖嚴不威 强親者 雖笑不和

2020년 1월, 중국 우한을 진원지로 한 전염병, 코로나19가 한국을 급습했다. 특히 하루에 천 명이 넘는 확진자가 발생한 대구는 일상이 마비되었고, 시민들은 그 일상을 포기한 채 스스로를 '자가격리'하는 것으로 전염병에 대항해야 했다.

대구를 봉쇄해야 한다고 주장하는 사람들이 나타났고, 이 코로나19가 초래한 상황을 대구라는 지역에 한정시켜 '대구 사태'라 부르는 사람도 있었다. 미움과 혐오가 넘쳐났다. 총리와 시장은 브리핑 도중에 울먹이며 협조를 요청했지만, 빠른 수습을 위해 급박하게 대구로 내려온 총리에게 "세균이 내려와 세균을 퍼뜨렸다"라고 조롱하기도 하고, 연일 넘쳐나는 환자들 때문에 허둥대는 시장을 '징징이'라고 놀리기도 했다. 가식과 위선, 조롱과 야유. 대구는 그저 모든 것이 혼란스러웠다.

　과연 무엇이 대구사람들의 마음을 움직였을까? 대구는 봉쇄하지 않아도 시민들이 스스로를 봉쇄했고, 또 스스로를 봉쇄함으로써 한국이라는 공동체를 구하고자 하였다. 황량한 거리와 그 황량한 거리를 달리는 구급차, 늘어나는 사망자의 수, 그들에게 봉쇄가 무슨 의미가 있을 것이며, 사태라 불린들 또 무슨 상관이 있겠는가?

　수많은 의료진이 자신들의 생업을 버려둔 채 대구로 모여들었고, 전국의 많은 지자체에서 병상을 제공했다. 초등학생, 장애인, 기초생활수급대상자, 심지어는 폐업에 내몰린 사람들조차 대구를 위해 기꺼이 자신들의 일부를 내놓았다. 그들은 사람들 앞에서 울먹이지 않았지만 사람들은 울먹였고, 그들은 누구도 원망하지 않았지만 사람들은 분개했으며, 그들은 누구도 조롱하지 않았지만 사람들은 부끄러워했다.

　"억지로 곡(哭)하는 자는 비록 그것이 슬퍼하는 것처럼 보이더라도 애처롭지 아니하고, 억지로 성내는 자는 그것이 비록 위엄(威嚴) 있다 하더라도 남이 위엄을 느끼지 아니하고, 억지로 친하게 행동하는 자는 비록 웃더라도 사람들을 즐겁게 하지 못한다"라고 하였다. 신천지 사태가 발생하고 3개월째, 대구는 6,868명이 감염되어 고통을 겪었고, 그 가운데 175명이 사망했다. 대구를 두고 수많은 사람들이 울고 웃고 분개하였지만, 사람들의 마음을 녹인 것은 분노가 아니라 진심에서 우러나온 염려, 미움이 아니라 사랑이었다.

　이태원발 2차 유행이 시작되었다. 대구를 향한 혐오의 시선은 이제 클럽 방문자를 넘어 성소수자에게로 돌려졌고, 전염과 무관한 사람들조차 혐오와 공격의 대상이 되었다. 그들의 분개나 비난이 두렵기는커

넝 오히려 얼굴을 붉히게 하는 것은 거기에는 배려도, 염려도 없이 오직 혐오만이 있기 때문이다. 혐오가 어떻게 사람을 감동시킬 것이며, 그것을 또 어떻게 인간의 본성에서 나온 것이라 할 수 있겠는가?

第三十二 列禦寇

내가 사라진 사회

> 덕을 갖춘 자는 자기 힘으로 이루었다고 생각하지 않으므로 그 덕이 있
> 는 것이니 하물며 도를 터득한 사람이야 더 말할 나위 있겠는가!
> 有德者以不知也 而況有道者乎

도스토옙스키는 『카라마조프가의 형제들』에서 이렇게 말했다. '만일 하느님이 계시지 않다면, 모든 것이 허용된다.' 니체는 '신은 죽었다'라고 선언했다. 그리고 그는 깨달음을 체험한다. 그래서 '내가 신이다!'라고 하는 광증에 이른다. 서구의 유신론적 세계에서 신이 죽었을 때 생겨나는 혼란이다.

가톨릭의 성자들을 보면, 신비 체험을 통해 마음이 점점 더 낮아진다. 그래서 그들은 마침내 가장 높은 곳에 이르게 된다. 그러나 신이 죽은 현대 사회에서 니체는 신비 체험을 통해 마음이 점점 높아진다.

에고가 신비 체험을 통해 자신을 높였던 것이다.

광야에서 사탄이 예수에게 던진 마지막 유혹은 무엇이었을까? '깨달음의 왕국에서 너에게 왕의 자리를 주겠다.' '너에게 신의 자리를 주겠다.' '모든 사람들이 너를 찬미하고 우러러보도록 해 주겠다.'

'내가 신이다!', 이것은 에고의 외침이다. '내가 도(道)이다!', 이것도 에고의 외침이다. 신이 죽었을 때, 서구에서는 많은 천재들이 광인이 되었다. 신이 살아 있었을 때, 서구에서는 많은 성인들이 나타났었다. 유신론의 전통이 없는 동아시아 사회에서는 '도를 깨닫는 것'이 늘 양날의 칼이었다.

깨달음이란 '내가 거대한 바다의 아주 작은 일부'임을 아는 것인데, 에고는 깨달음의 체험을 사유화함으로써 '내가 거대한 바다'라고 하는 함정에 쉽게 빠져든다. 마음은 높아지고, 다른 사람들이 자신을 경배함을 당연시하게 된다. 그래서 그들은 자신을 향해 웃을 수 없게 된다. 자신의 하찮음을 볼 수 없게 된다. 더 이상 배우려고 하지 않는다.

깨달음은 목표가 아니다. 깨달음의 체험은 존재변화라는 산 정상에 오르기 위한 하나의 길일 따름이다. 그러나 장자 사상과 선불교의 전통이 교조화되면서, 깨달음의 체험 자체를 궁극적인 목표로 착각하는 문제가 생겨났다. 존재변화에 이르는 하나의 길을 존재변화로 착각하고, 자기 학파의 입장을 진리로 착각하게 된 것이다.

탈현대 사회로 가는 유일한 길은 인류의 존재변화이다. 탈현대 사회는 존재변화를 이룬 사람들의 사회이며, 겸겸군자(謙謙君子)의 사회이다. '덕을 갖춘 자는 자신의 힘으로 이루었다고 생각하지 않는다.' '자신의 힘으로 이루었다고 생각하는 자는 덕을 갖춘 자가 아니다.' '내가 했다', '내가 보았다'라는 생각이 있다면, 그는 한 것도 본 것도 아니다. 왜냐하면, 진정한 함과 봄이란 '내가'가 떨어져 나간 상태에서만 이루어지는 것이기 때문이다. '내가 신이 된 사람들'로 탈현대 사회를 만들어 갈 수는 없다. 왜냐하면 그들은 전형적인 현대인, 에고의 결정체이기 때문이다.

탈현대 사회는 현대적인 관점에서 보면 사회 구성원들의 주체성이 사라진 사회이다. 그러나 탈현대적인 관점에서 보면, 탈현대 사회는 사회 구성원들의 진정한 주체, 즉 참나가 깨어나 활동하는 사회이다. 내가 죽음으로써만 진정한 내가 살 수 있다. 탈현대 사회는 '내가'가 사라진 겸겸군자의 사회인 것이다.

신지(神知)의 삶

인지(人知)라는 불공평한 척도로 사물을 공평하게 하려는 이상 그 공평은 결코 참된 공평이 아니다. 자연스러운 감응에 의하지 않고 인지의 마음으로 사물에 응하는 이상 그 감응이 아니다. 명지(明知)를 지닌 사람은 외물에 사역되는 자에 지나지 않고 신지(神知)를 지닌 사람이야말로 사물에 감응할 수 있다. 대체 명지가 신지에 미치지 못한다는 것은 오래전부터 정해져 온 일인데도 어리석은 자는 자기의 견해를 믿고 인간사에 빠져 있다. 그 공적은 다만 외물에만 있고 자기의 본성에는 아무런 도움도 되지 못한다. 어찌 슬픈 일이 아니겠느냐!

以不平平 其平也不平 以不徵徵 其徵也不徵 明者唯為之使 神者徵之
夫明之不勝神也久矣 而愚者恃其所見入於人 其功外也不亦悲乎

장자는 제자들이 자신의 장례를 후하게 하려고 하자, 제자들이 눈에 보이는 것에만 의존하는 인위(人爲)의 세계에 빠져 있다고 슬퍼한다. 장자는 천지를 널로 삼고 해와 달을 한 쌍의 옥으로 알며 별을 구슬로 삼고 만물을 자신에게 주는 선물로 생각하여, 자신의 장례식을 위한 도구는 다 갖추었다고 말하는 사람이다. 그런데 오래 시간 가르침을 준 제자가 스승이 생을 마감하려는 순간에 가르침을 물거품으로 만드는 인간사(人間事)에서 허덕이는 모습을 본다면 슬플 수밖에 없었을 것이다.

장자와 가까이에서 가르침을 얻은 제자들마저 인위를 벗어나는 것이 이렇게 힘든 것일까? 그래서 장자는 죽음을 목전에 두고도 분명하게 말한다. 외물(外物)을 좇는 삶은 세상과 감응할 수 없으며, 본성을 잃게 된다. 세상 사람들이 아는 것은 불공평한 척도임에도 불구하고 그것을 기준으로 공평하게 하려고 하면 결국 공평한 것이 아니라는 것이다. 또한 자연스러운 감응이 아니므로 인지의 마음으로는 세상과 감응할 수 없다. 인위적인 지(知)를 자랑하는 명지(明知)를 지닌 사람도 외물에 집착하기에 진정한 감응을 할 수 없다. 다만 인지를 버리고 자연의 도리와 일치하는 신지(神知)를 지닌 사람만이 사물에 감응할 수 있다.

인간사의 기준에 빠져서 장례를 후하게 하려고 했던 제자에게 장자는 잘못된 기준을 믿으면 결국은 외물을 좇다가 천지 사이에서 길을 잃게 될 것이라고 한다. 천지만물과 감응은 도(道)로써 가능하다. 그러나 사람들은 자기가 아는 인간사를 기준으로 세상과 감응하려고 한다. 장자는 이미 불가능하고 자기 본성에는 도움도 안 될 일에 애쓰는 어리석음을 슬퍼한 것이다. 장자의 시선으로 사람들의 삶을 보면 어리석기 짝이 없을 것이다.

자식은 부모를 사랑하는 마음으로 몸에 더 좋은 음식을 챙겨 드리고 건강한 식습관을 만들어 주려고 한다. 부모 입맛에 맞는 것보다는 자기가 아는 기준으로 조금이라도 건강에 도움이 되는 것을 드시도록 하려고 한다. 그러는 중에 사랑으로 시작된 식습관 관리는 감시와 통제가 되고 작은 일탈이라도 발견하면 비난과 공격을 퍼붓기도 한다. 자기가 아는 잣대만으로 옳고 그름을 적용하기 때문에 부모와 전

혀 감응하지 못한다. 이런 사랑의 표현은 진정한 사랑이 아닐 뿐만 아
니라 자신의 본성에도 도움이 안 된다. 자기가 아는 것이 옳다는 것
을 주장하기 위해서 얼마나 많은 말로 상대를 괴롭혔을지 생각해 봐
야 한다. 누군가를 사랑하는 것은 진정으로 그 삶을 존중하고 그 마
음의 소리에 귀 기울이는 감응으로 가능할 수 있다.

용을 죽이는 기술

주평만(朱泙漫)은 용을 죽이는 방법을 지리익(支離益)에게서 배우고 천금이나 되는 가산을 탕진하여 삼 년 만에야 그 기술을 배웠지만 그 기술을 쓸 데가 없었다. 성인은 필연적인 일에 임할 때에도 필연으로 여기지 않으므로 마음속에 다툼이 없다. 범속한 사람들은 필연적인 일이 아닌데도 필연으로 여기고 행동하므로 마음속에 다툼이 많고 그런 다툼을 그대로 행하니까 밖에서 찾는 데가 있게 된다. 마음속의 다툼을 믿고 행동하면 파멸로 이르기 마련이다.

朱泙漫學屠龍於支離益 單千金之家 三年技成而无所用其巧 聖人以必不必 故无兵 衆人以不必必之 故多兵 順於兵 故行有求 兵 恃之則亡

『장자』「열어구(列禦寇)」에 나오는 이야기다. 용을 죽이는 기술[屠龍之技]은 용이 이 세상에 없는 동물이므로 세상에 쓸모없는 기술을 이르는 고사성어로 사용된다. 그러나 이 말은 쓸모없는 기술이란 뜻과 더불어 심오한 학문 혹은 세상을 바로잡을 역량이란 뜻으로도 읽힌다. 가령 송나라 문장가 소식은 역량이 뛰어난 인재를 '용 잡는 사람'이란 뜻에서 '도룡수(屠龍手)라 불렀다. 즉 세속에서는 쓸모가 없어도 언젠가는 쓸모가 있는 진정한 기술이나 학문을 연구하는 인물을 뜻하였다. 이처럼 도룡지기는 학문 연구에 쓸모의 잣대만을 들이대서는 안 된다는 것을 의미하기도 한다.

장자는 도(道)를 알기는 쉽지만 그것을 말하지 않기는 어렵다고 하였다. 그래서 도를 알면서도 말하지 않는 자는 하늘의 도에 가까이하는 사람이고, 알고서 말하는 자는 세속의 사람과 가까이하는 자라고 하였다. 주평만의 이야기를 통해 장자는 '알면서도 말하지 않음[知而不言]', '하늘을 좇고 인위로 가지 않음[天而不人]'이라고 하는, 도를 깨달은 성인 본연의 자세를 설명하려 하였다. 용을 죽이는 기술처럼 세속의 자질구레한 기준에 얽매어서는 참된 도를 깨달을 수 없다는 것이다. 그러나 세속 사람들이 어찌 쉽게 도를 알 수 있겠는가? 장자는 우리가 천지만물의 근원인 도를 파악하기 위해서는 인위적인 지식을 떠나 도 그 자체에 몰입해야 한다고 하였다.

천박한 지식과 기술을 책이나 인터넷에 올려놓고 저작권을 주장하는 자들은 유형의 사물에 마음이 어지럽혀져 태초의 진리를 알지 못한다. 이런 자들을 장자는 하늘에서 도망치는 형벌[遁天之刑]을 받은 자라고 하였다. 이들은 하늘에서 베풀어 준 천분을 잊고 자기 힘에 의존하여 살아가려 하다가 결국 외부의 형벌과 내부의 형벌에서 벗어나지 못한다. 반면 성인은 편히 깃들어야 할 천분에 머물며 자기 힘에는 머물지 않는다. 성인은 꼭 그렇게 해야만 한다고 생각하는 것도 꼭 그렇게 해야 한다고 고집하지 않기 때문에 다툼이 없고, 보통 사람들은 꼭 그렇게 하지 않아도 되는 것을 꼭 그렇게 해야 한다고 고집 피우기 때문에 다툼이 많다.

오늘날 우리가 아이들에게 가르치는 지식은 과연 모두 쓸모 있는 지식일까? 정말로 우리 아이들에게 필요한 지식은 무엇일까? 비가 내리면 발가벗고 몸에 떨어지는 빗방울을 맞아 보는 것, 교실 밖 산철

쭉이 꽃을 피우면 그 꽃 주위를 노래 부르며 춤추며 도는 것, 온 하늘을 붉게 물들이며 바다 끝으로 사라지는 장엄한 낙조를 말없이 바라보는 것, 어스름이 내릴 무렵 이름 모를 새의 지저귐에 귀를 기울일 줄 아는 것, 이런 것들이 정말로 우리 아이들이 배워야 할 용을 죽이는 기술이 아닐까?

형벌의 원인

지식과 총명함은 바깥으로만 치닫고, 용감함과 활동은 원망함이 많으며, 인애와 정의는 남으로부터 책망을 많이 받게 되니, 이 여섯 가지는 서로 형벌에 걸리게 하는 원인이다.

知慧外通 勇動多怨 仁義多責 六者所以相刑也

세상에는 지식이 많은 사람도 많고, 총명한 사람도 많다. 무모하리만큼 용감한 사람도 있으며, 자신의 신념을 행동으로 옮기는 데 주저함이 없는 사람도 많다. 또 널리 사랑을 실천하겠다는 사람도 많고, 이 땅에 정의를 구현하겠다는 사람도 많다.

그런데 왜 세상은 언제나 혼란스럽고, 어리석은 선택이 되풀이되는가? 왜 지식과 총명함이 어리석음의 근원이 되고, 용기와 과감한 실행이 원망을 낳으며, 인애와 정의가 세상 사람들의 책망을 받는가? 지식과 총명함이 자신의 내면을 살피지 않고, 밖을 재단하는 데만 사용되었기 때문이다. 용기와 과감한 실행이 자신을 과신하고, 다른 이의 목소리에 귀를 닫았기 때문이다. 사람을 향한 인애와 정의가 치우치고 어긋나 공평함을 잃었기 때문이다.

그러니 어떻게 지혜를 나쁘다고 할 것이며, 용기를 그르다고 하고, 인애와 정의를 해서는 안 될 일이라 하겠는가? 그것이 인간에게 형벌이 되는 것은 외물에 휩쓸려 참된 본성을 잃었기 때문이며, 마침내 도(道)에 어긋나 버렸기 때문이다.

'일본군 성노예 문제 해결을 위한 정의기억연대.' 1990년 일본군 위안부 문제를 해결하기 위해 창립된 정대협과 2015년 한·일 일본군 위안부 협상 타결에 반대하여 10억 엔을 돌려주기 위해 만들어진 '일본군 성노예제 문제 해결을 위한 정의기억재단'을 통합하여 새롭게 출범한 시민단체이다. 1992년 〈일본군 위안부 문제 해결 아시아연대회의〉를 계기로 일본군 위안부 문제를 '민족'의 문제를 넘어 '전쟁과 여성인권'의 문제로 그 의미를 확장시켰으며, 2001년 〈전쟁과 여성인권센터〉를 발족하여 전쟁의 참상과 평화의 소중함을 전 세계에 호소하여 온, 말 그대로 여성, 인권, 평화를 상징하는 단체이다.

그러나 일본 최고재판부에서 최초로 위안부 피해자임을 인정받은 심미자 할머니 등 33명은 2004년 1월, '위안부를 두 번 울린 정대협, 문 닫아라'는 제목의 성명을 내고 정대협을 '언제 죽을지 모르는 위안부 할머니들을 역사의 무대에 앵벌이로 팔아 배를 불려온 악당'이라 비판했으며, 2020년 5월, 미국 하원에서 일본 정부가 위안부에게 공식적으로 사과할 것을 요구하는 결의안을 통과시키는 데 지대한 공헌을 했던 이용수 할머니가 다시 정의연이 위안부 할머니들을 이용하여 자신의 이익을 추구하였다고 주장하는 기자회견을 열었다. 횡령과 회계부정 등 할머니의 기자회견을 뒤이어 여러 의혹이 제기되었지만, 정의연의 대표는 일부 '실수'를 인정하면서도 자신의 무죄를 주장했다.

정의와 인권과 평화. 정의연의 대표가 저지른 일이 실수인지, 아니면 범죄였는지는 검찰의 조사 결과를 기다리면 밝혀지겠지만, 자신들이 내세운 저 아름다운 말에도 불구하고 정작 피해 당사자들에게 들은 것이 질책과 원망이라면 그것은 실수가 아니라 '유죄'이다. 내가 옳은 일을 하고 있다는 독선, 내가 피해자를 구했다는 오만, 그리고 이 옳은 일을 반드시 이루겠다는 어리석은 결단, 그 모든 것이 유죄이다. 거기에는 진정한 사랑이 없으며, 진정한 정의도 없다.

第三十三 天下

묵가가 남긴 교훈

묵자는 도에 관해 다음과 같이 말하고 있다. "… 장딴지와 정강이에는 털이 닳아 없어지고 장마비에 흠씬 젖은 채 모진 바람을 다 맞으면서 여러 나라의 경계(境界)를 설정했다. 우는 대성인이면서도 천하를 위해 이와 같이 그 몸을 지치게 했던 것이다." 하여 후세의 제자들에게 너절한 옷을 입게 하고 나막신이나 짚신을 신게 하며 밤낮 쉴 새 없이 일을 하여 고생이 최고라고 생각하게 만들었다. 그리고 또 말하기를 "이런 일을 할 수 없으면 우(禹)의 도가 아니며 묵가(墨家)가 될 수 없다"라고 했다.

墨子稱道曰 … 腓无胈 脛无毛 沐甚雨 櫛疾風 置萬國 禹大聖也 而形勞天下也如此 使後世之墨子 多以裘褐爲衣 以跂蹻爲服 日夜不休 以自苦爲極 曰 不能如此 非禹之道也 不足謂墨

제자백가 중 묵가는 독특하다. 묵가가 꿈꾼 사회는 전란의 종식을 넘어 겸애(兼愛)가 행해지는 사회, 사랑의 사회였다. 그들은 전란 종식을 목표로 하는 전투조직이기도 했다. 위 인용구에서 보듯이 이들은 구성원들에게 우(禹)에 비견되는 강한 도덕성을 요구한다. 우와 같은 성인은 자발적으로 아주 높은 수준에서 도덕적인 행동을 한다. 그러나 범인에게 높은 수준의 도덕성을 강요할 경우, 이것은 폭력이 될 수 있다.

묵자의 이상에 동조해서 모여든 동지들이 결국 흩어지고 묵가사상 자체가 거의 단절되어 버린 데에는 바로 이런 문제가 작용하였을 듯싶다. 겸애의 사회 구현이라는 이상을 달성하는 방법에 있어서의 문제가 있지 않았을까?

묵자와 친근한 사상가는 동양에서보다는 서양에서 더 쉽게 찾아볼 수 있다. 플라톤, 토머스 모어, 칼뱅, 로베스피에르, 칼 마르크스 등이 그들이다. 묵자와 이들의 공통점은, 첫째, 좋은 요소가 극대화된 기하학적으로 재단된 사회를 목표로 하고 있고, 둘째, 적을 물리침으로써 이상사회에 도달하고자 하며, 셋째, 구성원들에게 높은 도덕성을 강요한다는 점이다. 또 하나의 공통점은, 이들의 이상추구의 결과, 전혀 이상이 구현되지 않았다는 점이다. 이들의 이상은 전혀 현실화되지 않았거나, 현실화되었을 경우 엄청난 파괴가 뒤따랐다.

역사적으로 검증된 사실은 다음과 같다. 도덕성에 대한 강요를 통해 도덕적인 사회를 건설할 수는 없다. 사랑에 대한 강요를 통해 사랑의 사회를 건설할 수는 없다. 싸움을 통해 평화로운 사회를 건설할 수는 없다. 이 사실들의 공통점은 에고의 차원에서의 노력을 통해 '참나'에 기반을 둔 사회를 건설할 수는 없다는 점이다.

지금 인류가 나아가야 할 목적지와 묵자의 목적지는 동일하다. 그것은 사랑의 사회이다. 묵자와 묵가 사상가들이 우리에게 주는 교훈은 에고의 차원에서의 노력을 통해서는 사랑의 사회에 도달할 수 없다는 점이다. 사랑의 설교나 강요를 통해 사랑의 사회에 도달할 수는 없다는 점이다.

그렇다면 인류는 어떻게 사랑의 사회로 나아갈 수 있을까? 오직 '사랑의 존재'로 거듭남을 통해서만, 인류의 존재혁명을 통해서만, 인류는 사랑의 사회로 나아갈 수 있다. '나의 변화를 통한 세계변화', 이것이 인류가 탈현대 사회로 나아갈 수 있는 유일한 전략이다.

| 탈현대 삶 |

좁고 구불구불한 길

스스로의 덕성(德性)을 가꾸는 데 약하고 사물에 대한 욕망이 강하므로 그 길은 좁고 구불구불하다. 천지의 대도(大道)를 따라 혜시(惠施)의 재능을 본다면 그것은 마치 한 마리의 모기나 등에가 덧없이 애쓰고 있음과도 같다. 그의 학설은 사물에 대해서는 아무런 쓸모가 없다.

弱於德 强於物 其塗隩矣 由天地之道觀惠施之能 其猶一蚉一虻之勞者也 其於物也 何庸

위의 구절은 혜시(惠施)에 대해서 장자가 한 말이다. 혜시의 재능이 무엇이었기에 장자는 한 마리의 모기나 등에가 덧없이 애쓰는 것이라고 말했을까?

혜시(惠施)는 날마다 그 지혜로 사람들과 변론하며 독특한 입장에서 천하의 변자(辯者)들과 기괴한 주장을 한다. 이것이 혜시 학설의 대강이다. 그러나 혜시 자신은 자기가 말하는 바를 가장 현명하다 생각하고 "내 변론은 천지의 장대(壯大)함과도 같다!"라고 한다. 혜시는 남에게 이기겠다는 데에 마음이 있고 도술은 없다.

나는 혜시와 같이 자신의 덕성을 가꾸는 일에는 무관심하면서 어

떤 일에든 지식을 뽐내고 남을 이겨서 명성을 얻으려고 하는 사람이
아니라고 자신 있게 말할 수 있을까? 나는 혜시와 같지 않다고 당당
하게 말하기가 쉽지는 않을 것 같다. 현대 사회에서는 더 많은 지식과
뛰어난 말솜씨 그리고 명성을 추구해야 할 것으로 인식하기 때문이
다. 게다가 경쟁력은 현대인이라면 누구나 갖추어야 할 역량이라고 생
각한다.

그러나 천지의 대도(大道)의 관점으로 보면, 현대인들이 그토록 애
지중지하는 재능이란 아무짝에도 쓸모없는 것이며 그것을 중시하다
가는 위험한 지경에 이르게 된다. 이 세상에 자신을 돌보지 않는 것보
다 위험한 일이 무엇이 있을까? 그러나 안타깝게도 사람들은 그 위험
을 자각하지 못하고 사물에 대한 욕망을 키우면서 삶을 허비한다. 장
자는 지식, 말솜씨, 명성 등 사물에 대한 욕망을 좇는 삶은 좁고 구불
구불한 길이라고 말한다. 이 길은 평탄한 길이 아니지만 모두가 몰려
들어서 좁기까지 하다.

지식, 말솜씨, 명성으로 얻은 사랑과 인정은 영원할 수가 없다. 그것
을 얻는 길이 구불구불하고 험난할 뿐만 아니라, 그것을 중시하면 할
수록 삶은 완전히 망가지기 십상이다. 끊임없이 삶과 존재의 의미를
찾으려고 지식, 말솜씨, 명성 등에 매달려 봐도 불가능하다. 삶과 존
재의 의미란 그런 사물에 대한 욕망에서 찾을 수 없다. 이런 삶은 '메
아리를 찾으려고 소리 지르고, 형체와 그림자가 경주(競走)' 하는 것과
같아서 끝이 없다.

어떻게 살아야 할까? 장자는 말한다. 스스로 덕성을 가꾸고 사물
에 대한 욕망으로부터 자유로워지라고. 인류의 삶을 돌이켜 보면 욕
망을 인정하고 추구하기까지 사람들은 많은 희생을 경험했다. 인간은

험난한 역사적 행보를 거쳐서 욕망 추구에 대한 정당성을 확보하고 욕망하는 존재로 인정받았다. 그러나 맹렬하게 추구하는 욕망은 또 다른 희생을 야기하고 있다. 자신을 잃어버리게 하는 것이다.

당신의 길은 어떤가?

혹시, 좁고 구불구불하지 않은가?

이제, 자신에게 관심을 기울이면서 넓고 평탄한 길을 걸어 보면 어떨까?

지식과 깨달음의 차이

그들은 모든 것을 갖추지 못한 채 두루 미치지 못하므로 결국 한쪽에 치우친 학자인 셈이다. 그들은 천지의 아름다움을 일부러 판별하고 만물에 갖추어진 도리를 억지로 분석한다.

雖然 不該不徧 一曲之士也 判天地之美 析萬物之理

『장자』의 마지막 편인 「천하(天下)」는 장자의 후서(後序)로 불린다. 즉 본문 뒤에 붙는 서문이다. 이 글에서 장자는 시대의 흐름에 따라 고대의 이상사회에서 벗어나 점차 도에서 멀어지게 된 과정을 설명하고 있다. 옛사람들은 인간으로서의 본성을 갖추고 있었기에 천하의 대도를 따라 행동하고 만물을 키워, 도는 사방팔방으로 통하고 만물은 거리낌 없이 도와 함께 운행되었지만 시대의 흐름에 따라 도의 본원과 정수에서 벗어나 어느 한 측면만을 연구하고 주장하면서 점차 도에서 멀어지게 되었다는 것이다. 이런 치우친 학자[一曲之士]들은 천지의 아름다움과 만물의 도리를 억지로 판별하고 분석하지만 그런 방식으로는 결코 도를 깨달을 수 없다는 것이다.

지식에 관해 가장 중요한 진리를 학자들은 결코 깨닫지 못한다는 것이다. 학자들은 많이 알 수는 있겠지만 결코 깨달을 수는 없다. 왜냐하면 지식과 깨달음은 전혀 다른 것이기 때문이다. 노자가 말했듯이 지식은 매일 매일 축적하는 것이고, 깨달음은 매일 매일 버리는 것이다. 지식은 변하지 않는 것을 추구하지만 깨달음은 변화 속에 맡기는 것이다. 지식은 반복을 연구하고 반복 속에서 새로운 원리를 발견해 내려 하지만 우리의 삶은 결코 반복되지 않는다. 그 흐름 속에서 삶의 매 순간은 끊임없이 변한다. 그리고 각각의 순간은 다른 어느 것과도 비교할 수 없는 독특한 것이다. 그 독특함이 바로 아름다움이다. 그 아름다움을 어떻게 분석하고 판별할 수 있을까?

붓다는 오늘날의 초등학생보다도 아는 것이 적을지도 모른다. 그렇지만 우리는 붓다를 '아는 자'라고 부른다. 왜냐하면 붓다의 앎은 대상에 관한 것이 아니라 자기 자신에 대한, 자신의 존재에 대한 것이기 때문이다. 붓다의 앎은 정보나 지식의 축적이 아니다. 그것은 정보나 지식과 같은 선입견을 버림에 따라 저절로 드러나는 내면의 빛인 것이다.

『성경』에는 예수가 죽은 나자로를 살리는 이야기가 나온다. 나자로가 정말로 죽었다가 살아났는지는 중요하지 않다. 이 이야기의 핵심은 예수가 나자로를 죽음 너머의 세계로 데려갔다는 것이다. 예수가 보기에 우리 모두는 나자로처럼 죽어 있다. 그러나 우리는 마치 살아 있는 것처럼 여기며 살아간다. 우리는 마치 삶이 무엇인지 아는 것처럼 살아간다. 그러나 사실 우리는 삶이 무엇인지도 모른 채 죽음 속에서 살아간다. 죽음 속에서 살아간다는 것은 무의식적으로 살아간다는 뜻이다. 예수는 죽음 속에서 살아가는 우리를 조용히 부른다. '일어나거라, 승표야.'

모든 길을 다 여행한다고 해도 결코 삶의 목적지에 이를 수는 없다. 삶에는 목적지가 없기 때문이다. 그렇지만 죽음 속에서 살아가는 사람들은 마치 삶에 어떤 목적이 있는 것처럼 살아간다. 그들은 매 순간 존재하지도 않는 그 목적지를 향해 지도를 그리고 그리로 가는 가장 좋은 길을 찾아 매진한다. 그러나 삶은 어린아이가 강아지를 쫓아 달려가는 것과 같다. 어린아이는 도중에 나비를 발견하면 방향을 바꾸어 나비를 쫓는다. 나비를 쫓아가다가도 중간에 민들레꽃이 있으면 멈추어 꽃을 바라본다. 아이에게는 길이 곧 목적지이고 그가 서 있는 곳이 곧 목적지이다. 이처럼 깨달음이란 바로 이 순간 나의 삶 전체가 목적지임을 아는 것이다.

깨달음이란 매 순간 깨어 있음을 통해 일어난다. 깨어 있음이란 어느 한순간이든 항상 그때 일어나는 일을 완전히 의식하면서 지켜보는 것을 의미한다. 이처럼 매 순간 깨어 있을 때 우리 존재 속에는 즉각적인 변형이 일어난다. 사랑이 곧 존재의 상태가 되는 것이다.

나라를 다스리는 근원

신인은 무엇을 말미암아 내려오며, 밝은 지혜는 무엇을 말미암아 나오는 것인가. 성인은 태어나는 까닭이 있고, 왕자는 이루어지는 까닭이 있으니 모두가 하나에 근원한다. 도(道)의 대종(大宗)에서 떠나지 않는 사람을 天人이라 하고, 도의 정수(精髓)에서 떠나지 않는 사람을 신인(神人)이라 하고, 도의 진수(眞髓)에서 떠나지 않는 사람을 지인(至人)이라 하고, 천(天)을 도의 대종으로 삼고 도의 체득(體得)을 자기의 근본으로 삼으며, 도를 문으로 삼아 출입하여 우주 만물의 변화 조짐을 미리 아는 사람을 성인(聖人)이라 하고, 인애(仁愛)로 은혜를 베풀며, 정의로 조리를 세우며, 예를 행위의 기준으로 삼으며, 악(樂)으로 조화를 이루어 따뜻하게 자애로운 사람을 군자라 한다.

曰 神何有降 明何有出 聖有所生 王有所成 皆原於一 不離於宗 謂之天人 不離於精 謂之神人 不離於眞 謂之至人 以天爲宗 以德爲本 以道爲門 兆於變化 謂之聖人 以仁爲恩 以義爲理 以禮爲行 以樂 爲和 薰然慈仁 謂之君子

『장자』 제1편 「소요유」는 북녘 검푸른 바다에 사는, 그 크기가 천 리에 이르는 물고기 곤(鯤)의 이야기로 시작된다. "북녘 검푸른 바다에 물고기가 있으니 그 이름을 곤이라고 한다. 곤의 크기는 몇 천 리가 되는지 알 수 없다. 어느 날 이 물고기가 변신을 해서 새가 되니 그 이름을 붕(鵬)이라고 한다. 이 붕새의 등 넓이는 이 또한 몇 천 리가 되는지 알 수 없다." 장자는 하찮은 지식에 매달려 살아가는 인간을 비웃으며, 자신은 절대 자유의 경지에 노닐겠노라 공언한 것이다.

그러나 귀천이 인간의 어리석음에 뿌리 둔 것이고, 선악이 알고 보면 선악이 아니라 하더라도, 역시 세상에는 귀한 자가 있으면 천한 자가 있고, 현명한 자가 있으면 어리석은 자가 있으며, 선한 자가 있으면 악한 자가 있다. 무엇이 귀한 이를 귀하게 하고, 천한 이를 천하게 하며, 무엇이 선한 이를 선하게 하고, 악한 이를 악하게 하는가?

장자는 말한다. 신인이 강림하고, 밝은 지혜가 샘솟으며, 성인이 태어나고 왕자가 이루는 것이 있는 것은 모두 도(道)에 의한 것이다. 세상에는 도의 대종에서 벗어나지 않는 사람들이 있으니, 그가 도와 하나 되면 천인이며, 도의 정수에서 벗어나지 않으면 지인이고, 도의 체득을 근본으로 삼으면 성인이며, 인애로 은혜를 베풀고 정의로 조리를 세우며, 예를 행위의 기준으로 삼고, 음악으로 조화를 이루면 군자이다. 천인과 지인, 성인과 군자는 모두 이 도를 벗어나지 않는 사람이며, 사랑과 정의, 예의와 음악 또한 모두 이 도로부터 말미암은 것이다.

그런데 세상은 어떠한가? 서로 자신의 지혜를 뽐내며 스스로를 옳다고 하고, 입에는 사랑과 정의를 달고 있으며, 몸은 예의로 치장하고, 음악을 고상한 취미로 여기는 자가 많다. 그러나 그것이 지혜든, 정의든, 사랑이든, 더 나아가 예의와 음악조차도 그저 위선이요, 가식이며, 거짓에 불과하니 모두 도로부터 멀어져 그 껍데기만 남았기 때문이다.

작은 지(知)가 이토록 큰 소리를 내던 시대가 있었던가? '모든' 이를 위한다는 말이 이처럼 공공연한 시대가 있었던가? 그럴수록 사람들은 위선과 가식, 하찮은 지식으로 자신을 포장해야 하니, 도로부터는 점점 더 멀어지며, 세상은 점점 더 혼란스러울 뿐이다. 누가 작은 지(知)들의 싸움을 멈추게 할 수 있을까? 누가 진정한 사랑을 베풀고 정의를 바로 세우며, 진정한 화락(和樂)의 세계에서 노닐 수 있을까?

삶의 **행복**을 **꿈**꾸는 **교육**은 어디에서 오는가?

● **교육혁명을 앞당기는 배움책 이야기** 혁신교육의 철학과 잉걸진 미래를 만나다!

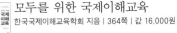

● 비고츠키 선집 시리즈 발달과 협력의 교육학 어떻게 읽을 것인가?

 생각과 말
레프 세묘노비치 비고츠키 지음
배희철·김용호·D. 켈로그 옮김 | 690쪽 | 값 33,000원

 도구와 기호
비고츠키·루리야 지음 | 비고츠키 연구회 옮김
336쪽 | 값 16,000원

 어린이 자기행동숙달의 역사와 발달 I
L.S. 비고츠키 지음 | 비고츠키 연구회 옮김
564쪽 | 값 28,000원

 어린이 자기행동숙달의 역사와 발달 II
L.S. 비고츠키 지음 | 비고츠키 연구회 옮김
552쪽 | 값 28,000원

 어린이의 상상과 창조
L.S. 비고츠키 지음 | 비고츠키 연구회 옮김
280쪽 | 값 15,000원

 비고츠키와 인지 발달의 비밀
A.R. 루리야 지음 | 배희철 옮김 | 280쪽 | 값 15,000원

 수업과 수업 사이
비고츠키 연구회 지음 | 196쪽 | 값 12,000원

 비고츠키의 발달교육이란 무엇인가?
비고츠키교육학실천연구모임 지음 | 412쪽 | 값 21,000원

 비고츠키 철학으로 본 핀란드 교육과정
배희철 지음 | 456쪽 | 값 23,000원

 성장과 분화
L.S. 비고츠키 지음 | 비고츠키 연구회 옮김
308쪽 | 값 15,000원

 연령과 위기
L.S. 비고츠키 지음 | 비고츠키 연구회 옮김
336쪽 | 값 17,000원

 의식과 숙달
L.S 비고츠키 | 비고츠키 연구회 옮김
348쪽 | 값 17,000원

 분열과 사랑
L.S. 비고츠키 지음 | 비고츠키 연구회 옮김
260쪽 | 값 16,000원

 성애와 갈등
L.S. 비고츠키 지음 | 비고츠키 연구회 옮김
268쪽 | 값 17,000원

 흥미와 개념
L.S. 비고츠키 지음 | 비고츠키 연구회 옮김
408쪽 | 값 21,000원

 관계의 교육학, 비고츠키
진보교육연구소 비고츠키교육학실천연구모임 지음
300쪽 | 값 15,000원

 비고츠키 생각과 말 쉽게 읽기
진보교육연구소 비고츠키교육학실천연구모임 지음
316쪽 | 값 15,000원

 교사와 부모를 위한 비고츠키 교육학
카르포프 지음 | 실천교사번역팀 옮김
308쪽 | 값 15,000원

 혁신교육 존 듀이에게 묻다
서용선 지음 | 292쪽 | 값 14,000원

 다시 읽는 조선 교육사
이만규 지음 | 750쪽 | 값 33,000원

 대한민국 교육혁명
교육혁명공동행동 연구위원회 지음
224쪽 | 값 12,000원

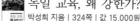 독일 교육, 왜 강한가?
박성희 지음 | 324쪽 | 값 15,000원

 핀란드 교육의 기적
한넬레 니에미 외 엮음 | 장수명 외 옮김
456쪽 | 값 23,000원

 한국 교육의 현실과 전망
심성보 지음 | 724쪽 | 값 35,000원

4·16, 질문이 있는 교실 마주이야기 통합수업으로 혁신교육과정을 재구성하다!

통하는 공부
김태호·김형우·이경석·심우근·허진만 지음
324쪽 | 값 15,000원

내일 수업 어떻게 하지?
아이함께 지음 | 300쪽 | 값 15,000원
2015 세종도서 교양부문

인간 회복의 교육
성래운 지음 | 260쪽 | 값 13,000원

교과서 너머 교육과정 마주하기
이윤미 외 지음 | 368쪽 | 값 17,000원

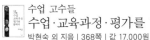
수업 고수들
수업·교육과정·평가를 말하다
박현숙 외 지음 | 368쪽 | 값 17,000원

도덕 수업, 책으로 묻고 윤리로 답하다
울산도덕교사모임 지음 | 320쪽 | 값 15,000원

체육 교사, 수업을 말하다
전용진 지음 | 304쪽 | 값 15,000원

교실을 위한 프레이리
아이러 쇼어 엮음 | 사람대사람 옮김
412쪽 | 값 18,000원

마을교육공동체란 무엇인가?
서용선 외 지음 | 360쪽 | 값 17,000원

교사, 학교를 바꾸다
정진화 지음 | 372쪽 | 값 17,000원

함께 배움
학생 주도 배움 중심 수업 이렇게 한다
니시카와 준 지음 | 백경석 옮김 | 280쪽 | 값 15,000원

공교육은 왜?
홍섭근 지음 | 352쪽 | 값 16,000원

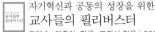
자기혁신과 공동의 성장을 위한
교사들의 필리버스터
윤양수·원종희·장군·조경삼 지음 | 280쪽 | 값 14,000원

함께 배움 이렇게 시작한다
니시카와 준 지음 | 백경석 옮김 | 196쪽 | 값 12,000원

함께 배움 교사의 말하기
니시카와 준 지음 | 백경석 옮김 | 188쪽 | 값 12,000원

교육과정 통합, 어떻게 할 것인가?
성열관 외 지음 | 192쪽 | 값 13,000원

미래교육의 열쇠, 창의적 문화교육
심광현·노명우·강정석 지음 | 368쪽 | 값 16,000원

주제통합수업,
아이들을 수업의 주인공으로!
이윤미 외 지음 | 392쪽 | 값 17,000원

수업과 교육의 지평을 확장하는 수업 비평
윤양수 지음 | 316쪽 | 값 15,000원
2014 문화체육관광부 우수교양도서

교사, 선생이 되다
김태은 외 지음 | 260쪽 | 값 13,000원

교사의 전문성, 어떻게 만들어지나
국제교원노조연맹 보고서 | 김석규 옮김
392쪽 | 값 17,000원

수업의 정치
윤양수·원종희·장군 지음 | 280쪽 | 값 14,000원

학교협동조합,
현장체험학습과 마을교육공동체를 잇다
주수원 외 지음 | 296쪽 | 값 15,000원

거꾸로 교실,
잠자는 아이들을 깨우는 수업의 비밀
이민경 지음 | 280쪽 | 값 14,000원

교사는 무엇으로 사는가
정은균 지음 | 292쪽 | 값 15,000원

마음의 힘을 기르는 감성수업
조선미 외 지음 | 300쪽 | 값 15,000원

작은 학교 아이들
지경준 엮음 | 376쪽 | 값 17,000원

아이들의 배움은 어떻게 깊어지는가
이시이 준지 지음 | 방지현·이창희 옮김
200쪽 | 값 11,000원

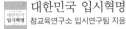
대한민국 입시혁명
참교육연구소 입시연구팀 지음 | 220쪽 | 값 12,000원

교사를 세우는 교육과정
박승열 지음 | 312쪽 | 값 15,000원

전국 17명 교육감들과 나눈 교육 대담
최창의 대담·기록 | 272쪽 | 값 15,000원

들뢰즈와 가타리를 통해 유아교육 읽기
리세롯 마리엣 올슨 지음 | 이연선 외 옮김
328쪽 | 값 17,000원

학교 혁신의 길, 아이들에게 묻다
남궁상운 외 지음 | 272쪽 | 값 15,000원

 학교 민주주의의 불한당들
정은균 지음 | 276쪽 | 값 14,000원

 프레이리의 사상과 실천
사람대사람 지음 | 352쪽 | 값 18,000원
2018 세종도서 학술부문

 교육과정, 수업, 평가의 일체화
리사 카터 지음 | 박승열 외 옮김 | 196쪽 | 값 13,000원

 혁신학교, 한국 교육의 미래를 열다
송순재 외 지음 | 608쪽 | 값 30,000원

 학교를 개선하는 교장
지속가능한 학교 혁신을 위한 실천 전략
마이클 풀란 지음 | 서동연·정효준 옮김 | 216쪽 | 값 13,000원

 페다고지를 위하여
프레네의 『페다고지 불변요소』 읽기
박찬영 지음 | 296쪽 | 값 15,000원

 공자뎐, 논어는 이것이다
유문상 지음 | 392쪽 | 값 18,000원

 노자와 탈현대 문명
홍승표 지음 | 284쪽 | 값 15,000원

 교사와 부모를 위한
발달교육이란 무엇인가?
현광일 지음 | 380쪽 | 값 18,000원

 선생님, 민주시민교육이 뭐예요?
염경미 지음 | 244쪽 | 값 15,000원

 교사, 이오덕에게 길을 묻다
이무완 지음 | 328쪽 | 값 15,000원

 어쩌다 혁신학교
유우석 외 지음 | 380쪽 | 값 17,000원

 낙오자 없는 스웨덴 교육
레이프 스트란드베리 지음 | 변광수 옮김
208쪽 | 값 13,000원

 미래, 교육을 묻다
정광필 지음 | 232쪽 | 값 15,000원

 끝나지 않은 마지막 수업
장석웅 지음 | 328쪽 | 값 20,000원

 대학, 협동조합으로 교육하라
박주희 외 지음 | 252쪽 | 값 15,000원

 경기꿈의학교
진흥섭 외 지음 | 360쪽 | 값 17,000원

 입시, 어떻게 바꿀 것인가?
노기원 지음 | 306쪽 | 값 15,000원

 학교를 말한다
이성우 지음 | 292쪽 | 값 15,000원

 촛불시대, 혁신교육을 말하다
이용관 지음 | 240쪽 | 값 15,000원

 행복도시 세종,
혁신교육으로 디자인하다
곽순일 외 지음 | 392쪽 | 값 18,000원

 라운드 스터디
이시이 데루마사 외 엮음 | 224쪽 | 값 15,000원

 나는 거꾸로 교실 거꾸로 교사
류광모·임정훈 지음 | 212쪽 | 값 13,000원

 미래교육을 디자인하는 **학교교육과정**
박승열 외 지음 | 348쪽 | 값 18,000원

 교실 속으로 간 **이해중심 교육과정**
온정덕 외 지음 | 224쪽 | 값 13,000원

 흥미진진한 아일랜드 전환학년 이야기
제리 제퍼스 지음 | 최상덕·김호원 옮김 | 508쪽 | 값 27,000원
2019 대한민국학술원우수학술도서

 교실, 평화를 말하다
따돌림사회연구모임 초등우정팀 지음
268쪽 | 값 15,000원

 폭력 교실에 맞서는 용기
따돌림사회연구모임 학급운영팀 지음
272쪽 | 값 15,000원

 학교자율운영 2.0
김용 지음 | 240쪽 | 값 15,000원

 그래도 혁신학교
박은혜 외 지음 | 248쪽 | 값 15,000원

 학교자치를 부탁해
유우석 외 지음 | 252쪽 | 값 15,000원

 학교는 어떤 공동체인가?
성열관 외 지음 | 228쪽 | 값 15,000원

 국제이해교육 페다고지
강순원 외 지음 | 256쪽 | 값 15,000원

교사 전쟁
다나 골드스타인 지음 | 유성상 외 옮김
468쪽 | 값 23,000원

 시민, 학교에 가다
최형규 지음 | 260쪽 | 값 15,000원

 학교를 살리는 회복적 생활교육
김민자·이순영·정선영 지음 | 256쪽 | 값 15,000원

 교사를 위한 교육학 강의
이형빈 지음 | 336쪽 | 값 17,000원

 새로운학교 학생을 날게 하다
새로운학교네트워크 총서 02 | 408쪽 | 값 20,000원

 세월호가 묻고 교육이 답하다
경기도교육연구원 지음 | 214쪽 | 값 13,000원

 미래교육, 어떻게 만들어갈 것인가?
송기상·김성천 지음 | 300쪽 | 값 16,000원
2019 세종도서 교양부문

 교육에 대한 오해
우문영 지음 | 224쪽 | 값 15,000원

 혁신교육지구 현장을 가다
이용운 외 4인 지음 | 344쪽 | 값 18,000원

 배움의 독립선언, 평생학습
정민승 지음 | 240쪽 | 값 15,000원

 선생님, 페미니즘이 뭐예요?
염경미 지음 | 280쪽 | 값 15,000원

 평화의 교육과정 섬김의 리더십
이준원·이형빈 지음 | 292쪽 | 값 16,000원

 수포자의 시대
김성수·이형빈 지음 | 252쪽 | 값 15,000원

 혁신학교와 실천적 교육과정
신은희 지음 | 236쪽 | 값 15,000원

 삶의 시간을 잇는 문화예술교육
고영직 지음 | 292쪽 | 값 16,000원

 혐오, 교실에 들어오다
이혜정 외 지음 | 232쪽 | 값 15,000원

 혁신교육지구와 마을교육공동체는 어떻게 만들어지는가?
김태정 지음 | 376쪽 | 값 18,000원

 선생님, 특성화고 자기소개서 어떻게 써요?
이지영 지음 | 322쪽 | 값 17,000원

 학생과 교사, 수업을 묻다
전용진 지음 | 344쪽 | 값 18,000원

 혁신학교의 꽃, 교육과정 다시 그리기
안재일 지음 | 344쪽 | 값 18,000원

● **살림터 참교육 문예 시리즈** 영혼이 있는 삶을 가르치는 온 선생님을 만나다!

 꽃보다 귀한 우리 아이는
조재도 지음 | 244쪽 | 값 12,000원

 성깔 있는 나무들
최은숙 지음 | 244쪽 | 값 12,000원

 아이들에게 세상을 배웠네
명혜정 지음 | 240쪽 | 값 12,000원

 밥상에서 세상으로
김흥숙 지음 | 280쪽 | 값 13,000원

 우물쭈물하다 끝난 교사 이야기
유기창 지음 | 380쪽 | 값 17,000원

 선생님이 먼저 때렸는데요
강병철 지음 | 248쪽 | 값 12,000원

 서울 여자, 시골 선생님 되다
조경선 지음 | 252쪽 | 값 12,000원

 행복한 창의 교육
최창의 지음 | 328쪽 | 값 15,000원

 북유럽 교육 기행
정애경 외 14인 지음 | 288쪽 | 값 14,000원

 시험 시간에 웃은 건 처음이에요
조규선 지음 | 252쪽 | 값 15,000원

● 교과서 밖에서 만나는 역사 교실   상식이 통하는 살아 있는 역사를 만나다

전봉준과 동학농민혁명
조광환 지음 | 336쪽 | 값 15,000원

남도의 기억을 걷다
노성태 지음 | 344쪽 | 값 14,000원

응답하라 한국사 1·2
김은석 지음 | 356쪽·368쪽 | 각권 값 15,000원

즐거운 국사수업 32강
김남선 지음 | 280쪽 | 값 11,000원

즐거운 세계사 수업
김은석 지음 | 328쪽 | 값 13,000원

강화도의 기억을 걷다
최보길 지음 | 276쪽 | 값 14,000원

광주의 기억을 걷다
노성태 지음 | 348쪽 | 값 15,000원

선생님도 궁금해하는
한국사의 비밀 20가지
김은석 지음 | 312쪽 | 값 15,000원

걸림돌
키르스텐 세룹-빌펠트 지음 | 문봉애 옮김
248쪽 | 값 13,000원

역사수업을 부탁해
열 사람의 한 걸음 지음 | 388쪽 | 값 18,000원

진실과 거짓, 인물 한국사
하성환 지음 | 400쪽 | 값 18,000원

우리 역사에서 사라진
근현대 인물 한국사
하성환 지음 | 296쪽 | 값 18,000원

꼬물꼬물 거꾸로 역사수업
역모자들 지음 | 436쪽 | 값 23,000원

즐거운 동아시아사 수업
김은석 지음 | 240쪽 | 값 15,000원

노성태, 역사의 길을 걷다
노성태 지음 | 324쪽 | 값 17,000원

교과서 밖에서 배우는 역사 공부
정은교 지음 | 292쪽 | 값 14,000원

팔만대장경도 모르면 빨래판이다
전병철 지음 | 360쪽 | 값 16,000원

빨래판도 잘 보면 팔만대장경이다
전병철 지음 | 360쪽 | 값 16,000원

영화는 역사다
강성률 지음 | 288쪽 | 값 13,000원

친일 영화의 해부학
강성률 지음 | 264쪽 | 값 15,000원

한국 고대사의 비밀
김은석 지음 | 304쪽 | 값 13,000원

조선족 근현대 교육사
정미량 지음 | 320쪽 | 값 15,000원

다시 읽는 조선근대 교육의 사상과 운동
윤건차 지음 | 이명실·심성보 옮김 | 516쪽 | 값 25,000원

음악과 함께 떠나는 세계의 혁명 이야기
조광환 지음 | 292쪽 | 값 15,000원

논쟁으로 보는 일본 근대 교육의 역사
이명실 지음 | 324쪽 | 값 17,000원

다시, 독립의 기억을 걷다
노성태 지음 | 320쪽 | 값 16,000원

한국사 리뷰
김은석 지음 | 244쪽 | 값 15,000원

경남의 기억을 걷다
류형진 외 지음 | 564쪽 | 값 28,000원

어제와 오늘이 만나는 교실
학생과 교사의 역사수업 에세이
정진경 외 지음 | 328쪽 | 값 17,000원

● 더불어 사는 정의로운 세상을 여는 인문사회과학 사람의 존엄과 평등의 가치를 배운다

 밥상혁명
강양구·강이현 지음 | 298쪽 | 값 13,800원

 좌우지간 인권이다
안경환 지음 | 288쪽 | 값 13,000원

 도덕 교과서 무엇이 문제인가?
김대용 지음 | 272쪽 | 값 14,000원

 민주시민교육
심성보 지음 | 544쪽 | 값 25,000원

 자율주의와 진보교육
조엘 스프링 지음 | 심성보 옮김 | 320쪽 | 값 15,000원

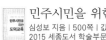 **민주시민을 위한 도덕교육**
심성보 지음 | 500쪽 | 값 25,000원
2015 세종도서 학술부문

 민주화 이후의 공동체 교육
심성보 지음 | 392쪽 | 값 15,000원
2009 문화체육관광부 우수학술도서

 교과서 밖에서 배우는 인문학 공부
정은교 지음 | 280쪽 | 값 13,000원

 갈등을 넘어 협력 사회로
이창언·오수길·유문종·신윤관 지음
280쪽 | 값 15,000원

 오래된 미래교육
정재걸 지음 | 392쪽 | 값 18,000원

 동양사상과 마음교육
정재걸 외 지음 | 356쪽 | 값 16,000원
2015 세종도서 학술부문

 대한민국 의료혁명
전국보건의료산업노동조합 엮음 | 548쪽 | 값 25,000원

 교과서 밖에서 배우는 철학 공부
정은교 지음 | 280쪽 | 값 14,000원

 교과서 밖에서 배우는 고전 공부
정은교 지음 | 288쪽 | 값 14,000원

 교과서 밖에서 배우는 사회 공부
정은교 지음 | 304쪽 | 값 15,000원

 전체 안의 전체 사고 속의 사고
김우창의 인문학을 읽다
현광일 지음 | 320쪽 | 값 15,000원

 교과서 밖에서 배우는 윤리 공부
정은교 지음 | 292쪽 | 값 15,000원

 카스트로, 종교를 말하다
피델 카스트로·프레이 베토 대담 | 조세종 옮김
420쪽 | 값 21,000원

 한글 혁명
김슬옹 지음 | 388쪽 | 값 18,000원

 일제강점기 한국철학
이태우 지음 | 448쪽 | 값 25,000원

 우리 안의 미래교육
정재걸 지음 | 484쪽 | 값 25,000원

 한국 교육 제4의 길을 찾다
이길상 지음 | 400쪽 | 값 21,000원
2019 세종도서 학술부문

 왜 그는 한국으로 돌아왔는가?
황선준 지음 | 364쪽 | 값 17,000원
2019 세종도서 교양부문

 마을교육공동체 생태적 의미와 실천
김용련 지음 | 256쪽 | 값 15,000원

 공간, 문화, 정치의 생태학
현광일 지음 | 232쪽 | 값 15,000원

 교육과정에서 왜 지식이 중요한가
심성보 지음 | 440쪽 | 값 23,000원

 인공지능 시대의 사회학적 상상력
홍승표 지음 | 260쪽 | 값 15,000원

 식물에게서 교육을 배우다
이차영 지음 | 260쪽 | 값 15,000원

 동양사상과 인간 그리고 사회
이현지 지음 | 418쪽 | 값 21,000원

● 평화샘 프로젝트 매뉴얼 시리즈 학교폭력에 대한 근본적인 예방과 대책을 찾는다

학교폭력 어떻게 만들어지는가
문재현 외 지음 | 300쪽 | 값 14,000원

아이들을 살리는 동네
문재현·신동명·김수동 지음 | 204쪽 | 값 10,000원

학교폭력, 멈춰!
문재현 외 지음 | 348쪽 | 값 15,000원

평화! 행복한 학교의 시작
문재현 외 지음 | 252쪽 | 값 12,000원

왕따, 이렇게 해결할 수 있다
문재현 외 지음 | 236쪽 | 값 12,000원

마을에 배움의 길이 있다
문재현 지음 | 208쪽 | 값 10,000원

젊은 부모를 위한 백만 년의 육아 슬기
문재현 지음 | 248쪽 | 값 13,000원

별자리, 인류의 이야기 주머니
문재현·문한뫼 지음 | 444쪽 | 값 20,000원

우리는 마을에 산다
유양우·신동명·김수동·문재현 지음
312쪽 | 값 15,000원

동생아, 우리 뭐 하고 놀까?
문재현 외 지음 | 280쪽 | 값 15,000원

누가, 학교폭력 해결을 가로막는가?
문재현 외 지음 | 312쪽 | 값 15,000원

● 남북이 하나 되는 두물머리 평화교육 분단 극복을 위한 치열한 배움과 실천을 만나다

10년 후 통일
정동영·지승호 지음 | 328쪽 | 값 15,000원

선생님, 통일이 뭐예요?
정경호 지음 | 252쪽 | 값 13,000원

분단시대의 통일교육
성래운 지음 | 428쪽 | 값 18,000원

김창환 교수의 DMZ 지리 이야기
김창환 지음 | 264쪽 | 값 15,000원

한반도 평화교육 어떻게 할 것인가
이기범 외 지음 | 252쪽 | 값 15,000원

● 창의적인 협력 수업을 지향하는 삶이 있는 국어 교실 우리말 글을 배우며 세상을 배운다

**중학교 국어 수업
어떻게 할 것인가?**
김미경 지음 | 340쪽 | 값 15,000원

토론의 숲에서 나를 만나다
명혜정 엮음 | 312쪽 | 값 15,000원

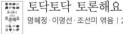
토닥토닥 토론해요
명혜정·이명선·조선미 엮음 | 288쪽 | 값 15,000원

인문학의 숲을 거니는 토론 수업
순천국어교사모임 엮음 | 308쪽 | 값 15,000원

어린이와 시
오인태 지음 | 192쪽 | 값 12,000원

수업, 슬로리딩과 함께
박경숙 외 지음 | 268쪽 | 값 15,000원

언어던
정은균 지음 | 268쪽 | 값 15,000원
2019 세종도서 교양부문

민촌 이기영 평전
이성렬 지음 | 508쪽 | 값 20,000원

감각의 갱신, 화장하는 인민
남북문학예술연구회 | 380쪽 | 값 19,000원